ZDĄŻYĆ PRZED MENOPAUZĄ,
czyli
MOJA AMERYKA

Fot. Tristan Saldana

ZDĄŻYĆ PRZED MENOPAUZĄ,
czyli
MOJA AMERYKA

EDYTA GÓRSKA

REGENT PRESS
Berkeley, California

[Paperback]
ISBN 10: 1-58790-628-7
ISBN 13: 978-1-58790-628-2

[Hardback}
ISBN 10: 1-58790-629-5
ISBN 13: 978-1-58790-629-9

[E-Book]
ISBN 10: 1-58790-630-9
ISBN 13: 978-1-58790-630-5

Cover Painting: Dariusz J. Gorski

Edycja i redakcja
Magda Wieteska

Projekt graficzny
Michał Górski

Wydawnictwo
REGENT PRESS
Berkeley, California
www.regentpress.net

Czego Jaś się nie nauczy, tego John nie będzie wiedział

Książkę dedykuję mojemu Synowi

Jest częścią mojego życia i emigracji.
Moją przygodą, odwagą
i doświadczeniem.
Radością i szczęściem oraz procesem
moich przemian...

SPIS TREŚCI

WSTĘP

Wszystko zaczęło się od słów: „Sorry! Ale kot pani ma eksmisję".

Stałam pod ścianą z kotem na rękach. Korytarz wieżowca, w którym mieszkałam, przytłaczał i zastawiony był moimi rzeczami oraz meblami. Poprosiłam komornika o dziesięć minut na zaniesienie kota do mojej mamy, która mieszkała dwa bloki dalej. Popatrzył na mnie i z lekkim cynicznym uśmiechem wypowiedział: „Jeszcze się pani żarty trzymają?". Zamknął drzwi od mojego mieszkania i nakleił żółtą taśmę. Patrzyłam na niego i chciałam, żeby się przewrócił lub jego wypalony do połowy papieros w ustach spadł mu na rozporek spodni i zrobił dziurę. Odwrócił się i powiedział: „Muszę po prostu zdążyć na kolację do domu, dzieci czekają", po czym odszedł. Zrobiło się cicho. Słyszałam jedynie swój oddech i bicie serca. Kiedy na korytarzu zgasło światło, poczułam, że mój Titanic idzie na dno. Zdałam sobie sprawę, że pomimo ogromnej walki przegrałam. To był najtrudniejszy moment w moim życiu. Myślałam wtedy, że to koniec i moje życie legło w gruzach. W takich momentach inaczej myśleć nie można. Zostałam ofiarą oszustwa i matactwa, a w rezultacie obarczona głębokim poczuciem winy, które trawi mnie do dziś. Dotknęłam dna. Jeszcze wtedy nie wiedziałam, że to wszystko działo się po coś i było jedynie wstępem do następnego etapu. Aby to zrozumieć musiałam dobrnąć do dnia dzisiejszego i uświadomić sobie sens słów: „Ruina jest darem. Ruina to transformacja".

Dziś jestem inną osobą. Czy dumną z siebie? To bardzo odpowiedzialne móc powiedzieć „jestem dumna z siebie". Ale tak! Jestem dumna, a przede wszystkim jestem wdzięczna losowi za mocny kop i kilka zdarzeń, które poruszyły pokłady mojej odwagi do rozpoczęcia procesu wysiedlenia z mojego życia polskiej egzystencji. Ponoć nie takiej złej, bo na posadzie urzędnika państwowego. Siedziałam za biurkiem pięć dni w tygodniu. Rozpoczynałam każdy dzień od filiżanki kawy, która wcale nie stawiała mnie na nogi. Podpisywałam w biegu listę obecności i uśmiechałam się do kadrowej, która zerkała na zegar, sugerując, że jestem spóźniona. Wchodząc do biura, mówiłam z uśmiechem „Dzień dobry wszystkim", a w odpowiedzi dostawałam: „To się jeszcze okaże czy dobry". Czterdzieści godzin tygodniowo patrzyłam na tych samych ludzi. Płodziłam sterty pism, które nie pozwalały w żaden sposób rozwijać się ani nawet wyjątkowo specjalnie myśleć, ponieważ najczęściej były szablonami. Za wszelką cenę musiałam zrobić wszystko, aby interesant wyszedł zadowolony, nawet jeśli przyszedł w złym humorze. Wielokrotnie miałam okazję usłyszeć wykrzyczane w moją stronę: „Siedzi tu pani za moje podatki!". Pracowałam głównie na sukces przełożonych i nie słyszałam nigdy dobrego słowa skierowanego do mnie. W urzędzie było smutno, szaro i brakowało serdecznego uśmiechu. Obserwując to wszystko, zdawałam sobie sprawę, że nic dobrego mnie tu nie czeka. Sam status urzędnika i umowa na czas nieokreślony nie były powodem radości w moim życiu. Wygrywając dziesięć lat temu konkurs na stanowisko specjalisty, miałam zupełnie inne wyobrażenie o pracy w urzędzie miasta. Przyszedł czas, że zaczęłam się dusić i nie trawiłam specyficznych klimatów. Nie należałam do osób, które, rozmawiając z szefem, przytakiwały głową i składały dłonie jak do modlitwy. Nie byłam również w gronie najbardziej pokonanych, czyli tych, którzy najchętniej położyliby się i służyli szefowi jako dywanik albo klęcznik. Dostawałam powoli przewlekłych mdłości. Szczerze ubolewałam również nad ludzką dwulicowością, notorycznym brakiem kultury osobistej i cynicznym zaciskaniem usteczek. Wszechobecna słoma z butów zaczęła mnie uwierać w najczulsze miejsca. Chciałam czegoś więcej i miałam dosyć jałowego urzędowania, które obligowało do pomalowanych paznokci, regularnych wizyt u fryzjera, szperania po wieszakach w galeriach i innych pajacowatych zachowań. Potem nadchodził proces obróbki personalnej, czyli ocena otoczenia, a co za tym idzie – krytyka i uświadamianie mi, że nie jestem tu kimś ważnym: „Nie dyskutuj, Edyta, i najlepiej stąd wyjdź". Moja degradacja personalna nie dotyczyła wyłącznie polskiej codzienności i życia zawodowego. Miałam za sobą ciężki rozwód, kilka lat nieudanych związków, liczne kredyty i wiele prób łatania końca z końcem. Popełniane błędy rodziły konsekwencje, jedną z nich była eksmisja. Życie piętrzyło kłopoty i jednocześnie wzmagało bunt. Jakby szeptucha siedziała za uchem i prowadziła monolog, czekając na dobry moment. Była na tyle skuteczna, że nadszedł dzień obsesyjnego pragnienia wyrwania się stąd. Palec środkowy świerzbił od dłuższego już czasu, ale etykieta urzędnika nie pozwalała na ten wybryk. Jeszcze nie teraz!

Jestem bardzo wdzięczna za poranek 15 grudnia 2015 roku, który zapoczątkował zaspaniem do pracy, a potem potknięciem się na schodach autobusu linii 15. Nawet kontroler biletów był w tym dniu mało sympatyczny. Miał brudny kołnierzyk oraz białe skarpetki. Doprawdy nie wiem, dlaczego białe skarpetki u faceta działają na mnie tak destrukcyjnie.

Popatrzyłam w okno autobusu. Niskie, grudniowe słońce podpowiedziało – „nie wytrzymam tu dłużej". Będąc już za urzędowym biurkiem starałam się zredukować stres tego poranka, ale kosmos miał inny plan. Rzuciłam okiem za okno w poszukiwaniu nadziei. Grudniowa szarość i brudne zacieki na szybie nie pozostawiały złudzeń. W powietrzu unosiło się zbyt wiele malkontenctwa spowodowanego wypaleniem zawodowym współpracowników. Jeszcze raz spojrzałam za okno i znowu szarość, aż wreszcie szturchnięcie filiżanki kawy i rozlanie jej ruszyło moje cztery litery.

Korytarz do przełożonego wydawał się zbyt długi niż zwykle. Moje słowa wypowiedziane wtedy: „Poproszę pół roku bezpłatnego urlopu" nadały początek tej historii i zmieniły moje życie. Dłonie miałam spocone, ale pierwsze koty za płoty. Następnie akceptacja przełożonych, kilka papierków, pieczątek i przede mną już tylko dwa ostatnie tygodnie pracy. Adieu Fruziu! – chciało mi się krzyczeć, ale urzędniczce nie wypadało. Po powrocie do biura odwiedziłam stronę internetową linii lotniczych Lufthansa i po kilku minutach miałam bilet do San Francisco. Jakie to finezyjnie proste zmienić swój dzień i nastawienie do życia! Rozlana kawa już nie wzbudzała złości, a na ustach pojawiły się dźwięki piosenki *Time to Say Goodbye.* Chyba nawet podrygiwałam i pogwizdywałam pod nosem, przechadzając się ponurymi korytarzami urzędu. W głowie zaczęły pojawiać się myśli: „żebym tylko nie zapomniała hormonów na tarczycę", „muszę zrobić wreszcie tę dziurę w górnej piątce", „pooglądam na YouTube filmiki z lotów do San Francisco", „muszę kupić nowy biustonosz" albo „może lepiej obejrzę klip Tony'ego Bennetta – *I left my heart in San Francisco".*

Na pokład samolotu wsiadłam kompletnie nieświadoma tego, co mnie czeka w Kalifornii. Szukając swojego siedzenia wysłałam szybki testament do bliskich, po czym zorientowałam się, że moje miejsce nie posiada stolika. Hello! Czy ktoś mnie słyszy i widzi? Ja nie mam stolika! Ale jak to możliwe, stolik musiał gdzieś być. Poczułam rozlewającą się po ciele falę gorąca. Pomyślałam – spokojnie, to tylko stres! Bo chyba nie menopauza, do cholery?! Nagle przybył brodaty mężczyzna – mój sąsiad, który miał mi towarzyszyć przez następne jedenaście godzin lotu. Był Niemcem, bardzo uprzejmie się przywitał, po czym usiadł, trzymając w ręce plik gazet. Drugą ręką zanurkował pod siedzenie i wyciągnął stolik. Chciałam krzyknąć z radości, ale tylko chrząknęłam kilka razy i popatrzyłam w okno. Potem w sufit, znowu w okno i, z uśmiechem Jasia Fasoli, flegmatycznie sięgnęłam pod siedzenie. No cóż, całe życie się uczymy. Nigdy nie miałam możliwości siedzieć naprzeciw ściany, stąd moje braki w ogładzie pokładowej.

Po tej lekcji poczułam się dobrze i poprosiłam o sok pomarańczowy z wódką. Popijając go, patrzyłam w skrzydła samolotu i usytuowane w nich silniki, odganiając myśli w rodzaju, co by było gdyby...? Kiedy rozległ się głos kapitana: „*Willkommen an Bord der Lufthansa, Flugnummer 490 von Munchen nach San Francisco*", wiedziałam, że wszystko wokoło dzieje się naprawdę. Oderwałam się od ziemi, lecąc do Kalifornii.

Na koniec chcę wspomnieć najbliższych, którzy przyczynili się do powstania tej książki. Dziękuję:

Rodzicom za wsparcie i miłość w trudnych momentach emigracji i za to, że zawsze są moimi największymi sprzymierzeńcami, dając najcenniejsze wskazówki i porady.

Bratu, bez którego nie byłoby mojej Ameryki, który zaopiekował się mną, wskazując niejeden dobry azymut na odnalezienie się w nowej rzeczywistości.

Synowi – że czeka cierpliwie, jest szczęśliwy z napisanej przeze mnie książki i namawia mnie na anglojęzyczną wersję.

Neilowi, który zainicjował pomysł napisania tej książki. Słuchał wielokrotnie moich opowiadań i pewnego dnia powiedział: „*Write a book about it. You can do it!*". Wspierał mnie w chwilach zwątpienia i zmęczenia, bo i takie były.

Pragnę serdecznie podziękować wszystkim, którzy pomogli mi i wspierali w napisaniu tej książki.

Szczególne podziękowania dla mojego przyjaciela **Leona Borenszteina** za ogromną pomoc oraz cenne wskazówki i porady w procesie powstawania powieści. Za jego cierpliwość, poświęcony czas, entuzjazm i że był razem ze mną w najtrudniejszych momentach.

Specjalne podziękowania dla mojej edytorki i redaktorki **Magdy Wieteski**. Podczas pracy nad książką wspomagała mnie i prowadziła, a jej ogromna życzliwość i profesjonalizm pomogły z powodzeniem ukończyć tę książkę i nadać jej estetyczny kształt. Współpraca z Magdą była wielką przyjemnością i nauką w debiucie mojego pisania.

Na koniec chcę podziękować całemu wydawnictwu, a w szczególności **Markowi Weimanowi**. Dzięki niemu książka ta mogła trafić do Twoich rąk, drogi Czytelniku.

Dziękuję

NEIL

Neil jest osobą niepełnosprawną. Od piętnastego roku życia zmaga się z dystonią – chorobą układu nerwowego, która prowadzi do mimowolnego wykonywania nienaturalnych ruchów.

Neil ma wiele talentów. Jest telewizyjnym i filmowym aktorem, a także poetą, pisarzem, tancerzem Butoh i miłośnikiem improwizacji. Pomimo wielu przeszkód, jakie rodzi jego inwalidztwo, to bardzo pozytywnie nastawiony do życia i pełen energii człowiek. Jego duże poczucie humoru, optymizm i empatia powodują, że przyciąga do siebie wielu ludzi. Neil zmienił moje priorytety i pokazał, jak cieszyć się motylkiem oraz chwilą obecną. Jest jedną z najważniejszych osób spotkanych na mojej amerykańskiej drodze życia. Prawdziwy przyjaciel!

Jeszcze w Polsce wiedziałam, że po przylocie do Berkeley będę opiekować się Neilem. Moja ekscytacja Ameryką była tak mocna, że nie zastanawiałam się wtedy nad wszelkimi ewentualnymi niepowodzeniami. Neil jest na tyle niepełnosprawny, że nie może zjeść samodzielnie posiłku, nie ubierze się i trudno mu zrobić cokolwiek wokół siebie. Ma niesprawne dłonie, stopy i mocno upośledzony ruchowo obszar barków i szyi. Jego ciało jest miejscami poskręcane, co powoduje notoryczny ból, z którym zmaga się każdego dnia.

Miałam parcie na pracę, zarabianie pieniędzy i nic nie było w stanie mnie odstręczyć. Dwa dni po przylocie, z uczuciem ogromnego jet lagu, zapukałam do drzwi Neila. Zobaczyłam mało luksusowy apartament, który jednym mnie olśnił – widokiem na zatokę, wartym milion dolarów. Była z nami także siostra Neila, która miała mnie wprowadzić w zagadnienia opieki nad nim i pomóc w pierwszych dniach pracy. Podeszłam do skurczonego chorobą i bólem człowieka. Dotykając jego zaciśniętej i przykurczonej dystonią dłoni, powiedziałam z uśmiechem:

– *Hi, Neil! Nice to meet you!*

– *Hi, Edita! Nice to meet you too!*

Standardowe amerykańskie powitanie zabrzmiało znajomo, lecz mój umysł przymglony jet lagiem skoncentrował się zupełnie na czymś innym. Neil był po prostu nieodziany od pasa w dół! To już nie był jet lag, nie moja tarczyca z Hashimoto, nie omamy spowodowane przeskoczeniem dziewięciu stref geograficznych, ani nie syndromy menopauzy. Widziałam „ptaszka" i nic nie mogło zmienić tej chwili. To się działo. Czyżby następny widok za milion dolarów?! Chyba pominę opis tego, co widziałam, ale nie był to „paradise" ptak! Mój rozlatany wzrok próbował skupić się na wiszących na ścianach, licznych obrazach i rysunkach. Chciałam ze wszystkich sił zachować spokój i zimną krew, jakby nic się nie wydarzyło. Słuchając jego siostry, musiałam skupić się na każdym słowie, aby móc dobrze zrozumieć angielski. Po dłuższej chwili, czując się już pewniej, zaproponowałam Neilowi ubranie spodni. To był dobry pomysł i wszystko na chwilę wróciło do normy.

Swoją drogą, dlaczego nie było żadnego *„I am sorry"* z ich strony? Nikt nie podał mi choćby jednego powodu, dla którego Neil nie miał spodni. Wręcz przeciwnie – właściciel „ptaszka" i jego siostra czuli się komfortowo. Czy to właśnie nadszedł moment, w którym miałam zetknąć się z amerykańską mentalnością? I czy na tym polega ta inna „reality", że nowego opiekuna wita się bez majtek? Dlaczego to ja odczuwałam zażenowanie, wstyd i byłam bliska ucieczki z tego mieszkania?! Po kilku godzinach spróbowałam już tego nie roztrząsać. Jestem w końcu ze społeczeństwa katolickiego, a więc uczona od kołyski, że ciało jest grzeszne i najlepiej je głęboko schować, nie myśląc o nim. Boimy się swojej fizyczności i wstydzimy jej, w przeciwieństwie do innych kultur, gdzie o ciele nie mówi się jak o plugastwie, ale świątyni.

W pierwszych tygodniach opieki nad Neilem doznałam wielu niespodzianek i szokujących sytuacji. To efekt zderzenia z diametralnie odmienną kulturą. Wciąż nie dochodziło do mnie, do jakiego punktu na globie dotarłam i jak różni się ten świat od europejskiego, a konkretnie polskiego. Dzień za dniem coraz bardziej zagłębiałam się i wdrażałam w nowy zakres zadań w mojej nowej pracy i życiu. To było nawet miłe, choć zaskakujące, czasem kłopotliwe, a czasem frustrujące. Przepaść mentalna i kulturowa pomiędzy moimi rodakami a Kalifornijczykami jest ogromna. Gdybym mogła czegoś życzyć ludziom w Polsce, to właśnie tej mentalności, poczucia wartości i bezwzględnej tolerancji, która tu panuje wszędzie.

Bo trzeba wiedzieć, że Kalifornia to nie tylko mekka surferów. Po sztywnych i nieszczerych stosunkach międzyludzkich w kraju najbardziej szokował mnie niesamowicie luzacki styl bycia Amerykanów.

Wszystko opierało się na otwartości i tolerancji. To także najbardziej zróżnicowany etnicznie stan w USA, co tworzy dodatkowo wyjątkową mozaikę kulinariów, architektury, trendów i nurtów artystycznych. Tutaj czerpie się codzienność pełnymi garściami, syci się pięknem widoków, zapachem porannej kawy oraz morską bryzą. Dominuje poczucie swobody i dobrego samopoczucia, i nie tylko na plażach czy w urokliwych nadbrzeżnych restauracjach oraz knajpach, ale również w pracy. Na ulicach unosi się niepowtarzalny artystyczny klimat. Mieszkając i pracując w Berkeley, uświadamiałam sobie, że przeniosłam się do krainy kiedyś ukochanej przez hipisów. W takim miejscu chce się żyć i traktować życie świadomie. W takim klimacie rozpoczęła się moja emigracja.

W pierwszych tygodniach Neil był moim przewodnikiem, nauczycielem i jednocześnie pracodawcą. Pokazywał i uczył krok po kroku, jak obcować z tutejszą codziennością. Jego pomoc była bardzo ważna dla mnie i potrzebowałam jej. Pamiętam doskonale moje pierwsze wyjście z nim na spacer, kiedy miał ochotę iść do lokalnego *Peet's Coffee* na swoją ulubioną *Chai Latte*. Właściwie był to poranny rytuał, od którego Neil zaczynał swój dzień. Spotykaliśmy tam wielu ludzi, którzy go znali, ale byli i tacy, których można było poznać dopiero w momencie przyłączenia się do stolika. Nawiązanie tu kontaktu było bardzo proste i nie wzbudzało żadnych większych problemów. Nie ma też ukrytych ograniczeń i barier w rozpoczęciu rozmowy z osobą na wózku. Wszystko jest przejrzyste, spontaniczne i wypływa wraz z uśmiechem. Siedząc tak i rozmawiając z ludźmi, spędzaliśmy w *Peet's Coffee* około dwóch godzin każdego dnia. Za każdym razem przedstawiał mnie wielu osobom: – *This is my new helper from Poland – Edita!*

Każdy był zawsze bardzo miły i automatycznie przechodził do konwersacji ze mną. Pytali, skąd jestem, jak się czuję i jak mi się tu podoba. Miałam często wrażenie, jakbym ich wszystkich już znała. Tu nie ma żadnej „bułki przez bibułkę". Jest otwartość, przyjemny uśmiech i życzliwość, która była dla mnie jak lekarstwo i ukojenie. Pamiętam, że dość często myślałam o tym i nad tym rozważałam. Trochę to było jak ekscytacja dziecka, które przeżywa jazdę na karuzeli. Miałam codziennie swoją nową karuzelę i kręcące się na niej moje życie. Czułam się jak na wakacjach, a krzyczące mewy potęgowały to wrażenie i przypominały, że jestem przecież nad oceanem. Nie budziłam się już o poranku ze ściskiem w dołku ani uczuciem stresu w ciele. Polskie dolegliwości oddalały się ode mnie i były skutecznie wypierane przez teraźniejszość. Czas mijał bardzo szybko i po tygodniu pracy zarobiłam swoje pierwsze dolary. Ich wartość znacznie przewyższała moje miesięczne urzędnicze dochody. Szelest zielonych banknotów i ich chropowatość czuję do dziś. Był to bardzo wzruszający moment, gdyż wylatując z Polski nie miałam grosza, a bilet kupiłam za pożyczone pieniądze.

Po dwóch tygodniach wybrałam się na swoje pierwsze zakupy. Może to śmiesznie brzmi, ale byłam wtedy dumna i zarazem przerażona, ponieważ rozmowa z kasjerem sklepowym jest chyba wpisana w angaże tych ludzi. Nie ma siły, aby wyjść ze sklepu, nie zamieniając kilku zdań przy kasie. Stojąc w kolejce, starałam się unikać kontaktu wzrokowego z kasjerem, myśląc, że w ten sposób nie zagada do mnie. Jednak nie wiedziałam jeszcze wtedy, że kontakt wzrokowy jest tu bardzo ważny i uzasadniony, zwłaszcza podczas płacenia. Chłopak w kasie był młody i miły. Zapytał, czy nie potrzebuję pomocy z dostarczeniem zakupów do mojego auta. Nie rozumiejąc, co do mnie mówi, uśmiechałam się i w odruchu wyklepałam kilka *„yes”, „yes”, „yes”*. To był duży błąd. Kasjer kiwnął palcem na drugiego chłopaka. Ten w sekundę pojawił się przy mnie w oczekiwaniu na torbę z zakupami. Chwycił za wózek i udaliśmy się do wyjścia. Byłam kompletnie zdezorientowana, po co on idzie ze mną? Gdy wyszliśmy na parking, zapytał: – *Where is your* *car, Ma'am?* Wtedy z łatwością już, lecz wciąż po omacku, odpowiedziałam: – *I don't have a car!*

Chłopakowi zwęziły się lekko źrenice – nie wiem czy ze zdziwienia, czy z ukrytych emocji, ale oddał mi torbę z zakupami i wyrzucił amerykański potok słów, który dla mnie zabrzmiał jedynie jak ciąg miękkiego „rrrrrrrrrrr". Z głębokim westchnieniem i ulgą zakończyłam swoje pierwsze zakupy. Był jednak duży plus tej sytuacji. Wiedziałam już, że proponują pomoc z dostarczeniem toreb do auta. Czyż to nie miłe?

Praca z Neilem przynosiła wiele radości i korzyści, ale czasami czułam duże zmęczenie, ponieważ noce były zazwyczaj zarwane. Czujność i gotowość opiekuna są podstawowym narzędziem, co koliduje z dobrym wysypianiem się. Neil czasami budził się i prosił o wodę lub leki. Próbował często sam wstać i usiąść na wózku, aby mnie nie budzić. Zawsze gdy słyszałam dźwięk joysticka i wózka jeżdżącego po mieszkaniu, zrywałam się na równe nogi. Mój harmonogram pracy był tak ustalony, że w tygodniu miałam kilka dni wolnych. Mogłam wtedy odpocząć i pobyć z bratem, u którego mieszkałam. Najfajniejsze były weekendy, które zazwyczaj spędzaliśmy na wycieczkach po okolicy. Miejsc, które warto tu zobaczyć i odwiedzić, jest mnóstwo. Jednak Neil zaproponował mi pracę także w soboty i niedziele. Uciekające tygodnie i wizja powrotu do Polski skusiły mnie do przyjęcia tej opcji. Pracę w weekend rozpoczynałam w piątki i kończyłam w niedziele o godzinie osiemnastej. Byłam naprawdę zmęczona, ale wolne poniedziałki rekompensowały to i przynosiły ukojenie.

Z biegiem czasu zrodziło się jednak kilka problemów. Nie mogło być przecież ciągle sielsko i anielsko. Czasami musi być trudno, choćby dla urozmaicenia i uświadomienia sobie, że tu, w Ameryce, też są kłopoty i zgryzoty. Po pierwsze nie mogłam ciągle wkładać zarobionych pieniędzy do skarpety, musiałam podjąć decyzję o założeniu konta w amerykańskim banku. Neil jako niezawodny przyjaciel obiecał mi pomoc. Pewnego dnia wyruszył ze mną do banku. Miał elektryczny, wyposażony w joystick wózek, ale przy kiepskim samopoczuciu nie mógł go sam prowadzić. W takich momentach musiałam go przejmować. Kiedy rozpoczęliśmy dzień od wizyty w *Peet's Coffee*, zaraz potem Neil zaprowadził mnie do banku. Przemiła pani o imieniu Gloria zaprosiła nas do stanowiska i po kilku chwilach stałam się posiadaczką konta bankowego i karty kredytowej. Nie pierwszy i nie ostatni raz byłam bardzo wdzięczna Neilowi za pomoc. Miałam wrażenie, że jest moimi oczami i widzi z wyprzedzeniem moje potrzeby oraz problemy. Starał się zawsze pomagać i myślał o mnie. Przyszedł nawet dzień, kiedy zadzwonił do swojej znajomej Lauren z zapytaniem, czy nie potrzebowałaby kogoś do pomocy w domu. Bardzo chciał zapewnić mi więcej pracy, u innych ludzi. Ku mojemu zdziwieniu pogawędka Neila z Lauren zakończyła się sukcesem i raz w tygodniu miałam zaplanowane sprzątanie jej domu. Czyżby nadszedł czas sprzątania cudzych domów, które dla większości emigrantów stanowi kluczowe źródło dochodu? Nie należę do osób wzdrygających się przed pójściem „na domki", ale pamiętam, że chwila ta spowodowała u mnie głębszy namysł. Nie dlatego, że wstydziłam się lub miałam jakiekolwiek obiekcje. Lubię sprzątać i nawet miewam obsesyjne podejście do tego tematu.

Umówiłam się z Lauren na spotkanie. Wczesnym rankiem otworzyłam dużą drewnianą bramę i wąską alejką doszłam do drzwi skromnego domu zatopionego w zieleni. Otworzyła mi szczupła, wątła, starsza pani. Była artystką. W domu znajdowało się mnóstwo rycin, obrazów, szkiców, węgli, ołówków. W smugach wpadającego słońca unosił się kurz. Na twarzy Lauren widoczne były ślady po odmrożeniach, których doznała dawno temu. Leciała wraz z przyjaciółmi małym prywatnym samolotem nad górami *High Sierra*. Rozbili się, a ona jako jedyna przeżyła. Jednak jej dramat dopiero się zaczął, musiała pokonać dziesiątki kilometrów w poszukiwaniu pomocy, tocząc kilkudniową walkę o życie w ekstremalnych warunkach pogody. *National Geographic* zrobił o tej tragedii dokument, Lauren jest także autorką książki opisującej te zdarzenia. Ta historia wypisana była nie tylko na jej twarzy – poruszała się po mieszkaniu i schodach bardzo wolno i rozważnie, jakby wciąż stąpała po oblodzonych skałach. Była miła i dobrze się nam rozmawiało. Milkłyśmy jedynie, kiedy musiałam odkurzać mieszkanie. Jej odkurzacz był z lat 60. i zawsze miałam wrażenie, że wystartuje w górę jak rakieta. Jego obłe kształty i fikuśnie skonstruowany mieszek przypominały bardziej wehikuł niż model odkurzacza. Lauren była do niego przywiązana i nigdy nie podejmowała tematu zakupu nowego. Mnie jednak dopadały momenty wściekłości, kiedy ciągnąc na zakrętach ten wynalazek, musiałam słuchać jego „kaszlu" i czuć zapach starego pudła.

Przyszedł czas, kiedy Lauren zapytała mnie, czy nie chciałabym mieć więcej pracy. Pełna entuzjazmu odpowiedziałam: – *Sure!* Wkrótce zarekomendowała mnie na tutejszych stronach ugrupowań sąsiedzkich, tzw. *nextdoor*. Na odzew nie trzeba było długo czekać. W następnym tygodniu miałam nowy „dom" i nowych klientów. Bardzo popularne jest tutaj umówienie się na spotkanie wprowadzające, czyli *estimate.* Określa się wtedy warunki i zakres sprzątania domu oraz cenę. To także dobry moment na zapoznanie się.

Do nowych klientów zapukałam mosiężną kołatką. Drzwi otworzyli młodzi ludzie. Po kilkuminutowej rozmowie i ustaleniu warunków pracy wręczyli mi klucze od domu. Potem podali kod, pokazali obsługę alarmu i wyszli do pracy, zostawiając na stole czek. Zostałam sama w wielkim, luksusowym domu, pełnym wartościowych rzeczy. Zaufanie czy naiwność, myślałam. Dzisiaj już nie myślę. Dzisiaj już wiem. To kalifornijska otwartość na ludzi. Cały czas pracuję w tym domu. To solidni pracodawcy – płacą także, kiedy wyjeżdżają na wakacje. A ciekawostką jest, że nadal nie znają mojego nazwiska i nigdy nie zapytali o nie. To „coś" niewidzialne i nienamacalne, co unosi się tutaj w relacjach międzyludzkich. Poznają cię i w tym samym momencie automatycznie przyjmują do „stada". To dało mi dużo do myślenia i zmusiło do smutnej refleksji o moim kraju.

Wszystko działo się szybko, a moje emigracyjne życie nabierało kolorów. Pracowałam w dwóch domach i u Neila. W tym tempie pracy i przy zwiększających się ciągle obowiązkach nie zauważyłam nawet, że mój podopieczny zakochał się we mnie. Kiedy zorientowałam się, że to naprawdę się dzieje, poczułam zadowolenie, ale również niepokój. Zdawałam sobie sprawę, że muszę uszanować jego uczucia i zrobić wszystko, aby go nie zranić. Jednocześnie musiałam stworzyć między nami zdrowy dystans, by uniknąć wszelkich dwuznaczności. To było trudne, ponieważ Neil jest osobą bardzo wrażliwą. Odkładałam to w czasie, zachowując się naturalnie, lecz z czułością i serdecznością. Myślałam sobie: spokojnie, przecież tutaj zwrot *„I love you"* jest nadużywany, trochę spowszechniały i trochę oklepany. Tu ludzie bardziej kochają się w słowach. *„I love you All!"* – krzyczał do wyborców Donald Trump po wygranej w New Hampshire. *„I love you"* pasuje tu do kawy, do każdej kartki i notki, do pożegnania, podziękowania, przeprosin, życzeń, podarunku, czekoladek i misków. Choć trochę wyświechtane i nie dorasta do pięt szlachetnemu polskiemu „kocham cię", to jakoś je polubiłam. Bo czy nie lepiej jest usłyszeć sto „ajlowjus" dziennie, niż nie doczekać się zarezerwowanego na specjalną okazję „kocham cię"?

Ten tok myślenia był jednak zgubny i uśpił moją czujność. Neil po raz kolejny, lecz nie ostatni mnie zaskoczył. Wszystko działo się za szybko.

OŚWIADCZYNY

To była kwietniowa sobota i jak zwykle rano wyruszyliśmy coś zjeść. Na śniadanie Neil zażyczył sobie pancakes i popularny amerykański zestaw śniadaniowy, czyli przysmażone ziemniaki z boczkiem i jajkami. W drodze powrotnej zahaczyliśmy o pobliski *People Park,* w którym odbywały się tego dnia liczne występy grup rockowych. Poranek był piękny, a niebo jak zawsze w charakterystycznym dla Kalifornii głębokim błękicie. Blisko południa wróciliśmy do domu. Potrzeba wzięcia leków i czas na drzemkę miały stałe miejsce w naszym harmonogramie. Neil jednak w tym dniu nie chciał się położyć i był dziwnie niespokojny. Jeździł wózkiem po mieszkaniu bez większej potrzeby i sensu. Przez chwilę nawet mnie to zmartwiło, ale uznałam, że są to jego specyficzne żarty i chęć zwrócenia na siebie uwagi. Usiadłam przy dużym owalnym stole usytuowanym przy oknie i patrzyłam na widok zatoki. Czyste niebo i przejrzyste powietrze bez odrobiny mgły pozwoliły podziwiać piękny, czerwony *Golden Gate Bridge* i wyspę Alcatraz. Zawsze kiedy obserwowałam z tego miejsca zatokę, stawał mi przed oczami film *Ucieczka z Alcatraz* i zastanawiałam się, czy Frank Morris przeżył?

Zapatrzona w widoki za oknem zapytałam Neila, czy może obejrzymy ten film. Ale on pokręcił przecząco głową i dodał, że ma inny plan. Poprosił mnie, abym wyciągnęła z szuflady małą torebkę w złotym kolorze. Torebka była lekka i nie wzbudziła we mnie żadnych niepokojących odczuć. W końcu jestem tu po to, aby pomóc i robić to, czego Neil potrzebuje. Wpatrywałam się w niego, oczekując dalszych instrukcji. Kiedy gestem ręki poprosił, abym wyciągnęła zawartość, moje serce intuicyjnie zaczęło mocniej bić. Po sekundzie Neil zsunął się z wózka i z impetem klęknął na kolana. Był bardzo wzruszony i oczy miał pełne łez. W pierwszym momencie myślałam nawet, że upadł i kto teraz pomoże mi go podnieść? Kiedy ujrzałam czerwone pudełeczko z finezyjnie przewiązaną kokardką, wszystko stało się jasne. Czułam, że mój puls przyspiesza i zamiast być gotową na omdlenie, bliższa byłam ucieczce. Nabrałam powietrza, by krzyknąć: – OMG! Neil! Usłyszałam wtedy: – *Edita! I love you! Will you marry me?*

Moje myśli wirowały jak obrazy w kalejdoskopie. Przed minutą byłam na Alcatraz, analizując ucieczkę Franka Morrisa, a teraz czułam swój puls w każdym centymetrze ciała. Poczułam, że mój dekolt płonie. Lawina emocji była tak duża, że zabrakło mi odpowiednich słów na tę okoliczność. Ten człowiek czekał na moją reakcję, na moje słowa i odpowiedź. Głęboki oddech pozwolił mi na przywrócenie funkcji życiowych i obdarzyłam Neila uśmiechem. Otworzyłam wreszcie pudełeczko i ujrzałam piękny pierścionek, składający się z trzech obrączek. Klęczał przede mną człowiek, który mnie kocha. Pokonany przez dystonię i skulony w przykurczonym z bólu ciele pokazał mi swoje wielkie serce, miłość i zdobył się na tak odważny akt. Co robić?

Słowa dobierałam z dużą ostrożnością i cedziłam jak przez sito. W ustach brakowało śliny, a w żołądku czułam ucisk. Podziękowałam i przytuliłam Neila, jak umiałam najczulej. Pomogłam mu wstać i siąść na wózek. Był zmęczony, a jego niebieskie oczy wciąż się szkliły. Ale uśmiechał się i ja także, a pierścionek na moim palcu wyglądał pięknie. Neil podszedł do tematu zbyt szybko i emocjonalnie, nie zagłębiając się w sprawy mojej emigracji i sytuacji. Taki był. Ale intencje miał piękne i czyste. Zachował się prawidłowo – pokochał i chciał się ożenić, pomagając mi przy tym w zdobyciu dokumentów, czyli zielonej karty. Wiedział doskonale, że zamążpójście pozwoli mi łatwiej i lepiej żyć w Ameryce.

Potrzebowałam czasu. Nie mogłam w tamtym momencie powiedzieć ani „tak", ani „nie". Musiałam ochłonąć i zastanowić się nad sposobem przekazania Neilowi mojego stanowiska i odczuć. Nie było to łatwe zadanie z uwagi na głęboką wrażliwość i inną percepcję postrzegania bodźców zewnętrznych przez osoby niepełnosprawne. I choć Neila niepełnosprawność nie przeszkadzała mu być pozytywną osobą, to jednak jego bezradność oraz uzależnienie od innych niosło za sobą negatywne odczucia. Na przykład zdarzało się, że nie chciał pomocy i życzył sobie, aby traktować go normalnie, przy czym w mało elegancki sposób egzekwował stolik w kawiarni dla niepełnosprawnych. Albo uparcie chciał coś zrobić sam pomimo świadomości, że nie jest to możliwe. Były momenty, w których skutecznie i celowo dokuczał innym. Zawsze starałam się rozumieć te i inne zachowania, wiedząc, że Neil jest osobą cierpiącą, a przy tym bardzo kruchą i wrażliwą.

W powietrzu zapanowała radosna atmosfera. Pomimo braku mojej odpowiedzi sam fakt oświadczyn spowodował powstanie górnolotnych emocji. W końcu nie co dzień, gdy masz 48 lat, oświadcza ci się mężczyzna! Do niedawna byłam bliższa obawom o zapas wkładek higienicznych w razie popuszczania moczu lub unikania jedzenia migdałów, by ustrzec się złamania protezy zębowej, a już na pewno słowo „ślub" dawno odeszło dla mnie do lamusa. Czy naprawdę musiałam przeskoczyć pół globu i dziewięć stref czasowych, aby usłyszeć „*I love you, Edita*" i zostać poproszona o rękę?

Po tak intensywnym dniu nie mogłam zasnąć. Myśli kotłowały się w głowie, a wewnętrzny monolog nie miał końca. Miałam ochotę zadzwonić do bliskich, podświadomie szukając pomocy i porady mądrzejszych ode mnie. Podejmowałam próby oswojenia się z myślą, że może wziąć pod uwagę inne aspekty. Czyżby odezwało się babskie ego? Dotąd podpowiadało jedynie, aby zadbać o zdrowie i piękny umysł. Dawno nie szeptało nic z serii życia uczuciowego, a już na pewno nie na temat ślubu, który miałby poprawić moją sytuację życiową.

Spotkał mnie zaszczyt i wzniosła chwila, ale według zasad życiowych i zdobytych doświadczeń byłam świadoma, że po fascynacji chwilą przyjdzie czas na noc poślubną. I co wtedy? Nie rozpatrywałam Neila pod kątem jego niepełnosprawności czy fizyczności. Był facetem mocno przystojnym, inteligentnym, dobrym i wrażliwym. Miał w swoim życiu wiele kobiet. Ostatnia, po dziesięciu latach bycia z nim w związku, odeszła i wzięła ślub z kobietą. Miałam okazję poznać ją osobiście, gdy przyjechała do San Francisco na promocję swojej książki. Znalazła miłość w innych „szeregach", ale nie zmieniło to jej stosunku do Neila. Z pełnym szacunkiem i ciepłym, miłym uśmiechem powitała go na spotkaniu.

To była długa noc i kiedy słońce zaczynało wschodzić, byłam już pewna, że nie mogę być żoną Neila. Rozpoczęłabym fikcyjne życie mężatki w nieprawdziwym świecie. Kierować się wyłącznie wyrachowaną kalkulacją i sprytem, co robiło wiele kobiet, nie było właściwym zachowaniem względem Neila. Nie wiedziałam jeszcze wtedy jak to zrobić, ale postanowiłam się wycofać, oszczędzając przy tym wielu rozczarowań jemu i sobie. Nie kochałam Neila tak, jak kobieta kocha mężczyznę. Był mi bardzo bliski i byłam ogromnie wdzięczna za wszystko, co zrobił dla mnie, ale nie mogłam z zimną krwią udawać kochającej żony w imię bycia Amerykanką. Neil po prostu nie zasługiwał na to.

Następnego dnia wszystko przebiegało spokojnie i normalnie. Celebrowaliśmy piękną niedzielę, a ja w duchu oczekiwałam niecierpliwie końca pracy. Bardzo chciałam już iść do domu i podzielić się z bratem tym, co wydarzyło się poprzedniego dnia. Po południu jednak zadzwoniła siostra Neila, proponując wspólne spotkanie w sprawie ślubu i poprosiła, aby mój brat także w nim uczestniczył.

Nie rozumiałam za bardzo, o co chodzi, ale podeszłam do tego spokojnie.

Nazajutrz, kiedy przybyliśmy na umówioną godzinę, zauważyłam siedzącego przy stole Paula oraz sąsiada Neila, który był prawnikiem. Poczułam się nieswojo. Siostra Neila rozpoczęła przemowę, gratulując nam narzeczeństwa, ale zaraz po tym przeszła do przedstawienia wszystkich spraw finansowych, jakie uległyby zmianie po zawarciu małżeństwa. Była pełnomocnikiem Neila i osobą odpowiedzialną za jego zdrowie oraz finanse. Ja wciąż nie mogłam zebrać myśli i chciałam krzyczeć – co się tu właściwie dzieje?! Patrzyłam na szczęśliwego Neila i zrozumiałam, że on w ogóle nie wziął pod uwagę mojej opinii w sprawie zamążpójścia. Nawet nie znał mojego zdania. Oświadczył się i przystąpił do przygotowywania ślubu, zaczynając od poinformowania o tym swojego rodzeństwa.

Jego siostra kontynuowała oraz wypisywała wszystko na kartce papieru, wyliczając, ile pieniędzy i różnych benefitów straci Neil po ślubie. Zaraz, zaraz, myślałam, o co tu chodzi?! Poczułam złość i zaczęłam automatycznie stawać po stronie Neila, broniąc „naszych" wspólnych interesów, jakby było już po zawarciu małżeństwa. Dyskusja przebiegała ogólnie sprawnie, ale irytowała mnie ciągle obecność postronnych osób. Czułam nakręcającą się spiralę. Siostra Neila w rozmowie była bardzo konkretna i po kilku chwilach wiedziałam, że nie popiera naszego ślubu. Na kartce papieru przedstawiła nam wszystkim szereg matematycznych wyliczeń. Jednak moment kulminacyjny przyszedł, kiedy powiedziała: – *I am sorry but love is love, business is business.* Przy stole zrobiło się cicho. Nie trzeba być nad wyraz inteligentnym, aby dobrze zrozumieć jej przekaz. Popatrzyłam na Neila. Siedział i patrzył w okno. Zezłoszczona, z przymrużonymi oczami nachyliłam się do siostry Neila i przerywając panującą wokół niezręczną ciszę, zapytałam: – *Excuse me?!*

Powtórzyła swoją złotą myśl i, nie zwracając w ogóle uwagi na swojego brata, poprosiła o wyrażenie opinii obecnych na spotkaniu osób. Czułam, że napięcie rośnie, a znając siebie, przewidywałam najgorsze. Po dłuższej chwili, słuchając bełkotu wszystkich zgromadzonych, uznałam, że uczestniczę w jakimś show i chyba nie mam ochoty tu być. Czekając spokojnie na czas, w którym oddadzą mi głos, wiedziałam, że będzie to idealna chwila, aby wycofać się z pomysłu tego całego ślubu. Kiedy więc Neil popatrzył na mnie i zapytał, co myślę i czy chcę coś powiedzieć, poprosiłam mojego brata o tłumaczenie. Pierwsze zdanie skierowałam do Neila, dziękując za to spotkanie, lecz nie ukrywając zdumienia i zaskoczenia z powodu obecności tylu osób. Przyznałam również, że nigdy nie sądziłam, iż decyzja o małżeństwie będzie toczyć się wyłącznie wokół spraw materialnych zamiast uczuć. Zwracając się do jego siostry, podziękowałam za wszystkie skrupulatne wyliczenia. Potem dodałam: – Bardzo mi przykro, ale za dużo dziś było matematyki. To pokazało nam wszystkim, że nie ma tu miejsca na miłość i uczucia. W związku z tym nie jestem gotowa na ten związek i ślub. Nie chcę w żaden sposób zaszkodzić Neilowi ani narazić go na jakiekolwiek kłopoty związane z jego świadczeniami zdrowotnymi, ubezpieczeniami i etc.

Ciszę, jaka zapadła po moim oświadczeniu, przerwał dzwoniący telefon. Widziałam, jak twarz Neila gaśnie. Na twarzy jego siostry pojawiły się za to radość i wielka ulga. W końcu pozbyła się kłopotów w nadzorze i sprawowaniu pieczy nad pieniędzmi i apartamentem Neila. On natomiast nie ukrywał żalu do niej. Był smutny. Obiecałam, że wrócimy do tematu i porozmawiamy, kiedy przyjdę do pracy za kilka dni. Popatrzył mi w oczy – jego źrenice były jak szpilki. Zaraz po spotkaniu zażył valium, aby uspokoić emocje. W momentach dużego stresu jego mięśnie naprężały się do granic, co odczuwał bardzo boleśnie. Przytuliłam go mocno i pomasowałam delikatnie dłonią jego twarde jak skała plecy oraz ramiona.

Potem wyszłam i wróciłam do domu. Jeszcze długo nie mogłam zasnąć, rozmyślając o tym wszystkim, ale byłam pewna, że zrobiłam dobrze. Nie wiedziałam tylko, co mnie spotka za kilka dni, kiedy wrócę do pracy z Neilem.

DECYZJA ZA DECYZJĄ

Powrót do Neila po spotkaniu przy okrągłym stole okazał się spokojny i bez większych problemów. Mój niedoszły narzeczony był bardzo miły i poprosił mnie o rozmowę. Ucieszyłam się, mając nadzieję, że wyjaśnimy sobie kilka kwestii i nie będziemy do tego wracać. Chciałam, żeby było między nami tak jak kiedyś, na początku. I tak też się stało. Neil powiedział, że zrozumiał, iż nie był to odpowiedni moment na oświadczyny i zawarcie związku małżeńskiego ze mną. Ja poczułam ulgę, że mogę wciąż dla niego pracować. Nasza rozmowa trwała długo, bo każde wypowiedziane przez niego słowo rodziło się w bólu. Osoby, które nie przebywały z nim często, nie miały szans na zrozumienie tego, co mówił, choć zawsze bardzo się starał i dzielił wyrazy na sylaby. Potem był zmęczony, musiał zażyć lekarstwa lub udać się na dłuższą drzemkę.

Ta rozmowa z Neilem była przełomowa, ponieważ pomogła mi podjąć dwie ważne decyzje.

Pierwszą z nich było zostanie w Kalifornii i rezygnacja z pracy zawodowej w Polsce. Złożyło się na to kilka aspektów. Głównymi były praca i pieniądze. Miałam kilku dobrze płatnych klientów i dużo godzin u Neila. Niestety w moim przypadku również matematyka wzięła górę. Uświadomiłam sobie, że gdy wrócę do Polski, to do niewielkich pieniędzy urzędowych, które miały się nijak do tutejszych zarobków – miesięczną wypłatę urzędniczki zarabiałam tu w jeden weekend z Neilem. Jedynie wizja załatwienia formalności w związku ze zwolnieniem się z pracy powodowała trochę stresu. Ale były to nieuzasadnione polskie strachy na lachy typu: co pomyśli szef, koleżanki itd. Życie kolejny raz zaskoczyło mnie i pokazało, że wszystko jest możliwe. Zwłaszcza tu, bo przecież *„this is America – everything is possible"*. Mieszkałam już tutaj sześć miesięcy, a moje życie zmieniło się diametralnie i byłam wreszcie w miejscu, o którym zawsze marzyłam. Zaczynając w Polsce każdy kolejny dzień za biurkiem, zadawałam sobie ciągle to samo pytanie: dlaczego, jadąc codziennie do pracy zatłoczonym autobusem, przejeżdżam przez most rzeki Kaczawa, a nie mogę przejeżdżać mostem *Bay Bridge* lub *Golden Gate Bridge* w Kalifornii?! Pamiętam, jak często wytrącana byłam z tych marzeń... A teraz, kiedy się spełniły i wreszcie jestem tutaj, to mam po prostu wsiąść w samolot i wrócić? To nie byłoby najlepsze rozwiązanie.

Byłam tak podniecona decyzją o zostaniu, że nie wysiliłam się nawet, by przemyśleć utratę umowy na czas nieokreślony, tak ważnej w Polsce, dającej poczucie bezpieczeństwa, komfortu i stabilności finansowej aż do późnej emerytury. W takim poczuciu tkwi wielu ludzi w Polsce, nie widząc lub nie zastanawiając się nad swoją biernością życiową. Gloryfikują wręcz swoje stanowiska, będąc zadowolonymi z ciepłych posadek. Tłumaczą zazwyczaj, broniąc zaciekle swoich racji, że mają premie, nagrody, wczasy pod gruszą, mikołajkowe paczki dla dzieci etc. Tymczasem większość z nich jest wypalona zawodowo i nie najlepiej traktowana przez przełożonych, o czym wolą nie mówić, nabierając wody w usta. W zaciszu domowym, napełniając kolejną lampkę winem, leją łzy lub połykają psychotropy przepisane przez poleconego psychiatrę. Są pionkami w grze i harują na sukcesy swoich szefów. Wynagradzani jakimś marnym groszem, dziękują, że wygrali los na loterii, a w rzeczywistości są zdołowani i znerwicowani. Nie mogłam o tym spokojnie myśleć. Wszystkie te obrazy jak slajd po slajdzie ukazywały mi się w głowie. Były jeszcze na tyle świeże, że za każdym razem powodowały lawinę niemiłych wspomnień. Nie miałam żadnych złudzeń – czas rozpocząć amerykańskie życie i pożegnać polskie. Bilet przecież się odda, a jak nie, to i tak zostanę. Wypiłam poranną kawę i wysłałam e-mail do polskiego szefa, rozpoczynając proces wypowiedzenia umowy o pracę.

Decyzja o pozostaniu w Ameryce zapoczątkowała bieg wydarzeń, które wpłynęły na moje dalsze losy. Chciałam zamieszkać na swój rachunek i zwolnić mojego brata z goszczenia mnie. Neil jak zwykle okazał się niezawodny i zaproponował mi pokój w swoim apartamencie. Wszystko działo się szybko, jedno po drugim. Pamiętam dzień przeprowadzki. Do pustego pokoju wniosłam dwie torby – wszystko co posiadałam. Na środku pokoju stało duże łóżko. Miałam też własną łazienkę. Budynek, w którym mieszkał Neil, wybudowany w latach 70., bazował na starych rozwiązaniach architektonicznych. Mieszkali tu wyłącznie seniorzy. Obowiązywały pewne restrykcje i specjalny regulamin. Panował tu swoisty klimat w stylu „*calm down*" i spotykało się jedynie starszych ludzi, snujących się w cieniu opiekunów. Na dole znajdował się stół do ping – ponga i pianino, a także miejsce z kanapami i telewizorem. Zazwyczaj w niedzielne wieczory zarząd budynku organizował seanse filmowe. Pomimo że lokatorzy mieli telewizory w swoich apartamentach, lubili korzystać z takich wspólnych spotkań, to dawało im możliwość pogawędki i udziału w rozrywce. Pilnie uczestniczyli też we wszystkich zajęciach jogi lub tai-chi. Odbywały się tu także specjalne spotkania dla pań przy różnych robótkach ręcznych, w klimatach jak w kółkach gospodyń wiejskich, bardzo lubiłam to obserwować. Wieczorami zaś spotykali się miłośnicy brydża.

Ludzie byli zabawni i zawsze mili. Zaczepiali chętnie w windzie lub pralni, zadając pytania: *How are you, Edita?* Z czasem z łatwością mnie rozpoznawali i polubili. Wiedzieli, że pracuję dla Neila, a kilka osób nawet zaproponowało mi zajęcie. Były dni, w których tylko zmieniałam piętra, aby rozpoczynać sprzątanie u kolejnych ludzi. Na przykład raz w tygodniu chodziłam do Raja – również na wózku. Był prawnikiem i pomimo problemów zdrowotnych i przykucia do wózka prowadził dużo zawodowych rozmów telefonicznych. Potrzebował pomocy w utrzymaniu mieszkania, zajmowałam się także praniem i układaniem jego rzeczy do szuflad. Lubił, kiedy wszystko było na miejscu. To ułatwiało mu codzienność i nie doprowadzało do frustracji związanych z panującym wkoło bałaganem.

Inną osobą była przemiła Włoszka. Malutka, okrągła, z wielkim, falującym biustem. Na ścianach jej apartamentu gościł wizerunek Jezusa oraz zdjęcia wnuków. Znakomicie gotowała i nie pozwalała na odmowę spożycia przygotowanego przez nią posiłku. Nazywała mnie Cookie, a kiedy była zdenerwowana lub coś ją poirytowało, siarczyście przeklinała po włosku. Przerywałam wtedy sprzątanie i wpatrując się w nią, czułam, że brakuje mi tchu. Zawsze miałam ochotę zrobić jej zdjęcie, kiedy się złościła. W tej wściekłości słowa wypływające z jej ust brzmiały zadziwiająco płynnie, jak włoska piosenka. Niekiedy lubiła również walnąć dłonią w stół. Po pewnym czasie przyzwyczaiłam się do jej wybuchów, choć pierwszy spowodował u mnie duże przerażenie. Podskoczyłam wtedy jak sprężyna i nie wiedziałam, jak się zachować. Włoszka cierpiała na cukrzycę, ale nie przejmowała się tym w ogóle. Jej syn, który był lekarzem, często dzwonił do niej i dopytywał, co jadła. Lubiłam wtedy patrzeć na nią, jak wymachiwała specyficznie ręką i kłamała jak z nut. Kiedy kończyła rozmowę, spoglądała na mnie i śmiała się do łez, chodząc wokół stołu. Często zarażała mnie swoim śmiechem i wtedy dołączałam do niej. Zawsze po rozmowie z synem nastawiała w garnku wodę na makaron i gotowała jego dużą ilość. Wiedziała doskonale, że makaron jest dla niej niewskazany. Ale jadła i popijała również zabronionym jej winem. Po takim obiedzie raczyła się jeszcze sytymi deserami, a potem popierdywała, przechadzając się pokojami i nucąc piosenkę Toto Cutugno – *Un Italiano.* Kochałam ją bezwzględnie i uważałam za moją najlepszą kumpelę.

AMERICAN JEZUS

Opiekując się Neilem poznałam wielu jego znajomych i przyjaciół. Byli to mili ludzie w różnym wieku, którzy lgnęli do niego i lubili jego towarzystwo. Często odwiedzał go Joshua. Młody, przystojny chłopak, który pięknie grał na pianinie i z łatwością posługiwał się beatboxem. Bardzo lubiłam, kiedy się zjawiał. Szliśmy wtedy we trojkę na dół, gdzie stało pianino i zaczynał grać oraz śpiewać, perfekcyjnie naśladując inne instrumenty. Neil uwielbiał go słuchać i spędzał z nim dużo czasu. Potrzebowali siebie nawzajem i było to bardzo piękne zjawisko. Neil kochał muzykę, zawsze wtedy ożywiał się i rytmicznie podrygiwał.

Lubił również niedzielne wypady do kościoła. Upodobał sobie pobliski kościół pod nazwą *First Presbyterian*. Warto zaznaczyć, że w Berkeley prawie na każdym rogu znajdują się kościoły, architekturą znacznie odbiegające od Europy. Każda świątynia jest innego wyznania. Różnorodność religijna to wynik wielokulturowego pochodzenia imigrantów. Kościoły są zadbane i mają swoje harmonogramy nabożeństw, o ile można je nazwać nabożeństwami. Dla mnie to były raczej niedzielne spotkania, przy których gawędzi się ze spotkanymi znajomymi i słucha miłej muzyki. Prowadzą je pastorzy, czyli faceci w garniturach i wypucowanych butach. Nie ma to nic wspólnego z polskimi niedzielnymi mszami.

Zazwyczaj przed rozpoczęciem, kiedy ludzie wciąż zbierali się w kościele, grupy muzyczne dawały mini koncerty. Muzyka rozbrzmiewała wtedy w rytmach gospel i porywała siedzących wiernych do powstania i śpiewania lub wspólnego tańca. Dziękowali w ten sposób za miniony tydzień i inne ważne dla nich wydarzenia. Przed wejściem do kościoła można było zaopatrzyć się w kartki papieru lub specjalne malowanki, które miały umilić czas dzieciom. Dzieci nie muszą tu klękać i uczestniczyć w spotkaniu. A jeśli wstaną i wyjdą z ławek, nie są karcone, dyscyplinowane lub uciszane. Każdy robi, co chce. Tańczy, śpiewa, klaszcze, unosi ręce, zamyka oczy lub po prostu siedzi, celebrując spotkanie z Bogiem. Myślę, że o to w tym chodzi i jest to bardzo dobra opcja wspólnej niedzielnej modlitwy.

Neil zazwyczaj uczestniczył tylko w pierwszej części nabożeństwa, czyli części muzycznej, po czym wychodziliśmy i wracaliśmy do domu. Najczęściej chodziliśmy do kościoła, który nosił nazwę *Friend*

Church. Położony był w pięknej dzielnicy Berkeley, na wzgórzu, wśród palm, z widokiem na zatokę. Neil wyjątkowo chętnie spędzał tam czas, ponieważ grali jego znajomi, a wokalista był jego wielkim przyjacielem. Na imię miał Mojżesz. Tak, to jego prawdziwe imię. Kiedy pierwszy raz go spotkałam, byłam bardzo tym zaskoczona, ale gdy usłyszałam w jego wykonaniu piosenkę Johna Lennona *Love*, nie miałam wątpliwości, że to imię stworzone dla niego. Przyjaźń Neila i Mojżesza sięgała lat szkolnych, kiedy to poznali się w Los Angeles. Często miałam wrażenie, jakby byli braćmi, nawet zwracali się do siebie, nazywając *my brother*.

Mojżesz pięknie śpiewał. Pamiętam, była niedziela, kiedy po śniadaniu wyruszyliśmy na koncert jego grupy. Dzień ten utkwił mi dokładnie w pamięci i zmienił moje amerykańskie losy na następne trzy lata. Podejście do kościoła było bardzo strome, więc zawitałam na szczycie z lekką zadyszką. Neil zawsze miał wtedy ubaw i docierając szybciej ode mnie, próbował krzyczeć: *Go! Go! Go!* Rozśmieszał mnie przy tym ogromnie, co jeszcze bardziej uniemożliwiało mi wchodzenie.

Kiedy weszliśmy do kościoła, moją uwagę przykuł ogromny witraż na frontowej ścianie z wizerunkiem Jezusa. Nie byłoby w tym nic niezwykłego, gdybym nie ujrzała jednocześnie drugiego Jezusa – tym razem żywego, siedzącego za perkusją! Podobizny były ogromne i zapewne trudno byłoby odróżnić, gdyby jeden z nich nie widniał na witrażu. Dekoncentrowało mnie to. Usiadłam w pierwszej ławce, a koło mnie zaparkował wózkiem Neil. Co jakiś czas spoglądałam na zasłuchanego Neila i także na witraż, chcąc tym samym odwrócić uwagę od perkusisty. Muzyka tworzyła niepowtarzalny klimat. Zastanawiałam się chwilę, czy nie jestem przypadkiem świadkiem własnego zauroczenia? Czy aby mój mózg nie przeprogramowuje się pod wpływem tego widoku? Popatrzyłam na Neila i zapytałam, czy zna tego faceta. Pokiwał znacząco głową i powiedział, że to nowa osoba w zespole Mojżesza.

Mój wzrok uparcie kierował się na żywego Jezusa i było to silniejsze ode mnie. Neil co chwilę mrugał do mnie okiem, jakby wiedział, co się święci. Byłam pewna, że często wypowiadane słowa kobiet „nie spojrzę już nigdy na żadnego mężczyznę", są raczej mało prawdopodobne. Że chemia chwili potrafi zaskoczyć i wytrącić z równowagi oddech, ciało, wzrok, a wszelkie zapieranie się w tej kwestii jest raczej daremne. To się działo i koniec. Siedziałam jak sparaliżowana i myślałam, co się dzieje? Bo przecież stany uniesienia w moim życiu były już chyba za mną, a wszelkie wzniecające się gorące źródła dawno zostały skutecznie ugaszone. Zanim zobaczyłam tego przystojnego Jezusa z perkusją, sto milionów komórek nerwowych w moim mózgu miało tzw. potencjał spoczynkowy. Ale podejrzewam, że tak naprawdę one wcale nie odpoczywały, wysyłały jedynie nawzajem wiadomości o pogodzie, nudnych zdarzeniach czy innych mało istotnych sprawach. I nagle TRACH! Moje uśpione neurony, które przygotowywały się raczej na menopauzalne doznania, ogarnęło szaleństwo. Nie sądziłam dotąd, że Jezus może się tak podobać, zawsze twierdziłam, że to Judasz był przystojniejszy.

Ale to nie był chyba dobry czas na prowadzenie wewnętrznej dyskusji, bo nagle, w momencie ogłoszenia przerwy, Jezus wstał zza perkusji i wolnym krokiem zaczął podążać w moim kierunku. Neil zareagował i szturchnął mnie nogą. Czułam, jak serce zaczyna mi bić w znanym nerwowym rytmie, a mój rozlatany wzrok szuka pomocy. Po chwili ujrzałam nad sobą postawnego mężczyznę o lekko śniadej karnacji, z brodą i długimi czarnymi włosami. Jego czarne źrenice przeszywały mnie i paraliżowały. Wypowiedziałam niekontrolowane: – O, Jezu!

W szybkiej odpowiedzi usłyszałam: – *Excuse me?*

Z lekkim zmieszaniem odpowiedziałam: – *Oh! You look like Jezus!* I odwróciłam głowę w kierunku witraża. Za chwilę ujrzałam zniewalający męski uśmiech, jakby specjalnie wykreowany na tę okoliczność. Patrzyłam na niego, jak kobieta patrzy na biżuterię lub diamenty. Było w nim coś dzikiego, nieokrzesanego i surowego. Wzbudzał niepokój i ciekawość.

Usiadł blisko mnie. Poczułam wtedy zapach patchouli. Następnie usłyszałam: – *Cute sandals! Where are you from?*

– *I am from Poland* – odparłam, zakładając nogę na nogę.

– *Oh! Poland! Amazing! Beautiful woman!* – pokiwał znacząco głową, głaszcząc brodę.

Szybko zapytałam: – *Have you been to Poland?*

– *No, never! But I heard about Polish women that they are very beautiful!* – spuścił wzrok i uśmiechał się, spoglądając wciąż na moje sandały.

– *It's true!* – dodał Neil i tym sposobem wybił Jezusa z próby czarowania.

– *That's nice, what you say. Thank you!* – odpowiedziałam.

Spoglądałam ukradkiem na Neila, którego obecność ratowała mnie z opresji. Mogłam szybko zmienić temat lub oderwać wzrok od Jezusa. Marzyłam, aby teraz właśnie zachciało się Neilowi iść do toalety, ale jak na złość nie miał w tej chwili potrzeby fizjologicznej. Był raczej wzruszony po ostatnim utworze zaśpiewanym przez Mojżesza. Znałam go na tyle dobrze, by móc z łatwością rozpoznać pojawiające się zmęczenie lub potrzebę wyjścia. Sytuację uratował Mojżesz, który zawołał Jezusa i ogłosił koniec przerwy. Odwrócił się do nas i, robiąc lekki skłon, przeprosił Neila i mnie, po czym wrócił do perkusji. Westchnęłam głęboko, a Neil znacząco na mnie spojrzał. Miałam na pewno wyrysowane na twarzy emocje. Rumieńce były również, jak za dawnych lat. Po chwili musieliśmy wyjść, gdyż Neil potrzebował drzemki i zażycia leków. Widząc nas odchodzących, Jezus pomachał nam, a ja odwzajemniając się, podniosłam rękę i pomachałam jak do starego, dobrego przyjaciela.

Po powrocie Neil położył się, a ja usiadłam przy drewnianym stole i patrzyłam na zatokę, szukając odpowiedzi. Uśmiechałam się do siebie co kilka minut i na przemian, z wewnętrzną krytyką i zafascynowaniem mężczyzną, starałam się przywrócić do porządku. Takie historie nie zdarzały mi się często, a szereg nieudanych związków na zawsze zostawił mocno zakorzeniony ślad. Więc czemu się uśmiechałam, dociekałam? Czy poczułam moc tablicy Mendelejewa, czy aura patchouli wywołała we mnie tyle reakcji chemicznych? Nie mogłam się bronić przed myśleniem o nim. Jestem kobietą. I choć mocno draśnięta porażkami i broniąca się przed ponownymi, wciąż marzyłam i pragnęłam. Bo niby dlaczego nie. W momentach klęski i rozczarowań obiecywałam sobie, że nigdy więcej, że rozum musi brać górę, że po co mi to całe szaleństwo, kiedy i tak koniec zazwyczaj jest smętny. Okazuje się, że pomimo strachu i obaw życie potrafi być jak figlarz i nagle pięknego dnia podsyła Jezusa z perkusją. Ale czy to na pewno życie szepcze i kreuje? Czy może podświadomość, pełna marzeń i tęsknot, chcąc pozbawić intuicji i zdrowego rozsądku, prowadzi nas często w ciemny zaułek? Nie znałam odpowiedzi.

Po tym wydarzeniu zapanował błogi spokój. Wszystko wróciło do normy, a moja emigracja toczyła się dalej. Pracowałam i zdobywałam coraz nowych klientów. Celebrowałam życie, nie podejrzewając nic złego, co mogłoby zepsuć te chwile. Czasami może lepiej jest nie przewidywać, nie myśleć i żyć w błogiej nieświadomości. W każdą niedzielę po śniadaniu pytałam Neila, czy idziemy do kościoła na koncert Mojżesza, lecz Neil od ostatniego razu nagle przestał lubić te wyjścia. Ogarnęło mnie wtedy przeczucie, że musiał wciąż żywić do mnie uczucia, a ja zapominając o tym, zachwycałam się głośno Jezusem. Postanowiłam zweryfikować swoje zachowania. Nie chciałam zranić Neila, ale chciałam czuć się wolną osobą. I mimo że odbyliśmy rozmowę, w której wyjaśniliśmy sobie wszystko, zrozumiałam, że temat Jezusa był zbyt wrażliwy dla Neila. Przestałam więc pytać i interesować się wyjściami na koncerty Mojżesza. Ale chciałam, tak bardzo chciałam znowu tam iść.

Miesiąc po tych wydarzeniach, którejś niedzieli Neil obudził się w bardzo dobrej formie i zakomunikował, że jedziemy na święto ulicy *Solano.* Nie miałam pojęcia, co to oznacza, ale zaczęłam przygotowywać nas do wyjścia z domu. Podczas śniadania oznajmił tylko, że w związku z tym świętem Mojżesz będzie miał koncert. Starałam się nie reagować zbyt euforycznie, ale serce wyrywało się, poczułam wszechobecną radość. Muszę jakoś dobrze się ubrać, uczesać i wyglądać – wpadłam w babskie podekscytowanie i rozpoczęłam truchtanie od szafy do szafy, nie zapominając o lustrze w łazience. Ale z uwagi na Neila musiałam zachować pozory normalności i ukryć swój entuzjazm. Był czujny i obserwował mnie.

W końcu wyszliśmy z domu i udaliśmy się na przystanek autobusowy. Podróż była krótka i po około dwudziestu minutach wysiedliśmy tuż przy samej ulicy *Solano.* Było tu gwarno, jak na polskim odpuście czy jarmarku. Ruszyliśmy wzdłuż ulicy, szukając Mojżesza. Szłam, prowadząc wózek, a joystick co chwilę wymykał mi się z mokrej dłoni. Swoją drogą byłam pewna, że wyrosłam już ze spoconych od napięcia rąk. Neil nagle zaczął wydawać dziwne dźwięki i włączył alarm w wózku. Okazało się, że zrobił to specjalnie, ponieważ zauważył Mojżesza. Chwyciłam za joystick i nie puszczałam go, aby mieć zajęte ręce. Po chwili podszedł do nas Mojżesz i przywitał się. Zaczęli rozmawiać i śmiać się, ja natomiast wciąż szukałam wzrokiem Jezusa. Mojżesz powiedział, że mają nowy repertuar i dziś będą go śpiewać. Nie mogliśmy z Neilem się doczekać. Pogoda była piękna, niebo jak zwykle w głębokim błękicie. Wokoło panowała zabawowa atmosfera, pełna uśmiechów, wina, cukrowej waty i kręconych niebieskich lodów oraz popularnego tutaj popcornu. Patrząc na te smakowitości, zapytałam Neila, czy miałby na coś ochotę. Zazwyczaj nie był wymagający, ale tym razem zażyczył sobie lody. Oddaliłam się i weszłam do nastrojowej, w irlandzkim stylu lodziarni. Na ścianach i suficie wisiały sople lodu, kreując to miejsce na grotę lub jaskinię pełną stalagmitów i stalaktytów. Składając zamówienie, usłyszałam za plecami: – *Hi, Edita!*

Kiedy odwróciłam się, zobaczyłam stojącego przede mną Jezusa.

– *Hi, Jezus!* – szybko odpowiedziałam.

Uśmiechnął się i dodał, że lubi, kiedy nazywam go Jezusem. No tak, kto by nie lubił, pomyślałam.

Kiedy odebrałam zamówione lody, spojrzałam w jego kierunku. Pił duże zielone smoothie i z uśmiechem na twarzy uniósł szklankę, mówiąc: – *Cheers, Edita! See you soon!*

Z powoli topniejącymi lodami powróciłam szybko do Neila. Czekałam niecierpliwie na doznania melomana, słuchając próbnych dźwięków kapeli. Po kilkunastu minutach zaczęli grać, a Mojżesz wykonał brawurowo piosenkę Roberta Palmera *Mercy, Mercy Me*. Każdy ze słuchających przytupywał nogą lub poruszał ciałem w rytm muzyki. Podając Neilowi co chwilę lody, nie miałam zbyt wiele możliwości, aby wpatrywać się w swój obiekt zainteresowania. Słyszałam tylko uderzenia perkusji, a kiedy na sekundy udawało mi się zerknąć, widziałam mocno skupionego człowieka, jakby nieobecnego. Czekałam na przerwę, mając nadzieję, że może uda nam się porozmawiać. Byłam go ciekawa. Chciałam wiedzieć, co robi w życiu, czym się pasjonuje i jak naprawdę ma na imię. Neil jednak nieoczekiwanie postanowił wracać. Zdziwiona zapytałam dlaczego, przecież przyszliśmy tu niecałe pół godziny temu. Stwierdził, że jest mu zimno i lepiej, jeśli wrócimy. Nie stawiałam żadnych oporów – byłam przecież w pracy. Ale czułam złość i niezadowolenie.

Do przystanku szliśmy wolno i w milczeniu.

Miałam wrażenie, jakby zrobił to specjalnie, ale nie chciałam negatywnie się nastawiać i posądzać go o celową rezygnację z koncertu. Czekając na autobus, usiadłam na murku i, patrząc w ziemię, rysowałam butem kółka. Byłam pewna, że ostatni raz widziałam Jezusa.

Neil z niedużej odległości obserwował mnie. Czułam, że prowadzimy rozmowę, posługując się jedynie *body language*. Postanowiłam wrócić do rzeczywistości. Nie było to trudne, gdyż przyjechał autobus i rozpoczęłam procedurę przygotowania wejścia Neila do pojazdu. Z reguły zajmuje się tym kierowca, obniżając podłogę autobusu i wychodząc do pasażera, aby przypiąć go pasami. Pojawienie się osoby niepełnosprawnej stawia zawsze na baczność kierowcę i od tej chwili jest on odpowiedzialny za bezpieczeństwo i jej komfort w trakcie podróży. Po powrocie do domu przygotowałam posiłek i starałam się o miłą atmosferę. Zasypiając, postanowiłam zejść na ziemię i zająć się swoją pracą. Lepsze to i rozsądniejsze, niż rozmyślanie i snucie fantasmagorii na tematy, które nie mają żadnej przyszłości. Burza refleksji i wspomnień wybiła mnie z senności. Usiadłam w fotelu, aby popatrzeć na zatokę i pięknie oświetlony *Bay Bridge*. Światełko na wieży Alcatraz migało w moich oczach i powróciły znów myśli o Franku

Morrisie jako bohaterze, któremu udało się uciec z tej wyspy. A potem, śmiejąc się sama z siebie, zasnęłam w poczuciu szczęścia, że nie będzie to jeszcze wieczny odpoczynek.

PRZEŁOM

Pokaz fajerwerków w Dniu Niepodległości był dla mnie spektakularnym wydarzeniem. Z okien Neila można było obejrzeć całą zatokę w kolorowych eksplozjach świateł. Do tradycji należało, że sąsiedzi Neila, których mieszkania wychodziły na drugą stronę budynku, zapraszani byli na pokaz, aby móc wspólnie celebrować tak wyjątkowy wieczór. Amerykanie bardzo poważnie podchodzą do tego święta. Jest ono jednym z najważniejszych w roku. Pomijając różnorodne parady, które odbywają się tego dnia w całych Stanach, momentem kulminacyjnym zawsze są wieczorne pokazy fajerwerków, wyczekiwane przez ludzi. Pierwszy raz miałam okazję uczestniczyć w takim spotkaniu, a warunki do oglądania w apartamencie Neila były wyjątkowo dogodne. Lało się wino, królowały smaczne przegryzki przygotowane przez zaproszonych gości. To był naprawdę miły wieczór.

Przygotowując Neila do snu analizowałam ten dzień i byłam w dobrym nastroju, mając za sobą pierwszy, prawdziwy, amerykański *The Fourth of July.*

Neil był bardzo zmęczony. Poprosił o gorącą czekoladę, którą pił zawsze w momentach stresu lub kiedy dokuczało mu mocne uczucie zimna. Musiałam wtedy przykrywać go kocem lub masować ramiona i plecy, aby szybciej poczuł ulgę. Ja także czułam zmęczenie i patrzyłam na zegarek, oczekując mojego zmiennika. Tego wieczoru opiekę nad Neilem przejmował Paul. Był dobrym przyjacielem Neila i zajmował się nim już kilka lat. Lubiłam go. Pochodził ze Szwecji, a po śmierci rodziców został w Ameryce całkiem sam. Kiedy jednak los zaprowadził go do Neila, znalazł tam pracę i pokój, w którym mógł zamieszkać. Paul był specyficzną osobą zarówno pod względem wyglądu, jak i z zachowania. Łysy, z dużym brzuszkiem i kozią bródką, uwielbiał gromadzić rzeczy i niczego nie wyrzucał. Posiadał więc ogrom pudełek, plastikowych skrzynek, kartonów, w których znajdowało się wszystko. Jeśli czegoś potrzebowałam, zawsze mogłam liczyć na Paula. Emanował od niego spokój, był miły i bardzo uprzejmy.

Pamiętam dzień, kiedy wracając do domu po pracy, otworzyłam drzwi i zobaczyłam Paula siedzącego na toalecie ze spuszczonymi spodniami. Łazienka Neila znajdowała się dość blisko wejścia i nie miała drzwi z uwagi na niepełnosprawnego mieszkańca. Dlatego zauważenie Paula siedzącego na toalecie nie było trudnym zadaniem, a fakt, że weszłam i ujrzałam go w momencie załatwiania potrzeb fizjologicznych, nie spłoszył go, ani nie zrobił na nim większego wrażenia. Całkiem spokojnie, jakby nic się nie wydarzyło, skierował do mnie miłe powitalne słowa:

– *Hi, Edita! How was your day?*

Czując zmieszanie i zawstydzenie odpowiedziałam:

– *Hi, Paul! Everything was ok, and yours?*

– *Pretty good! Thank you!* – rzucił z uśmiechem.

Oddaliłam się do kuchni, aby opanować wyrywający się śmiech. Długo jeszcze mnie trzymał, a Paul po wyjściu z łazienki spokojnie powrócił do stołu, aby kontynuować swoje zajęcie, czyli naprawę laptopa. Bardzo lubił naprawiać sprzęty i znał się na tym. Robił to zawsze w dużym skupieniu, a na uszach miał wtedy charakterystyczne słuchawki w kolorze purpury. Kochał ten kolor i większość jego ubrań utrzymana była w tej tonacji. Skarpetki natomiast miał zawsze dwie różne, lecz każda z nich musiała posiadać fioletowy akcent. Wszystko to powodowało dużo sympatii dla niego. Był dobrym człowiekiem i niósł pomoc nie tylko Neilowi, który wyrażał się zawsze bardzo dobrze o Paulu. Obaj byli do siebie mocno przywiązani. Natomiast sytuacje takie, jak ta w łazience, dostarczały mi rozrywki i dużo śmiechu. W moim kraju na pewno spotkałyby się z dużą krytyką. Tu nie robiły negatywnego wrażenia, nikogo nie oburzały.

Dni uciekały bardzo szybko i w kalendarzu pojawił się wrzesień. Miesiąc ten zwiastuje rozpoczęcie okresu nazywanego *Indian Summer*, co oznacza bardzo gorący czas, trwający nawet do listopada. Można było to odczuć już na początku września. Apartament Neila nie miał klimatyzacji i bywały momenty bardzo trudne do wytrzymania, zwłaszcza kiedy temperatura powietrza sięgała 40 stopni Celsjusza. Jednym z takich dni była wrześniowa niedziela. Pamiętam, że byliśmy wykończeni i wpadłam na pomysł pójścia do pobliskiego sklepu po lody. Neil nie miał ochoty wychodzić na panujący skwar i został w domu. Nie chcąc, aby był długo sam, szybkim krokiem pokonałam trasę. Płacąc w kasie za lody, poczułam w kieszeni spodni wibracje telefonu. Zobaczyłam wiadomość od nieznanej mi osoby. Czytałam kilka razy, nie będąc pewną, czy to, co widzę, jest żartem czy pomyłką. Tekst przykuwał uwagę i był dla mnie zrozumiały. „*You are so beautiful! Too beautiful!*" – przeczytałam kolejny raz.

W pierwszym momencie pomyślałam, że to nieporozumienie i nie powinnam reagować. Ale zanim doszłam do domu, przeczytałam te dwa zdania z tysiąc razy. Z przodu do tyłu i odwrotnie. Nawet silne parcie na mocz, jakie odczuwałam, będąc w sklepie, odeszło w siną dal, a mój mózg zajął się kompletnie czymś innym niż analizowaniem zawartości pęcherza. Nie wiedziałam ani się nie domyślałam, kto jest autorem wiadomości. Kiedy wróciłam, Neil siedział spokojnie i patrzył na zatokę. Ale zaraz ożywił się i niecierpliwie czekał, aż podam upragnione lody. Cieszył się nimi jak dziecko i specyficznie pomlaskiwał, co oznaczało zawsze, że bardzo lubi i szybko chce. Postanowiłam powiedzieć mu o wiadomości, jaką dostałam, będąc w sklepie. Mówiąc to, śmiałam się i żartowałam, a temat zszedł na inny tor, a mianowicie, jak zabezpieczać się przed niechcianymi gośćmi na różnych komunikatorach. Ale Neil, wracając do tematu, zapytał o nick nadawcy wiadomości. Bez problemów odczytałam mu, nieznane sobie, imię i nazwisko. Zaczął coś mówić do mnie, ale wymowa Neila jest bardzo niewyraźna, a podczas jedzenia mało zrozumiała. Na dodatek zaczął się mocno śmiać i przez to krztusić, więc musiałam natychmiast mu pomóc. Kiedy już opanowaliśmy sytuację, przybrał charakterystyczną postawę ciała, której używał zawsze, aby móc być zrozumianym. W takich momentach zawsze przysuwałam się do niego bliżej, aby dobrze rozpoznać poszczególne słowa. Tym razem nie sprawiło mi to kłopotu.

Usłyszałam: – *This is Jezus, Edita!*

– *What?!* – krzyknęłam. Zrobiłam duże oczy i zapytałam Neila, czy jest pewny, że to on.

– *This is Jezus, Edita* – ponownie rzekł.

Jak on mnie znalazł, pomyślałam.

Odpowiedziałam Jezusowi, a kiedy zaczął czarować mnie słodkimi słowami, postanowiłam być bardziej oficjalna niż zaczepna. Po chwili jednak wszystko wymknęło się nam spod kontroli i pisaliśmy do siebie jak opętani. Nie mogłam pozwolić sobie na całkiem swobodną konwersację, ponieważ byłam w pracy, a Neil wymagał uwagi. Poinformowałam więc Jezusa, że musimy przerwać pisanie, co oboje niechętnie uczyniliśmy. Przygotowując posiłek dla Neila, patrzyłam na zachodzące słońce. Zachody z tego miejsca były zazwyczaj bardzo spektakularne i chociaż minęło tyle miesięcy, wciąż nie byłam nimi znudzona. Chciałam szybko przygotować kolację i nakarmić Neila, by móc powrócić do rozmowy z Jezusem. Ale wiedziałam, że będzie to możliwe dopiero późnym wieczorem, kiedy pójdę do swojego pokoju.

Wieczór wyjątkowo się dłużył, a Neil jakby specjalnie nie był zainteresowany położeniem się spać. Zazwyczaj kładł się około wpół do jedenastej, będąc bardzo zmęczonym. Nie zapytałam, co jest powodem tak wyjątkowo późnego spoczynku tego wieczoru. Starałam się zachowywać normalnie i spokojnie.

Nie chciałam, aby zauważył moje emocje – miałam wrażenie, że nie chodzę, a unoszę się nad podłogą. Ciągle powracałam do konwersacji z Jezusem i analizowałam każde zdanie. Co jakiś czas mówiłam sobie: nie daj się ponieść emocjom, przecież już to przerabiałaś. Prowadziłam wewnętrzny, nierówny dialog. Raz uznawałam, że to wcale nie jest źle, skoro chcę wiedzieć o nim więcej, a za chwilę bałam się poznać go bliżej, aby się nie rozczarować. Przecież ulegamy fascynacji osobami, których tak naprawdę nie znamy. A właśnie tak zaczęło się z Jezusem. Poznałam jego spojrzenie, tembr głosu, śmiech i otaczający go zapach patchouli. Na tym etapie mogłam zacząć wyobrażać sobie różne scenariusze naszej znajomości. Miałam jednak świadomość, że łatwo pomylić fantazję z rzeczywistością.

Neil chrapnął znacząco, więc był to moment, aby przygotować go do spania. Zazwyczaj trochę to trwało i wymagało pewnych rutynowych czynności, ale tego wieczoru mój podopieczny chciał po prostu szybko się położyć. Musiał być bardzo zmęczony. Zażył lekarstwa i zażyczył sobie kostkę czekolady z marihuaną, przepisaną przez lekarza. Szybko po niej odpłynął, ukojony odejściem bólu.

Ja też poczułam zmęczenie i po gorącym prysznicu poszłam do łóżka, a z uwagi na późną porę nie liczyłam już na dalszą rozmowę z Jezusem. O drugiej w nocy obudziły mnie charakterystyczne dźwięki wibracji telefonu. Często w nocy dostawałam wiadomości od mojego syna lub znajomych z Polski, więc zerknęłam w telefon, ale tym razem zobaczyłam tekst od Jezusa. Nie czułam już zmęczenia ani senności. Rozmawialiśmy do piątej rano, a właściwie pisaliśmy, gdyż zanim wysłałam wiadomość, musiałam ją przetłumaczyć w translatorze polsko – angielskim. Wymagało to czasu i cierpliwości nas obojga. Często pisałam na opak, co wywoływało dużo śmiechu. Jezus jednak mnie rozumiał i w ten sposób mogliśmy przyspieszać w niektórych momentach.

Gdy zaczynało świtać, ogarnął mnie niepokój, że będę mocno zmęczona i senna w następnym dniu pracy z Neilem. Wiedziałam już jednak, że Jezus był nauczycielem angielskiego w trzech szkołach i że preferował bardzo zdrowy styl życia, oparty głównie na surowym weganizmie. Wykluczyć z diety wszystkie produkty spożywcze pochodzenia zwierzęcego, a także dania przyrządzane w temperaturze powyżej 48 stopni, było ponad moją wyobraźnię. W dodatku okazało się, że motywowały go wyłącznie powody kulturowe i religijne. Zastanawiałam się momentami, skąd ma takie białe i silne zęby, skoro jego dieta jest prawdopodobnie uboga w białko i wapń. Wszystkie pytania i wątpliwości były jednak dowodem mojej niewiedzy na temat wegańskiego menu.

Dowiedziałam się także, że jest po rozwodzie i ma dwoje dorosłych dzieci. Mieszkał wcześniej w Los Angeles, z którego wyjechał po rozstaniu z żoną. Wynajmował teraz pokój w domu Mojżesza, na marginesie wspomniał, że szuka czegoś innego, większego, z lepszymi warunkami. Opowiadał również o swoim zamiłowaniu do książek, poezji oraz drewnianych przedmiotów. Nawet szczoteczka do zębów nie mogła być z plastiku i sztucznego włosia. Wszystko to najpierw wydało mi się skrajną obsesją, ale wzbudziło moje duże zaciekawienie. Na pożegnanie Jezus zaproponował wspólną wycieczkę. Nie dałam mu kluczowej odpowiedzi, ponieważ w niedziele zazwyczaj pracowałam z Neilem i musiałam najpierw zapytać o zastępstwo. Poza tym mieszkałam tu i wszystkie moje wyjścia i powroty były widoczne. Chciałam być otwarta i szczera, ale w powietrzu unosiły się jakieś dziwne zawirowania. Nie rozumiałam tego i nie umiałam sobie z tym poradzić. Po śniadaniu poszliśmy na spacer i dopiero wtedy zapytałam Neila, czy byłaby możliwość, abym w następną niedzielę wzięła wolne. Nie podałam prawdziwego powodu, być może podświadomie nie chciałam go zranić, a może tłumaczę siebie teraz... Odpowiedź Neila była zaskakująco szybka i pozytywna. Nieoficjalnie miałam spędzić tę niedzielę na Alameda z moją rodziną, co przyjął bez komentarzy i z pełną aprobatą. Podziękowałam i byłam naprawdę wdzięczna. To będzie mój pierwszy wolny dzień od ponad pół roku! Cieszyłam się i nie mogłam doczekać spotkania z Jezusem. Cały tydzień snułam plany i wyobrażenia. Każdego wieczora rozmawialiśmy do późnych godzin nocnych, co przekładało się na moje zmęczenie w ciągu dnia. Mimo to pracowałam w ciągu tamtego tygodnia na przyspieszonych obrotach i z uśmiechem na ustach.

Wczesnym niedzielnym rankiem szybko poderwałam się z łóżka. Po chwili stałam już przy maszynie do kawy, a jej zapach pobudził moje zmysły i podniósł ciśnienie. Schodząc na dół, przed budynkiem zauważyłam starego niebieskiego mercedesa. Siedział w nim Jezus. Rozwiane, falowane włosy, wokół szyi gustowny szalik i zapach patchouli. Gdy przyjrzałam się mu, spostrzegłam lekko siwe kosmyki wokół skroni. Byłam ciekawa, ile ma lat, zastanawiałam się, czy może być młodszy ode mnie. Miło gawędziliśmy, jadąc w górę, w stronę znanego dobrze w Berkeley *Tilden Regional Park*. Jest to duży obszar o powierzchni ponad dwóch tysięcy akrów, bardzo lubiany przez turystów i tubylców. Ma wiele ścieżek do pieszych wędrówek i rowerowych szlaków. Znajdują się tu również liczne punkty widokowe, jednym z nich jest zapierający dech w piersiach *Inspiration Point*, na który planowaliśmy dotrzeć.

Na parking przyjechaliśmy jeszcze przed świtem. Z tego miejsca mieliśmy do pokonania drogę spacerem. Panowała głęboka cisza, dzień powoli się budził. Przez chwilę czułam niepokój, że jestem tu sama z mężczyzną, którego tak naprawdę nie znam, bałam się także licznie żyjących tu niedźwiedzi. Po około czterdziestu minutach dotarliśmy do sławnego *Inspiration Point*. Zasapani i lekko dyszący po długiej drodze pod górę ujrzeliśmy zatokę z tysiącami światełek mieniących się niczym diamenty. Widok był niesamowity! Kolejny raz zdałam sobie sprawę, gdzie mieszkam teraz i żyję. Chwila była naprawdę wzruszająca, serce mocno mi biło. Jezus okazał się bardzo wrażliwy na piękno natury i zaczął nawet na gorąco tworzyć poezję. Usiedliśmy na ławce, wyciągnął z kieszeni suszone daktyle i poczęstował mnie, a ja zaproponowałam przyrządzoną przeze mnie rano kawę. Okazało się jednak, że nie lubił i nie pijał kawy. Jak można nie lubić i nie pić kawy, dziwił się mój uzależniony od kofeiny głos.

Rozmawialiśmy dużo o naturze, przyrodzie, Ziemi. Zrozumiałam, że Jezus jest bardzo ekologiczną i „*organic*" osobą. Uważał, że spożywając wyłącznie świeże jedzenie, karmi nie tylko swoje ciało, ale i duszę. Twierdził, że zwierzętom, tak jak ludziom, przysługuje ochrona ich podstawowych interesów, w tym prawa do życia i prawa do wolności od cierpienia. W imię tych założeń zrezygnował nie tylko z produktów odzwierzęcych, ale również z noszenia skórzanych ubrań i używania kosmetyków testowanych na zwierzętach. Mówił o tym z wielkim przekonaniem i zaangażowaniem, starając się, abym wszystko dobrze zrozumiała. Wiedział, jak ze mną rozmawiać, jakich używać słów, jak budować zdania. Był nauczycielem i robił to perfekcyjnie. Wszelkie obawy, jakie miałam w związku z moim angielskim, okazały się niepotrzebne.

Czasami było nawet zabawnie, kiedy próbowałam umiejętnie dobrać słowa i posługiwać się nieudolnie moim akcentem. Na przykład wymawiane przeze mnie słowo „Berkeley" potrafiło przysporzyć nam dużo śmiechu. Przy okazji edukowałam się, a Jezus, w ramach nauki, taktownie korygował moją wymowę i akcent. W odwecie mówiłam po polsku, proponując, aby spróbował po mnie powtarzać. Było na tyle zabawnie, że nie zauważyliśmy zbliżającego się nieuchronnie południa. Wciąż byliśmy na tej ławce, gdzieś wysoko, sami, a słońce zaczynało ogrzewać nasze twarze. Poczuliśmy głód i postanowiliśmy wracać. Byłam pewna, że nasze spotkanie i wypad na *Inspiration Point* dobiegają powoli końca. Jednak Jezus zaproponował, abyśmy pojechali do niego. Chciał przyrządzić nam zupę miso z własnoręcznie ukiszonej soi. Tak też zrobiliśmy.

Jezusowy pokój był bardzo mały. Indyjska mata na podłodze stanowiła jego łóżko, a rozrzucone wokoło kolorowe poduchy służyły za siedziska. Było przytulnie i przyjemnie, a kiedy przyniósł w drewnianych miseczkach ciepłą zupę i puścił Pink Floydów, zrobiło się całkiem domowo. Byłam mile zaskoczona. Wychowałam się na tej muzyce! Jezus okazał się także fanem Watersa. Miał ogromną kolekcję książek i płyt winylowych. Zauważyłam nawet wszystkie tomy „Anny Kareniny". Czas upływał przyjemnie, bez niepotrzebnej i niezręcznej ciszy. Po kilku godzinach, rozgrzani gorącą zupą i odurzeni zapachem kadzideł, poczuliśmy duże zmęczenie. Pamiętam, że przyszedł nawet moment, w którym oboje zasnęliśmy. Do domu wróciłam późnym popołudniem. Byłam zmęczona i cieszyłam się, że najbliższe dwa dni nie będę pracowała dla Neila, co pozwoli mi się wyspać i zregenerować.

W międzyczasie odebrałam kilka razy telefony od Jezusa, który pytał, jak się czuję i czy wszystko u mnie dobrze. Neil natomiast nie był w humorze i kiedy nazajutrz jadłam śniadanie, podjechał do mnie wózkiem i ze łzami w oczach zaczął demonstrować swoje niezadowolenie. Był zdenerwowany i powiedział, że czuje się zraniony. Zaczęłam spokojnie mówić, że nie dzieje się nic, co mogłoby go niepokoić. Po chwili jednak uświadomiłam sobie, że tłumaczę się Neilowi, jakbyśmy co najmniej byli parą lub obiecali sobie dożywotnią wierność. Poczułam złość. Nie rozumiałam, czego ode mnie oczekuje. Jakby podejrzewał, że wcale nie byłam na Alameda. Dałam jednak spokój dalszej dyskusji, bo było mi go szkoda. Poprosił o valium, po którym szybko zasypiał. Siedziałam długo, patrząc, jak śpi. Zastanawiałam się nad sytuacją między nami. Nie chciałam ranić Neila, ale zdałam sobie sprawę, że on jest wciąż zaangażowany i muszę być ostrożna. Pomimo, że byłam wolnym człowiekiem, czułam się zobligowana do tego, by uważać na to, co mówię i jak się zachowuję. Jednak nie godziłam się na rolę niewolnika uzależnionego od Neila, który nieświadomie wpędzał mnie w coraz większe sieci. Biłam się z myślami i toczyłam monologi. Przecież wszystko było wyjaśnione i problem ślubu dawno został zamknięty. Dlaczego więc przyciska mnie do ściany, obarczając winą i próbując mi wmówić, że go ranię? To odbierało mi radość i stwarzało poczucie niezręczności. Nigdy nie chciałam zranić Neila, lecz czasami czułam, że wykorzystuje swoją niepełnosprawność do szantażowania mnie. Ufałam mu i byłam bardzo wdzięczna za wszystko, co robił dla mnie. Ale w momencie ograniczenia swobody odzywają się w nas wszelkie pokłady agresji i złości. Bałam się tego i nie chciałam, aby sytuacja przybrała taki obrót. Dodatkowym utrudnieniem była ogromna wrażliwość na wszelkie bodźce zewnętrzne, spotęgowana jego niepełnosprawnością. Rozmowa ze zdrowym człowiekiem wyglądałaby zupełnie inaczej. Z Neilem każde słowo musiało być wyważone i użyte w taki sposób, aby nie zranić go lub nie spowodować dwuznaczności. Jego przekaz był natomiast zazwyczaj bezpośredni i dość bezwzględny. Nie miał żadnych zahamowań, nie zastanawiał się też nad odbiorem przeze mnie jego zachowań. To bardzo znamienne dla Amerykanów – walić wprost, bez owijania w bawełnę.

Neil wiedział, że spotykam się z Jezusem. Powiedział swojemu rodzeństwu, że mam „*boyfrienda*". Nie ukrywałam zażenowania i złości. Prosiłam, by tego nie robił i tłumaczyłam, że jest w błędzie, ale nie słuchał. Kiedy miałam wolny dzień i wracałam późno, nie spał i ostentacyjnie czekał na mnie. Zaczęłam zdawać sobie sprawę, że mój pobyt w jego mieszkaniu staje się problemem. Nie czułam się swobodnie, kilka razy z impetem wjechał wózkiem do mojego pokoju. Pytałam wtedy, czy czegoś potrzebuje, czy coś się stało. Zazwyczaj odpowiadał, że chciał tylko popatrzeć na mnie. Ale kiedy robił to w nocy, potęgował narastający między nami konflikt. Nie mogłam nieustannie być miłą i udawać, że nic się nie dzieje. Istniały granice. Kiedy wspominałam, że to mój pokój, odpowiadał, że nie mam racji – to jego pokój. Dokuczał mi często bez większych powodów. Przy jedzeniu wszystko opluwał, a każdy posiłek stawał się wyzwaniem. Wiedziałam, że ma problem z połykaniem i łatwo ulega dławieniu, ale po prawie ośmiomiesięcznym okresie przebywania z Neilem mogłam z łatwością wyczuć, kiedy robił to specjalnie.

Zapanowała niefajna, ciężka atmosfera. Nie chciałam tego. Byłam zmartwiona i zmęczona. Nigdy dotąd nie przypuszczałam, że między mną a Neilem może dojść do nieporozumień. Ta jesień zaczęła się naprawdę smutno. Pomimo ogromnych upałów panujących we wrześniu i październiku, w pracy wiało chłodem i było wiele niepotrzebnych przepychanek. Czułam, że jestem świadkiem jakiegoś przełomu w mojej emigracji i że niebawem może nastąpić wielkie BUM! To nie była łatwa sytuacja dla mnie. Przede wszystkim miałam dobrze płatną pracę u Neila. Zrezygnować z niej byłoby nierozsądnie. Po namyśle doszłam do wniosku, że potrzebuję jedynie zmienić miejsce zamieszkania, by mieć swoją prywatną przestrzeń, której teraz mi brakowało. Neil widział moje wyjścia i przyjścia. Słyszał moje liczne rozmowy telefoniczne z Jezusem, a ja, aby tego uniknąć wychodziłam do swojej łazienki. Kiedy miał ochotę, bez pukania wjeżdżał do mojego pokoju, często bez ubrania, i demonstrował swoje nastroje czy zachcianki. Musiałam być powściągliwa i hamować emocje, mając ciągle na uwadze, że to osoba krucha, chora, wrażliwa, cierpiąca i wymagająca specjalnego traktowania.

Ale co ze mną? Musiałam sama zadbać o siebie i swoje życie. Często słyszy się tu na „do widzenia" popularny zwrot „*take care*". To może nadszedł czas, abym wreszcie wzięła swoje troki w garść i rozpoczęła samodzielne i niezależne życie w Ameryce? Nic tak przecież nie dodaje skrzydeł, jak poczucie bycia niezależnym. Mogłabym wtedy swobodnie decydować i zarządzać czasem według moich potrzeb. Wiedziałam, że decydując się na zmiany, muszę przygotować się na atak. Do tej pory byłam tą, która idzie za innymi. Teraz będę szła przed nimi. Ludzie, widząc, że znam swoją wartość, będą chcieli mnie zdominować i podporządkować. Ale mimo wszystko chciałam to zrobić i czułam, że nadchodzi ten moment. Moje życie jest w moich rękach, muszę zadbać o nie. *Take care, Edyta!*

PRZEPROWADZKA

Było mi bardzo smutno z powodu pogorszenia stosunków z Neilem. Próbowałam rozmawiać z nim o tym i starałam się za wszelką cenę utrzymać dobrą atmosferę między nami. Nie mogłam jednak rezygnować ze swojego życia prywatnego. Pragnęłam mieć swój własny kąt, gdzie mogłabym odpoczywać, czuć się swobodnie i przyjmować gości. Chciałam normalnie żyć, pracować i funkcjonować.

Moja znajomość z Jezusem rozkwitała. Spotykaliśmy się dość często, aby po prostu zjeść razem lunch. Najczęściej zwyczajnie siedząc na trawie w pobliskich parkach lub kampusie zajadaliśmy świeże wegańskie jedzenie. Zawsze przed takim spotkaniem jechaliśmy do sklepu i Jezus robił zakupy, które wkładał do wiklinowego koszyka. Lubiłam obserwować go, gdy wyszukiwał najpiękniejsze warzywo lub owoc. Był wtedy jak w transie. Co jakiś czas z zachwytem pokazywał mi, co wybrał i kładł do koszyka w sposób tak delikatny, jakby trzymał w dłoni złote jajo. Wszystko wąchał i zachwycał się świeżym zapachem.

Przyzwyczajałam się do widoku Jezusa jedzącego pęczek pietruszki lub bazylii, które popijał świeżym sokiem z selera. Przyrządzał bardzo dobre soki, do których dodawał duże ilości kurkumy i imbiru. Nosił je w specjalnych słoikach firmy *Ball Mason Jar*, bardzo popularnych w Stanach Zjednoczonych. Zdarza się, że mają one ucho. W takim słoiku – kubku napój w kolorze świeżej zieleni wyglądał niezwykle apetycznie i byłam prawdziwą fanką tych specjałów.

Przyszedł dzień, w którym poinformowałam Jezusa, że szukam nowego miejsca dla siebie. Nie pytał zbyt wiele o powody mojej decyzji, ale powiedział, że rozumie i domyśla się, że to dla mnie trudna sytuacja. Streściłam mu pokrótce swoją historię z Neilem, zaznaczając, że jest mi bliski i bardzo dużo mu zawdzięczam. Poprosiłam również, by dał mi znać, gdyby ktoś z jego znajomych miał do wynajęcia pokój lub studio. Jezus przez dłuższą chwilę myślał i patrzył w niebo, a potem rzekł, że to dobrze się składa, ponieważ on również chce się wyprowadzić od Mojżesza. Dodał, że gdybym chciała razem z nim wynająć jakiś mały apartament, moglibyśmy zająć się poszukiwaniem nowego miejsca. W pierwszym momencie nie byłam zbyt pewna, czy dobrze go zrozumiałam. To byłoby zbyt piękne – ja i Jezus pod jednym dachem! Miałabym mieszkać z nim i pić jego wytrawne soki? Jedzcie i pijcie moje soki? O, mój Boże! *Take care, Edyta*!

Postanowiłam się więc upewnić, a on tylko uśmiechnął się, potwierdzając. Potem położył się na gęstej trawie i przyciągnął mnie do siebie. Położyłam głowę na jego ramieniu, tradycyjnie czując zapach patchouli. Słońce ogrzewało nas, robiło się błogo. Byłam szczęśliwa, nie znając kompletnie przyszłości, ale czując się dobrze i bezpiecznie obok Jezusa. W końcu na drugie mam Maria, więc przy czyim boku mogłabym się czuć lepiej, jak nie przy jezusowym?

Trwaliśmy tak koło godziny, dopóki zegar na kampusowej wieży nie przypomniał nam, że już późno i czas wracać. Jezus odwiózł mnie do domu. Pożegnał się czule i obiecał, że odezwie się do mnie wieczorem, kiedy już położę Neila spać. Szukając w torebce klucza, nie mogłam zebrać myśli. Czułam, że coś się dzieje między nami, ale nie byłam jeszcze pewna co i jak to nazywać…

Z uśmiechem powitałam Paula oraz Neila, którzy oglądali razem film na *Netflix* i sprawiali wrażenie także zadowolonych z życia. Po cichu oddaliłam się do kuchni, gdzie przyrządziłam sobie herbatę, po czym, zerkając na zegarek, poszłam do swojego pokoju, w którym mogłam zebrać i uspokoić myśli przed rozpoczęciem pracy z Neilem. Chciałam jeszcze przez chwilę pobyć sama, wyobrażając sobie wspólne mieszkanie z Jezusem. Nie byłam do końca pewna, czy to najlepsze wyjście z sytuacji, ale miałam ochotę spróbować. W życiu często można zaobserwować takie momenty, w których coś się kończy i automatycznie pojawia się następna alternatywa. Nazywamy to zbiegiem okoliczności, ale ja wierzę, że zarządza tym kosmos, z którego przyszliśmy i do którego wrócimy bez względu na nasze poglądy, teorie i religie. Jesteśmy energią. Laureaci Nagrody Nobla udowodnili ponad wszelką wątpliwość, że świat fizyczny to jedno wielkie morze energii, które w mgnieniu oka pojawia się i znika w milisekundach. Z takim przekonaniem rozpoczęłam pracę z Neilem, który tego wieczoru był wyjątkowo zmęczony i wcześnie poszedł spać.

Zaczęłam szperać po lokalnych stronach internetowych, szukając apartamentów do wynajęcia. Ceny były dość wysokie, ale niczego innego nie mogłam się spodziewać – szukałam mieszkania w Bay Area. Późnym wieczorem zadzwonił Jezus i miał już kilka gotowych ofert do obejrzenia w najbliższych dniach. Wiedział, że będzie musiał być głównym najemcą podpisanej umowy, ponieważ nie posiadałam wciąż dokumentów, które umożliwiałyby podpisanie takiej umowy przeze mnie. Nie było to dużym zmartwieniem dla niego i chciał wziąć ten problem na siebie. Nie informowałam jeszcze Neila o swoich planach, chcąc jak najbardziej zminimalizować wszelkie niezadowolenia i trudne chwile związane z moją przeprowadzką. Miałam nadzieję, że nie wpłynie to na kontynuację mojej pracy. Chciałam się tylko wyprowadzić, a całą resztę pozostawić bez zmian. Liczyłam na zrozumienie Neila i akceptację mojej decyzji.

Nieuchronnie zbliżał się koniec roku i przyszła kalifornijska zima. Nie tak oczywista jak europejska, gdyż temperatury tutaj w grudniu i styczniu wahają się średnio w granicach 10-18 stopni Celsjusza. Podobnie jak w Polsce dzień jest krótki i wcześnie robi się ciemno, jednak z przewagą dni słonecznych, w których śmiało można pozostać w koszulce lub krótkich spodniach. Kalifornijczycy potrafią iść ulicą w puchowej kurtce i japonkach na stopach. Znałam kilka osób, które przez cały rok nie rozstawały się z sandałami. Ja jednak w czasie zimy sandały zamieniałam na adidasy.

Nasze wspólne poszukiwania apartamentu wciąż trwały i choć mieliśmy za sobą kilka spotkań z właścicielami, to bez większego skutku. Zazwyczaj, kiedy podobało nam się miejsce, to cena okazywała się zbyt wysoka. A kiedy wszystko na pierwszy rzut oka wyglądało zachęcająco, to podczas oglądania i rozmowy wychodziły na jaw różne mankamenty lub niedogodności. W związku z licznymi niepowodzeniami zdecydowaliśmy się na małą przerwę w poszukiwaniach. Jezus oczekiwał w grudniu swoich dzieci, które miały przybyć do niego ze świąteczną wizytą, więc pozostanie w pokoju wynajmowanym u Mojżesza było jak najbardziej wskazane. Ja natomiast nie miałam innego wyjścia, jak tylko dostosować się do sytuacji i spokojnie czekać na dogodny moment. Byliśmy jednak dobrej myśli i pełni nadziei, że wraz z początkiem nowego roku pojawią się większe szanse na znalezienie mieszkania.

Tymczasem ja, mieszkając wciąż u Neila, zachwycałam się żywą choinką, którą kupił, wiedząc, jak jest dla mnie ważna. Byłam mu bardzo wdzięczna. Piękny zapach drzewka rozchodził się po mieszkaniu, przypominając mi dzieciństwo oraz rodzinny dom. Kiedy zdobyłam kiszoną kapustę w polskich delikatesach w San Francisco, postanowiłam przyrządzić świąteczny bigos. Neil był zwolennikiem wszelkich kapustnych potraw i cieszył się na samą myśl o nich. Wokół panowała świąteczna atmosfera. Planując w tym roku święta z rodziną i bratem, musiałam przyszykować kilka potraw i zająć się prezentami. Kupiłam także upominki dla Neila i Paula, kładąc je pod choinką. Neil był zdziwiony, gdyż nie celebrował Bożego Narodzenia. Pochodził z rodziny żydowskiej, więc to nie było jego święto. Ale nie obchodził również Chanuka. W czasie robienia prezentów dał się jednak ponieść świątecznemu nastrojowi i również położył kilka pakunków pod choinką. Do pełni szczęścia brakowało jedynie śniegu lub chociaż mroźnej pogody, musiałam więc zadowolić się bardziej mglistymi niż zazwyczaj porankami, które wskazywały na okres zimowy w Kalifornii.

Święta minęły bardzo szybko – trwają tu jeden dzień, a nie, jak w Polsce, dwa. To było moje pierwsze Boże Narodzenie w Ameryce. Cały szum wokół Christmas jest bardziej zakręcony i gorący w okresie przedświątecznym, niż w same święta. Punkt kulminacyjny następuje o poranku 25 grudnia, kiedy po przebudzeniu wszyscy podążają do choinki, aby móc otworzyć prezenty. Potem spędzają miło czas w restauracjach, w gronie rodziny lub przyjaciół i w zasadzie to już koniec świąt. Następnego dnia wszelkie uliczne dekoracje zostają zmienione na noworoczne i zaczyna się odmierzać czas do nocy sylwestrowej. Więc i ja zaraz po świętach powróciłam do pracy i, oczekując ostatniego dnia roku, byłam pełna nadziei na nadchodzące novum.

Sylwester minął bardzo przyjemnie, w gronie rodzinnym i była to jedyna okazja do odrobiny odpoczynku po ciężkiej w ostatnim okresie pracy. Pokaz fajerwerków, który odbywał się tradycyjnie w San Francisco, był niesamowity i nigdy dotąd nie widziałam takiego show. Kolorowe, świetliste niebo, pełne tysięcy wystrzelonych świateł. Trzymając lampkę zimnego szampana czułam się szczęśliwa i w takim nastroju rozpoczęłam Nowy Rok w Ameryce. *Happy New Year, Edyta!*

W pierwszym tygodniu stycznia dość mocno rozchorowałam się i musiałam zostać w łóżku. To był pierwszy raz, kiedy poinformowałam moich klientów, że nie mogę przyjść do pracy. Byli pełni zrozumienia i życzyli mi szybkiego powrotu do zdrowia. Nie chciałam jednak zbyt długo być nieobecna i po trzech dniach wróciłam do opieki nad Neilem. Moja izolacja przyniosła efekt i nie zaraziłam go. Czułam pewne osłabienie, jak to po przeziębieniu, ale zalecany przez Jezusa sok, który miał mnie postawić na nogi, przynosił rezultaty. Po kilku dniach od choroby byłam na pełnych obrotach i nawet przybył mi nowy dom – starsi ludzie mieszkający w Oakland Hills. Okazało się, że pani jest wciąż aktywna zawodowo i prowadzi audycje w lokalnym radio w San Francisco. Byli bardzo mili dla mnie, a czyszczenie domu nie sprawiało mi większych kłopotów.

Przyszedł jednak dzień, w którym zawalił się

na chwilę mój amerykański świat. Pamiętam, to był piątek, w który jak zwykle o godzinie dwudziestej zaczynałam swoje weekendy z Neilem. Po sprzątaniu dwóch domów byłam zmęczona i przed wejściem do mieszkania Neila postanowiłam posiedzieć trochę na dole, w holu. Wtedy zadzwonił mój brat i powiedział: – Tylko się nie denerwuj, ale już nie pracujesz dla Neila i masz dwa tygodnie, aby opuścić jego apartament. Nie rozumiałam, o czym on mówi i podejrzewałam, że to jakiś żart! Bo dlaczego mieliby zadzwonić do mojego brata, a nie do mnie? Pojechałam windą na górę i z impetem weszłam do mieszkania. U Neila była jego siostra. Popatrzyłam na ich twarze i wszystko stało się dla mnie jasne. Zapytałam, czy to prawda, że zwalnia mnie z pracy i daje dwa tygodnie na wyprowadzenie się stąd. – Tak! Prawda! – usłyszałam, po czym przeprowadziłam z Neilem mało udaną rozmowę. Zapytałam o powód jego decyzji. Odparł, że istnieją między nami różnice kulturowe, a poza tym posiadam „*boyfrienda*", czyli Jezusa, co mu nie odpowiada. Moje tłumaczenia nie przyniosły większych efektów, a częste wtrącanie się jego siostry do rozmowy tylko pogarszało sytuację. Byłam rozjuszona, na usta cisnęły mi się najgorsze słowa. Popatrzyłam w oczy Neilowi i zapytałam, czy jest pewny swojej decyzji. Długo milczał, ale jego odpowiedź była znacząca. Nie dbał o moją sytuację emigracyjną. Nie było dla niego ważne, że wraz z początkiem roku znalezienie lokum w Berkeley graniczy z cudem. W ciągu kilku minut wypowiedział mi pracę, bez dawania żadnych wcześniejszych sygnałów. Przecież jeszcze rano, przed wyjściem, kiedy jadłam śniadanie, był miły i żartowaliśmy. Wieczorem natomiast z zimną krwią pozbawił mnie pracy. Długo o tym myślałam, nie mogąc zasnąć. Czułam ogromny żal i rozczarowanie. Potrzeba lania łez była tak mocna, że wyszłam do siebie i zamknęłam drzwi, nie chcąc szybko ich otwierać.

W nocy słyszałam, że nie spał – płakał. Jakby zrozumiał, co zrobił. Było jednak za późno, zarówno dla mnie, jak i dla niego. Siostra Neila uspokajała go, tłumacząc coś, ale nie miałam siły wsłuchiwać się i próbować zrozumieć. Było mi to obojętne. Toczyłam ogromną walkę ze sobą, aby móc zrozumieć jego zachowanie – drastyczne, nagłe i bez krzty zrozumienia. Nigdy nie zrobiłam mu krzywdy. Zawsze starałam się nim dobrze opiekować i dawać z siebie wszystko, aby czuł się komfortowo i był szczęśliwy. Gotowałam i piekłam, chcąc mu dogodzić kulinarnie, aby miał trochę przyjemności i nie jadł kupnych słodkości, za którymi przepadał. Zawsze mówiłam Neilowi, że jestem bardzo wdzięczna za jego pomoc, za pokój, w którym mieszkam i za to, że był moim nauczycielem, mentorem i przewodnikiem. Chciałam, aby wiedział, że go doceniam i dziękuję.

Pół nocy spędziłam, rozmyślając nad tym, co źle zrobiłam i czym zawiniłam. To było chyba moje wrodzone poczucie winy, które miało swój początek w dzieciństwie. Nad ranem pozbierałam się, uświadamiając sobie, że żadnej mojej winy tu nie ma. Nie byłam z Neilem związana, a wszelkie sprawy dokładnie wyjaśniliśmy. Znajomość z Jezusem była moją prywatną sprawą, zresztą nigdy nie dałam powodów Neilowi, aby mógł pomyśleć o nas jak o partnerach. Nie powinien być na mnie zły, zazdrosny i pozbawiać mnie pracy. Uderzył w czuły punkt, dając do zrozumienia, że on tu rządzi. Wraz z nadchodzącym świtem zrozumiałam, że nie mogę się poddać i muszę działać, aby jak najszybciej wynieść się z tego mieszkania. Nie chciałam rozmów ani konfrontacji. O poranku powitałam Neila i jego siostrę z uśmiechem na twarzy i zaraz potem, wychodząc z mieszkania, pożegnałam ich z entuzjazmem w głosie, życząc: – *Have a nice day*!

Wychodząc z budynku miałam ochotę kopnąć w doniczkę z pelargonią, którą sadziliśmy oboje z Neilem, ale opanowałam swoje zapędy z uwagi na zainstalowane przed wejściem kamery. Aby sobie ulżyć, użyłam środkowego palca lewej dłoni schowanej w kieszeni bluzy i, stawiając go na baczność, oddałam cześć tej chwili. W *Peet's Coffee* wypiłam mocną kawę i zadzwoniłam do Jezusa. Nie był zadowolony z informacji ode mnie, ale nie pozwolił mi także smucić się i martwić. Przyjechał po mnie swoim niebieskim, starym mercedesem i pojechaliśmy do niego obmyślić plan B. Kiedy weszłam do jego pokoju, zapach kadzidła i patchouli uspokoił mnie. Poczułam ukojenie i spadek napięcia, które towarzyszyło mi od poprzedniego dnia. Czasu mieliśmy mało, bo tylko dwa tygodnie, ale musieliśmy coś wymyślić i znaleźć mieszkanie. Była sobota, postanowiliśmy ją spędzić na wyciszeniu złych emocji. Pojechaliśmy do lasu i przeszliśmy kilka kilometrów. Po powrocie Jezus przygotował jadło w swoim wegańskim wydaniu, a potem było dużo muzyki, deseru i zapachu kadzidła. Następnie zaproponował masaż moich nadgarstków, co mnie zrelaksowało i usnęłam.

Na drugi dzień byliśmy umówieni już w pięciu miejscach na oglądanie mieszkań. Pierwszych kilka ofert okazało się dużym nieporozumieniem, ale ostatnia spodobała się nam. Było to dwupokojowe mieszkanie w szeregowej zabudowie, przypominającej greckie domki. Bardzo dobre położenie tego miejsca i piękna dzielnica – Berkeley Hills dodatkowo wzbudzały w nas chęć zamieszkania. Dla mnie ważnym atutem okazał się także fakt, że kilka domów dalej mieszkał mój brat. Poza tym w okolicy miałam swoich klientów, oszczędziłabym więc na dojazdach do nich. Byliśmy zdecydowani i postanowiliśmy wypełnić aplikację, aby następnie złożyć ją w biurze, które zarządzało tą posiadłością. Potem pozostało nam jedynie czekać na odpowiedź, która miała nadejść dopiero nazajutrz. Weryfikacja polegała głównie na sprawdzeniu historii kredytowej i kryminalnej osoby, która ubiegała się o wynajem mieszkania. Ja widniałam jedynie jako współlokator i nie brano mnie pod uwagę. Jezus za to lekko niepokoił się swoją historią kredytową. Odetchnęłam z ulgą, że nie martwi się o kryminalną, co przyprawiłoby mnie o zawrót głowy i byłoby paradoksalnie zabawne.

U Neila panowała ciężka atmosfera. Nie chciałam konfrontacji i bliskich spotkań z jego siostrą. Starałam się za wszelką cenę być miłą w sytuacjach, w których nie mogłam uciec od ich towarzystwa. W kuchni przebywałam dość krótko i nawet w ostatnich dniach mojej obecności zrezygnowałam z gotowania. Czułam się odrzucona i niepotrzebna. Odzywałam się, kiedy musiałam i zazwyczaj szybko umykałam do swojego pokoju. Powoli pakowałam swoje rzeczy.

Następnego dnia towarzyszyły mi duże emocje spowodowane oczekiwaniem na wiadomości z biura nieruchomości. Gdy siedzieliśmy z Jezusem w parku na trawie, zadzwonił telefon. Rozmowa była krótka, ale jego mina bardzo poważna. Okazało się jednak, że grał przede mną, chcąc spotęgować napięcie. Kiedy skończył rozmawiać, popatrzył na mnie z kamienną twarzą i powiedział cicho: – *We got it, Edita! We got it!* W odpowiedzi krzyknęłam wielokrotne: – *Yes! Yes! Yes!* – i rzuciwszy się na Jezusa, w euforii oraz szczęściu dałam mu dużego całusa. On jednak nie miał ochoty pozostać przy zwykłym buziaku i objął mnie, przyciągając mocno do siebie. Zapach patchouli przeniknął moje nozdrza i zostałam obdarowana soczystym pocałunkiem. I to był nasz pierwszy amerykański *big kiss*. Zaraz potem pojechaliśmy do biura podpisać umowę i po południu mieliśmy już klucze do naszego wspólnego mieszkania. Myślałam wtedy, że znowu jest pięknie i los uśmiechnął się do mnie, stawiając na mojej drodze Jezusa.

W ciągu dwóch dni spakowałam swoje rzeczy i byłam gotowa do wyprowadzki. Neil ani razu nie zapytał mnie, dokąd idę i jak wygląda moja sytuacja. Ja również nie byłam skora do informowania go o tym, sądząc, że nie jest po prostu zainteresowany. Codziennie sukcesywnie wywoziłam rzeczy do mojego nowego mieszkania. Nie było tego dużo – zaledwie kilka podróżnych toreb, fotel i nowo zdobyta secesyjna toaletka z komodą stanowiły mój amerykański dorobek.

Ostatnia noc była prawie bezsenna i w związku z tym rano obudziłam się później, niż planowałam. W domu nikogo nie było. Pomyślałam, że dobrze się składa, gdyż byłam umówiona z Jezusem, który miał mi pomóc z przewiezieniem ostatnich bagaży. Podświadomie cieszyłam się z faktu, że Neil jest nieobecny i mogłam spokojnie opuścić apartament. Nie chciałam jednak, aby wyglądało to na moją ucieczkę i chęć uniknięcia pożegnania z nim. Na stole zostawiłam ładną okolicznościową kartkę, w której podziękowałam Neilowi za wspólnie spędzony czas, za wszelką pomoc, jaką dostałam od niego i dodałam, że nigdy nie zapomnę, co dla mnie zrobił. Raz jeszcze rozejrzałam się wokoło i uśmiechnęłam do siebie. *Take care, Edyta!* I wyszłam.

W międzyczasie

W międzyczasie dostałam propozycję pracy. Poinformował mnie o tym znajomy Polak. Józiu był przedstawicielem starej emigracji oraz menagerem kilku posesji w Berkeley. Zadzwonił do mnie i zapytał, czy nie chciałabym sprzątać domu. Zgodziłam się od razu, bez większego zastanowienia. Znałam Józka i wiedziałam, że mogę mu zaufać. Potem okazało się, że znałam również ten dom, ponieważ kiedy przyleciałam tu pierwszy raz osiem lat temu, pracowałam w ogródku należącym do tego domu. Pamiętam, że ogród nie wyglądał dobrze, był zarośnięty trawą do pasa. Na środku tej trawy stał mały *cottage* – chata, w której mieszkał Frank. Był leciwym, zaniedbanym mocno panem, który uwielbiał palić marihuanę. Całe dnie przesiadywał na murku koło *Peet's Coffee* i toczył liczne rozmowy ze swoimi znajomymi. Z opowiadań Józia wynikało, że Frank był kiedyś całkiem dobrym pisarzem, ale przegrał w karty dorobek życia. Kiedy wracał do swojej chaty, popalał jointy i zazwyczaj spał.

Będąc pierwszy raz w Kalifornii, chciałam zarobić parę groszy. Poszłam wtedy z Józkiem do Franka i zaproponowałam, że wyplewię cały ogród za 300 dolarów. Frank był notorycznie na jointowym rauszu, więc nie sprawiło mu żadnego problemu wyrażenie zgody. Następnego ranka byłam gotowa do pracy. Przez osiem godzin wyrywałam na kolanach własnymi rękami każde źdźbło trawy. Kiedy po południu przyszedł Józef, złapał się za głowę. Był pewny, że ludzie z położonego na posesji domu dali mi kosiarkę, bo ogród był tak mocno zarośnięty trawą, że najpierw należało ją skosić. Podczas mojej pracy Frank często mnie doglądał. Przynosił do picia świeżą wodę i za każdym razem trzymał w dłoni kupki świeżej marihuany, którą bardzo chciał mnie poczęstować. Mówił, że to na pewno pomoże mi w ciężkiej pracy. Nie wątpiłam. Józiu natomiast długo nie mógł uwierzyć, że wszystko wyrwałam ręcznie. Ale to była prawda. Wieczorem bardzo cierpiałam z tego powodu, okropny ból rąk, ramion i pleców uniemożliwiał mi zaśnięcie. Dopiero po dwóch panadolach poczułam ulgę i mogłam spokojnie zasnąć. Pomimo tego bardzo cieszyłam się z zarobionych pieniędzy.

Po dwóch latach od tego wydarzenia ponownie trafiłam do Franka. Tym razem jednak miałam czyścić piękny, stary dom, który Frank wynajmował ludziom.

Po wstępnym umówieniu się z Józiem poszłam na pierwsze organizacyjne spotkanie. Drzwi otworzył nam młody, przystojny chłopak. Przedstawił się imieniem Kiriłł, co sugerowało, że pochodzi z Rosji. Nie myliłam się. Oprowadził mnie po domu i pokazał, co chciałby, abym robiła. Podczas oprowadzania kilka razy spojrzałam znacząco na Józia, ponieważ dom był w opłakanym stanie. Nie miałam pewności, czy chcę podjąć się tej pracy. Ale przekonał mnie i ustalił z Kiriłłem, że będę sprzątać wyłącznie części wspólne, czyli kuchnię, dwie łazienki i *living room.* Pieniądze faktycznie były niezłe i jeśli nie musiałabym czyścić pokojów poszczególnych lokatorów, to oferta miała sens. Wychodząc, zerknęłam w stronę ogrodu. Był ponownie zarośnięty i zaniedbany. No cóż. Od mojego ostatniego pobytu minęły dwa lata, więc nie mogłam się dziwić temu, co widziałam. Chata Franka stała nadal, zapach marihuany unosił się wśród zieleni, a skarpetki porozrzucane były wszędzie. Czyli nic się nie zmieniło od mojego ostatniego pobytu tutaj.

Sprzątałam ten dom raz w tygodniu. Dostałam od Kiriłła klucze, abym mogła być niezależna i przychodzić w dowolnym dla siebie czasie. Za każdym razem dom mnie przerażał. Na górze było sześć pokojów, w każdym mieszkał ktoś inny. Nie obchodziły mnie te pokoje, ale łazienki, które użytkowało tyle osób, wymagały bardzo głębokiego czyszczenia. Ubierałam maskę i długie rękawiczki. Dziwiłam się, że mieszkało tu kilka kobiet, a łazienki wyglądały koszmarnie. Najbardziej utkwiły mi w pamięci porozrzucane, niezawinięte podpaski. Kuchnia też pozostawiała wiele do życzenia, więc nie było to zwykłe sprzątanie, tylko szorowanie. Pomimo tego, że bardzo lubię sprzątać, co było dużym plusem mojej pracy w Ameryce, ten dom sprawiał mi wiele trudności. Czułam zakłopotanie i chęć ucieczki stamtąd, gdzie pieprz rośnie. Byłam zdegustowana i poważnie zastanawiałam się nad sensem pracy dla Kiriłła.

Następnym razem zauważyłam zamontowaną na środku salonu metalową rurę. Pomyślałam, że dziewczynom zachciało się zapewne zgłębić naukę *pole dance,* czyli tańca na rurze. Mieszkały tu młode i piękne dziewczyny, więc obecność rury w pokoju nie wywarła na mnie negatywnego wrażenia. Sprzątałam dalej. Kiedy ze stołu oraz wszystkich parapetów zebrałam ogrom brudnych szklanek i kieliszków, pomyślałam, że musiały odbywać się tu większe imprezy. Nie było to dziwne ani rażące, ponieważ dom zamieszkiwali wyłącznie młodzi ludzie, wyglądający na miłą, zgraną grupę. Gdy wycierałam kurze, moją uwagę przykuł bardzo ładny męski kapelusz, leżący na starej, drewnianej komodzie. Był odwrócony do góry dnem i z tego, co zauważyłam w pierwszym momencie, wypełniony kolorowymi czekoladkami. Pomyślałam nawet, że to całkiem niezły pomysł. Ale kiedy podeszłam bliżej, owe czekoladki okazały się prezerwatywami. Z uwagi na dużą wadę wzroku przybliżyłam oczy do kapelusza i wzięłam do ręki jedno opakowanie. Nie miałam już żadnych wątpliwości. To były kondomy.

Poczułam się nieswojo. Nie żebym im zazdrościła, ale puściłam wodze fantazji, wyobrażając sobie, co mogło się dziać w pokoju, który teraz właśnie sprzątam. Zadzwoniłam do Józia i zapytałam czy wie, co dzieje się w tym domu. O niczym nie miał pojęcia i również był mocno zdziwiony, lecz jako menager nie miał prawa zwracać lokatorom uwag. Zapytał tylko, czy w związku z moim odkryciem nadal chcę tu pracować. Usiadłam na chwilę i zebrałam myśli. Na wyimaginowaną kartkę papieru szybko wrzuciłam wszystkie za i przeciw. Matematykę chwilowo odsunęłam na bok, chociaż zawsze była najważniejsza. Ale w tej chwili liczyły się tylko moje emocje i olbrzymi wstręt, jaki poczułam do tego miejsca. Nie chciałam zostać tu ani chwili dłużej. Zostawiłam klucz i wyszłam. Nikt nigdy do mnie nie zadzwonił i nie zapytał, dlaczego porzuciłam tę pracę.

Wspomnienia z tego domu dziś budzą u mnie śmiech i zapisały się jako następna amerykańska przygoda. Często przechadzam się koło domu Franka i za każdym razem czuję zapach świeżej marihuany. W oknie salonu próbuję dostrzec metalową rurę, ale potężne drzewa zasłaniają widok i utrudniają zaspokojenie wścibskich zapędów. Czasami dobiega głośna muzyka, ale to standard, nic szczególnego. Kilka tygodni temu dostałam wiadomość, że Frank nie żyje. Umarł w swojej chacie, gdzie wczesnym rankiem znalazł go Józiu. Kiedy usłyszałam ten news, zrobiło mi się smutno. Lubiłam Franka. Zawsze kiedy przechodzę obok kawiarni *Peet's Coffee*, wspominam go, jak godzinami przesiadywał na swoim ulubionym murku. Stary, poczciwy Frank. Niech odpoczywa w pokoju.

AMERICAN JUDASZ

Po kilku dniach od przeprowadzki ulokowaliśmy się na dobre w nowym miejscu. Dzielnica ta nosiła nazwę North Berkeley i była mi dobrze znana, ponieważ zaraz po przylocie do Kalifornii mieszkałam tu kilka miesięcy u mojego brata. Berkeley ma specyficzne położenie terenu, przypominające do złudzenia Karpacz. Liczne podejścia pod górę oraz strome zejścia urozmaicały codzienne poruszanie się i jednocześnie pozwalały zadbać o kondycję. Niedaleko nas znajdowało się małe centrum biznesowe o nazwie *Gourmet Ghetto*, słynne z licznych kafejek, dobrych restauracji i wytwornego klimatu. Można było tu smacznie zjeść, wypić dobrą kawę i odpocząć w pobliskich małych parkach. Często zachodziliśmy do księgarni i galerii, a cukiernia kusiła wyjątkowo pysznymi wypiekami. Popularna była także żydowska restauracja *Saul's* serwująca całą gamę dobrego jedzenia, jak placki ziemniaczane, sałatkę jajeczną czy zawijane drożdżowe makowce.

W pobliżu naszego apartamentu zaczynał się teren słynnego na całym świecie Uniwersytetu Kalifornijskiego w Berkeley, w którym w latach 60. i 70. wykładał Czesław Miłosz. Uczelnia położona jest na pięknym terenie pełnym różnorodnej roślinności. Przeważają tu sekwoje i ogromne eukaliptusy. Zapach tych drzew to jeden z moich ulubionych i nigdy nie mogłam spokojnie przejść obok, nie zbierając długich, pachnących listków. Następnie wkładałam je do książek i służyły jako zapachowe zakładki. Kampus jest jak ogromny park, z wieloma pięknymi miejscami do odpoczynku. Trawniki i małe polany są zadbane, nawadnia się je i strzyże regularnie, co sprawia, że wyglądają jak ogromne dywany. Często z Jezusem leżeliśmy na nich, wygrzewając się w słońcu i słuchając śpiewu ptaków. Wszystkie budynki poszczególnych wydziałów są bardzo stare, o charakterystycznej architekturze, co nadaje temu miejscu swoisty klimat. Do niektórych można wejść i zwiedzać je. I tak na przykład w budynku czwartej co do wielkości biblioteki uniwersyteckiej pod względem liczby tomów znajduje się mosiężna ławeczka, na której siedzi Mark Twain. A na Wydziale Zoologii można zobaczyć szkielety różnych typów dinozaurów, które swobodnie stoją w wielkich, przestronnych korytarzach. Cały teren Uniwersytetu Kalifornijskiego pełny jest nie tylko różnej narodowości studentów, ale także pachnących świeżą kawą kafejek i przyjemnych, zalesionych ścieżek, które zachęcają do spacerów i spędzania wolnego czasu na łonie natury. To miejsce zawsze tętni życiem i nadaje Berkeley specyficzny klimat. Niedaleko nas mieściły się również sławne parki, jak *Tilden* oraz *Grizzly Peak,* położone na wzgórzach miasta.

Zamieszkaliśmy na ulicy Walnut Street w kompleksie apartamentów o nazwie *Sunny Gables.* Przed każdymi drzwiami znajdował się malutki ogródek pełen róż i kolorowych kwiatów. Ludzie sprawiali wrażenie miłych i zatrzymywali nas często, pytając, czy jesteśmy nowymi lokatorami i jak nam się tu podoba. To normalne w Kalifornii zachowanie, które nie wynika ze wścibstwa, ale powodowane jest chęcią zawarcia znajomości. Często wracałam myślami do początków mojego pobytu w Stanach, kiedy mieszkałam u mojego brata na sąsiedniej ulicy i, biegając wieczorami, zawsze myślałam z podziwem: o, jaka fajna uliczka, mogłabym tu mieszkać! Po roku powróciłam właśnie tutaj, dokładnie tu, gdzie chciałam zamieszkać! Lubię takie sytuacje. Dają nadzieję i utwierdzają w przekonaniu, że marzenia się spełniają. Może nie wszystkie, a może nie zauważamy, że prawie wszystkie.

Wspólne przebywanie z Jezusem przyniosło

wiele miłych niespodzianek i nowości. Codziennie poznawałam jego nawyki, które mocno odbiegały od moich. Postanowiłam spróbować weganizmu. Nie było trudno, ponieważ Jezus bardzo dobrze przyrządzał wszelkie potrawy. Często jeździliśmy do farmerów i kupowaliśmy świeże warzywa i owoce. Nie wiedziałam, że ważne jest, aby migdały były nasączane, a potem suszone w specjalnej maszynie – wtedy były chrupiące i bardziej wartościowe. Z takich migdałów Jezus robił mleko migdałowe. Było przepyszne, zupełnie inne od tego w kartonach czy butelkach. Uwielbiałam je! Pulpy, powstałej podczas odsączania mleka, nie wyrzucał, tylko wykorzystywał do zrobienia chlebka. Dodawał do niej utartą marchew i pulpę z owoców kokosa, a zamiast zwykłej mąki używał *Psyllium* – jest to forma błonnika wytworzona z łusek nasion rośliny *Plantago ovata*. Ma formę białego proszku i zastępuje weganom zwykłą białą mąkę. Taki chlebek był pyszny i długo świeży. Przygotowywał także samodzielnie różnego rodzaju kiełki, które konsumował w ogromnych ilościach. W sokowirówce powstawały litrami świeże soki. Przepadałam za nimi. Obserwowałam swój organizm i zauważyłam, że poprawia się wygląd mojej skóry, włosów i wcale nie jestem głodna. Żyłam bez chleba, makaronów i przede wszystkim mięsa. Ale tęskniłam za jajkami. Nie zrezygnowałam również z kawy, którą kocham i nie wyobrażam sobie życia bez porannej dawki kofeiny. Jezus natomiast nie pił kawy, twierdząc, że jest uzależniająca. Pochłaniał ogromne ilości sałat, wypijał hektolitry soków i lubił desery, które nie miały nic wspólnego z tymi, które znałam. Ale przyznam, że zjadając wegański deser, nie miałam już potrzeby wyszukiwania niczego z jadłospisu zwykłego śmiertelnika. Cukier nie istniał dla Jezusa, a wszelkie zachciewajki na słodycze zaspokajał owocami lub przyrządzonymi przez siebie deserami. Jednym z nich, który przypadł mi bardzo do gustu, było zmiksowane masło kakaowe z masłem migdałowym i malinami. Cmokaliśmy i wzdychaliśmy przy jedzeniu, a potem długo oblizywaliśmy palce.

Podziwiałam jego zdrowie i siły. Był pełen energii i nie wiedział, co znaczy kryzys w ciągu dnia i potrzeba kawy. Nie miał żadnych problemów ze skórą, a jego długie włosy były zawsze lśniące. Sekret tkwił w tym, że do pielęgnacji ciała i włosów używał octu winegret. Mydło tylko migdałowe z odrobinami zmielonych łusek. Pasta do zębów wyłącznie organiczna, na naturalnych, ziołowych komponentach. Nawet nitki do czyszczenia zębów były z bambusa, tak jak mydelniczka, szczoteczka do zębów, gąbka i deska prysznicowa. Czasami miałam wrażenie, że on sam jest cały z bambusa.

Ale okazało się, że urodę zawdzięcza ojcu, który był stuprocentowym *American Native.* Na marginesie, ojciec Jezusa był kolegą Boba Dylana i powstał o nim nawet film dokumentalny, ponieważ zasłużył się dla miasta Berkeley w latach 70.

Nie byłam pewna, czy podążam w dobrą stronę, ale podobało mi się takie życie i czułam się zdrowsza na ciele i duchu. Jezus robił dobre masaże i ćwiczył jogę. Lubił muzykę, zapach świec, kadzideł i ponad wszystko książki. Nie tolerował łóżka, spał na podłodze, na macie indyjskiej. Hm… twardo dość!

Podczas grania na perkusji wyłączał się kompletnie z tego świata. Był jak w transie i nic nie mogło go z tego wytrącić. Zdarzyło się nawet, że dostaliśmy pismo z biura z informacją o skargach z sąsiedniej posiadłości. Okazało się potem, że mieszkali tam ludzie z Berlina, którzy nie lubili dźwięków perkusji. Trzeba było ograniczyć „koncerty", bo groziło nam zerwanie umowy, w której wypunktowane były wszelkie zalecenia co do utrzymania porządku i ciszy na posesji. Nie sprawiło to większych problemów i Jezus załatwił sobie trzy razy w tygodniu próby muzyczne w kościele na wzgórzu. Często w nich uczestniczyłam i były dla mnie miłą rozrywką po ciężkim dniu.

Pewnego razu, będąc na próbie grupy Mojżeszowej, zauważyłam, że do kościoła weszła kobieta.

Rzuciłam na nią tylko okiem i nie zwracałam większej uwagi. W przerwie Jezus podszedł do mnie i zapytał, czy może mi kogoś przedstawić. Podeszliśmy do tej kobiety. Przedstawiła się jako Melisa, po czym Jezus dorzucił: – *She is my big friend!*

Kiedy przyszła moja kolej, również przedstawiłam się i również usłyszałam: – *She is my big friend!*

Musiałam zmarszczyć czoło lub zrobić nietypową minę, gdyż Jezus popatrzył na mnie, jakby chciał sprawdzić moją reakcję i zapytał: – *What's wrong?* Odpowiedziałam szybko: – *Nothing!* I wróciłam do swojej ławki. Rozpoczęła się dalsza część próby, ale już nie mogłam się skupić. Melisa była starszą ode mnie blondynką, z włosami do bioder, w pięknej biżuterii wykładanej suto turkusami. Nie jestem z tych, co od razu urządzają sceny zazdrości, ale zaniepokoiło mnie użycie przez Jezusa tych samych zwrotów! Ile ma takich *big friends* – myślałam intensywnie, nie słysząc i nie widząc nic wokół. Nie lubię tych momentów, kiedy po euforii przychodzi nagle czas zapalenia się czerwonej lampki. To okropne uczucie, kiedy nagle zdaję sobie sprawę, że coś mi umknęło. Jeszcze gorszym jest zacząć oszukiwać samą siebie lub próbować wybielać łotra. Ale przecież nie może być tak, że od razu wiemy wszystko i odkrywamy wszelkie niedoskonałości. Na tym polega poznawanie drugiej osoby. Wcale niepotrzebny jest worek soli, aby kogoś dobrze poznać. Wystarczy po prostu ze sobą być. To najlepszy sprawdzian.

Po dłuższej chwili uspokoiłam się, a muzyka rozbrzmiewająca w kościele zaczęła koić nerwy. Jednak pomimo spokoju gdzieś z tyłu głowy wewnętrzny głos informował, że nie ma dla mnie dobrych wieści. Od początku wiedziałam, że Jezus jest zbyt przystojny, a to wróży jedynie kłopoty. Miał specyficzny, paraliżujący osobisty urok, który obezwładniał kobiety. Lubił żartować i bezbłędnie kokietował. Elokwencja i inteligencja były jego asami w dłoni. Ukończył dwa fakultety na Uniwersytecie Kalifornijskim w Los Angeles. Tam też się rozwiódł, ale nie wiedziałam, co było powodem rozpadu jego małżeństwa. Czekałam na dobry moment, w którym sam mi o tym opowie.

Po historii z Melisą miałam dziwne wrażenie, że coś jest niedopowiedziane lub czegoś nie rozumiałam. Może to była intuicja? A może tylko zwykłe czarnowidztwo? Postanowiłam otrząsnąć się z podejrzeń i zwyczajnie cieszyć się, że poznałam przystojnego Jezusa i dzięki niemu mogę tu mieszkać i być szczęśliwą. Każdy, kto go poznał, był nim zauroczony, zachwycony jego urodą, męskością, nietuzinkowym sposobem na życie, spirytualnym zachowaniem oraz wieloma innymi czynnikami, które tworzyły niepowtarzalną całość.

Mieszkaliśmy razem ponad dwa lata, jednak już po kilku miesiącach wspólnego życia wszystko powoli zaczęło się zmieniać. Szybko okazało się, że moment poznania Melisy w kościele był dobrą wskazówką i początkiem zmian. Z każdym kolejnym wydarzeniem odkrywałam prawdziwe oblicze Jezusa. W tych zawirowaniach mieliśmy jednak do siebie dziwną słabość i w momentach konfliktów czy wręcz walk na noże w zdumiewający sposób potrafiliśmy szybko wrócić do normalności i żyć w zgodzie przez kilka następnych dni. Kwitowaliśmy to uśmiechem, jakby nic się nie stało. Wszystko to jednak trwało do czasu, bo wyimaginowane piękne życie z Jezusem traciło na sile i nie zostawiało złudzeń. Przyszedł taki moment, że mdliło mnie od patrzenia na niego i uświadomiłam sobie, że mieszkam z Judaszem, nie z Jezusem.

Powoli przejął dla swoich potrzeb jedyny, duży i bardzo słoneczny pokój z głównym wejściem. Wyizolował mnie i ograniczył do malutkiego pokoju, usytuowanego na końcu długiego korytarza, z małym oknem wychodzącym na tyły posesji, głównie na śmietniki i pralnie. Chcąc wyjść z domu, musiałam użyć tylnych drzwi, od kuchni. Nie było to komfortowe dla mnie, ponieważ kiedy wracałam wieczorami do domu, przyrządzał jedzenie i zazwyczaj nie był sam. Zawsze przedstawiał mnie każdej nowo poznanej „koleżance": – *This is Edita, my big friend!* A ja zawsze wtedy miałam nieodpartą ochotę krzyknąć mu w twarz: – *Fuck you!*

Bardzo dołowała mnie ta sytuacja. Pracowałam każdego dnia dość intensywnie, mając wolną jedynie niedzielę. Mieszkałam w tym apartamencie i miałam też swoje prawa jako współlokator, o czym często z nim rozmawiałam. Zawsze przepraszał i chciał mnie wtedy tulić jak za dawnych czasów, ale odchodziłam. Nie widział żadnych powodów do zmartwień, ja natomiast nie spałam po nocach i byłam zmęczona. W dodatku odkryłam, że sikał do zlewu zamiast do toalety! Musiałam mu jakoś o tym powiedzieć. Zapytałam, czy może zadzwonić do serwisu technicznego w biurze i zapytać, czy mogą przyjść i sprawdzić zlew, bo coś śmierdzi. Zainteresował się tym i poszedł powąchać. Nachylił się i krzyknął: – *OMG, Edita!* Całkiem nieźle udawał i patrzyłam na niego jak na wariata, który myśli, że ma przed sobą idiotę. – Nie myślisz, że to zapach moczu? – zapytałam.

Odwrócił się i, wychodząc szybko, powiedział, że jutro zadzwoni w tej sprawie do biura. Nigdy tego nie zrobił, lecz kiedy wróciłam następnego dnia po pracy do domu, oznajmił, że byli i naprawili.

Kłamał jak z nut, nie pierwszy i nie ostatni raz. Nigdy wtedy nie patrzył mi w oczy, tylko w dół, udając, że jest czymś bardzo zainteresowany. Nie przestał jednak sikać do zlewu. Nawet jakby bardziej brudził i pozostawiał ślady, robiąc mi na złość. Zadzwoniłam więc sama do biura z prośbą o sprawdzenie zlewu. Odpowiadając panu w słuchawce na zadane pytania dodałam, że brzydki zapach jest na tyle intensywny, że uniemożliwia korzystanie z umywalki. Miałam obawy, że w momencie odkrycia przez ekipę naprawczą prawdziwego powodu narażę się na wstyd i stres. Ale trudno. Musiałam to zrobić, bo było tylko gorzej. Kiedy panowie przybyli i sprawdzili odpływ umywalki, wywalając do miski tonę judaszowych włosów, a zapach powalił ich na posadzkę łazienki, bez żadnych skrupułów zostawili niefajny protokół. Po południu, kiedy Judasz wrócił do domu, przeczytał adnotację dotyczącą naprawy umywalki. Potem oddalił się do swojego pokoju i już go nie widziałam ani nie słyszałam tego wieczora. Sytuacja w najbliższych dniach uległa jednak zmianie. Dłużej niż zwykle spłukiwał umywalkę i polewał lawendowym mydłem w płynie, co miało w jego zamyśle zniwelować zapach moczu. Jednak wciąż posikiwał sobie do zlewu, mając w dupie wszystkich i wszystko wokoło, a adnotacji panów użył do podtarcia swojego ponętnego zadka.

Czas mijał, a on wciąż miał ten sam uroczy uśmiech, wciąż pachniał jak patchouli i działał jak feromon na zbłąkane owieczki. A te lgnęły do niego, jak przysłowiowe muchy do lepu. On jednak kochał siebie i tylko siebie. Często, kiedy pytałam, kogo kocha naprawdę, odpowiadał, że kocha wszystkie kobiety. Zwabiał je na noc i czarował wdziękiem, po czym odtrącał w mało elegancki sposób.

Stawał czasami przed lustrem, szczotkując swoje długie włosy i patrzył na siebie z umiłowaniem. Kobiet potrzebował tak bardzo, że zatracał się w mierzeniu sił na zamiary. Miał poważne problemy z potencją i musiał się mocno przygotować, aby móc zapiać, jak prawdziwy kogut. Problem ten odbierał mu satysfakcję z każdej randki. By móc być aktywnym i gorącym kochankiem potrzebował wielu suplementów i specjalnych składników odżywczych. Spożywał duże ilości kakao, sproszkowanego korzenia maca i specjalnie zamawiane preparaty, które po dodaniu do soków czy potraw miały pobudzić zmysły i rozgrzać krew. Nie zawsze jednak dawało to skutek.

Kiedy po przeprowadzce organizowaliśmy kuchnię, jedna ściana została przeznaczona wyłącznie na jego fiolki, buteleczki i słoiczki z różnymi specjałami. Wyglądało to bardzo estetycznie, a różnorakie nazwy poszczególnych preparatów przyciągały wzrok.

Kiedy pewnego dnia wróciłam z pracy i przyjrzałam się dokładniej jego wszystkim produktom, okazało się, że każdy z nich był specyfikiem na męskie problemy. Zapamiętałam dobrze jeden malutki słoiczek, z którego Judasz dość często korzystał przed planowaną randką. Bardzo zachwalał ten preparat o nazwie *Moon Dream*. Dostawał po nim wypieków na twarzy, a jego uszy były czerwone i gorące. Otwierał wtedy okna i zdejmował koszulkę. Lecz zazwyczaj po godzinie wszystko wracało do normy. Tak rewelacyjny *Moon Dream* okazał się jedynie ulotnym marzeniem podróży na księżyc i pomimo niezłego startu cała reszta była wielkim niewypałem.

Zawsze chciał błyszczeć przed kobietami. Lubił zaskakiwać nie tylko urodą, ale również intelektem oraz detalami, jak specjalnie dobranym zapachem kadzidła, muzyką czy stworzoną przez niego gorącą atmosferą. Jednak nie każdą kobietę to zachwycało. Nie każda miała cierpliwość i chęć na jego przedstawienia. Wtedy impreza kończyła się zaraz po wspólnym posiłku i pani opuszczała lokal. Trafiały się także tak zwane przeze mnie „dziunie", które na każde wypowiedziane przez Judasza zdanie w odpowiedzi chichotały w nieskończoność. Nie były one jego faworytkami i często, zanim cokolwiek zjadły i rozkręciły atmosferę, lądowały w aucie i odwoził je tam, skąd przyszły. Wybredny był Judasz.

Jednego razu przyprowadził piękną, szczupłą Afrykankę, która na dzień dobry wydała się konkretną, gorącą kobitką. Była pewna siebie i wiedziała, po co tu przyszła. Widząc ją przelotnie w kuchni, poczułam, że nie darzy mnie sympatią. Różniła się od pozostałych korpulentnych kobiet z długimi włosami, w których gustował. Wyglądała na około czterdziestkę i ponoć była nauczycielką tańca. Kiedy Judasz przychodził do domu z nowo poznaną dziunią, zazwyczaj zaszywałam się w swoim pokoju, aby uniknąć niepotrzebnych konfrontacji. Tym razem obudził mnie w nocy jakiś dziwny hałas. Nasłuchiwałam z bijącym sercem, nie wiedząc, co się stało. Nagle usłyszałam odgłosy tłukącego się szkła. Uchyliłam ostrożnie drzwi. Usłyszałam siarczyste słowa Afrykanki: – *Fuck you! Fuck you! Your fucking small dick! Fuck, fuck!* Po czym trzasnęła drzwiami na tyle mocno, że posypała się szyba, i wyszła. Jeszcze przez dłuższą chwilę było słychać jej głośne wyzwiska pod adresem Judasza i jego *„fucking small dick"*.

Choć to nie była zabawna sytuacja, jej zakończenie wzbudziło we mnie potworny atak śmiechu, który nie pozwolił mi zasnąć tej nocy. Kiedy w mieszkaniu nastała cisza, wyłoniłam się z pokoju i zobaczyłam w kuchni nagiego Judasza. Stał przygarbiony i skulony, patrząc na swoje przyrodzenie. W dłoni trzymał słoiczek z maca na poprawę libido i ze wzrokiem smutnego Kubusia Puchatka, któremu skończył się miodek, poprosił o poradę: – *Edita! What should I do?* Wybuchnęłam śmiechem i długo nie mogłam dojść do siebie. Widziałam Judasza w prawdziwej rozpaczy, gdy tak stał przy swoich słoiczkach z miną pełną pretensji i rozczarowania. Ten bardzo drogi specyfik zawiódł go tego wieczora i rozwścieczył Afrykankę. Długo słyszałam, jak nie mógł spać i próbował naprawić drzwi oraz połamane szybki. Cała jego radość życia legła w gruzach i następnych kilka dni dochodził do siebie. Biedak.

Nie jestem psychologiem, ale z czasem zauważyłam, że jego męski problem może mieć głębsze uzasadnienie. Nazywałam to po swojemu – syndromem matki. Judasz kiedyś mi się zwierzył, że matka zostawiła go, kiedy miał dziesięć lat. Wyszła z domu i nigdy nie wróciła. Poszukiwania trwały latami, lecz nigdy jej nie odnaleziono. Wychowywał go ojciec, a relacje między nimi były różne. Kiedy o tym opowiadał, nie ukrywał żalu do matki, a że temat był trudny, niechętnie do niego wracał. W nielicznych rozmowach nie zostawiał na niej jednak suchej nitki i ostro ją krytykował. Nie brał pod uwagę żadnych losowych i tragicznych wydarzeń, które mogły się wydarzyć w jej życiu. Był przekonany, że opuściła go z premedytacją i tym samym została skasowana w jego życiu na zawsze. Syndrom matki miał odbicie w jego relacjach z kobietami, uwidaczniał się w potrzebie uwodzenia ich, a potem odtrącenia. Tylko tak mógł je krzywdzić i tego właśnie chciał. Wiele razy mówiłam mu o swoim odkryciu i domniemaniach, nigdy nie sprzeciwiał się, tylko milczał i słuchał. Kiedy miał lepszy dzień, mówił: „*You are a smart woman from Poland*".

Lubił, kiedy kobiety cierpiały i lały łzy. Był bezlitosny i bezwzględny oraz narcystyczny do bólu. Nie dostrzegał potrzeb innych, traktując ludzi instrumentalnie. Domagał się notorycznie pochwał i nie znosił tych, którzy mu nie schlebiali. Musiał być w centrum uwagi, a jeżeli coś nie szło po jego myśli, wpadał w złość lub przygnębienie. Był całkowicie pozbawiony empatii. Żył w głębokim przeświadczeniu, że jest jednostką niezwykłą oraz wybitną, obdarzoną wyjątkowymi zdolnościami. Ale jednocześnie pomniejszał osiągnięcia innych. Kiedy dostawał prezenty, musiał je najpierw zaakceptować. Jeśli mu się nie spodobały, wyrzucał je po prostu do śmieci. Jeśli natomiast został obdarowany czymś, co przypadło mu do gustu, automatycznie umieszczał tę rzecz w widocznym miejscu. Potrafił wtedy o niej dużo mówić i wielokrotnie ją pokazywać.

Oboje byliśmy z tego samego roku i miesiąca, ja z 21 lutego, a on z 20. Zaraz po przeprowadzce, kiedy zbliżały się urodziny Judasza, postanowiłam w prezencie namalować jego portret. Byłam tym bardzo podniecona, ponieważ miał być to mój pierwszy raz. Lubiłam rysować i szkicować w ołówku, na papierze. Jednak za namową brata, który twierdził, że powinnam spróbować farb i płótna, przystąpiłam do pracy. W tygodniu zazwyczaj byłam bardzo zajęta, więc wolne chwile znajdowałam jedynie w niedziele. Zdążyłam i w dniu jego urodzin podarowałam mu portret. Płótno było całkiem udane. Tak przynajmniej ocenił je mój brat, który jest profesjonalnym artystą plastykiem i fotografem. Judasz obejrzał portret i podziękował. Powiedział, że musi poszukać odpowiedniego uchwytu do zawieszenia obrazu na ścianie. Znalazł nawet miejsce, z dobrym światłem, tuż nad kominkiem. Pomyślałam, że chyba musi być naprawdę zadowolony. Ale byłam w dużym błędzie.

Po kilku tygodniach zauważyłam, że obraz zniknął z pokoju. Zastanawiałam się, gdzie może być, skoro czekał na ów haczyk czy wkręt do ściany. Nie pytałam Judasza. Dni mijały i tygodnie, a obrazu wciąż na ścianie nie było. Postanowiłam go poszukać. Kiedy zostałam sama w domu, zdecydowałam się pozaglądać tu i tam. Otworzyłam jego szafę i pod stertą rzeczy zauważyłam róg poszukiwanego płótna. Obraz był przywalony metalowymi częściami od perkusji, które go uszkodziły. Szybko zabrałam stamtąd płótno i schowałam do swojej szafy.

Pewnego razu wysłałam portret Judasza na konkurs do Sacramento. Jury spośród tysiąca prac nie wybrało judaszowej podobizny, ale byłam zadowolona z nowego doświadczenia i zachęciło mnie to do dalszego malowania obrazów. Judasz natomiast nigdy o nim nie wspomniał, nawet w momencie wyprowadzki nie zauważył brakującego obrazu w jego szafie. A może zauważył? Trudno. Trzeba żyć dalej i podziękować za tę lekcję, która nie była ostatnia z teacherem Judaszem.

Drugi rok mieszkania razem był bardzo uciążliwy i to nie tylko z powodu częstych „panienkowych" imprez, ale głównie dlatego, że przestawaliśmy się lubić. Dużo pracowałam, chcąc podświadomie uciec z tego mieszkania. To był początek końca i, patrząc w niebo, prosiłam o jakiś scenariusz, który pomoże mi oderwać się od życia z Judaszem. Kosmos zawsze słuchał i tym razem znowu nie zawiódł.

Na początku znajomości z Judaszem dostałam bardzo dobrą pracę u przemiłej rodziny. Opiekowałam się tam dwójką dzieci: 2-letnim chłopcem i 4-letnią dziewczynką. Oprócz tego dbałam o otoczenie domu. Pracowałam dla nich trzy razy w tygodniu po siedem godzin. Lubiłam tę pracę. Taka normalna krzątanina wokół domu, spacery z dziećmi, a potem smażenie naleśników i wspólne zabawy. Hillary – mama dzieci bardzo mnie lubiła i mówiła, że nie wyobraża już sobie życia beze mnie. Dzieci również za mną przepadały i mocno przywiązały się do mnie. Uwielbiały moje omlety na śniadanie, a placki ziemniaczane wpisały się na stałe w ich menu jako czwartkowe obiady. Nauczyłam je, że placki ziemniaczane można jeść ze śmietaną lub cukrem. Były zdziwione, ponieważ w Ameryce placki jada się z musem jabłkowym. Po dwóch latach przyszedł dzień, w którym poinformowali mnie, że przeprowadzają się do innego miasta, o dwie godziny oddalonego od Berkeley. To był cios dla nas wszystkich, a głównie dla dzieci. Pomimo radości, jaką niosła za sobą przeprowadzka do nowego domu, z małym gospodarstwem i zwierzętami, o czym zawsze Hillary marzyła, było nam ciężko z powodu zbliżającego się rozstania.

Hillary wiedziała dobrze, w jakiej byłam sytuacji i z kim mieszkałam. W dniu jej przeprowadzki poprosiła mnie o pomoc. Kiedy poszłyśmy do ogrodu, wzięła ze sobą klucze od swojego studia. Pracowała tam zawsze długie godziny, przygotowując dla swoich klientów projekty ogrodów. Znajdował się w nim aneks kuchenny i łazienka, duże łóżko oraz taras. Można było czuć się tam swobodnie, kiedy więc przyjeżdżali z wizytą jej rodzice, nocowali właśnie tam. W ogrodzie powiedziała, że ma dla mnie niespodziankę. Wręczyła mi klucze od studia i zaproponowała, abym w nim zamieszkała. Dodała, że nie chce pieniędzy za mój pobyt. Chciała jedynie, abym odpoczęła i wyciszyła się. Nigdy nie pytała mnie o szczegóły, ale jej kobieca intuicja podpowiadała dobrze. Wiedziała też, że w mojej sytuacji trudno będzie szybko znaleźć mieszkanie. Musiałabym szukać po znajomych lub swoich klientach, aby ominąć szereg formalności wymaganych w biurach nieruchomości. Moja decyzja oczywiście była na „tak" i poczułam wreszcie długo oczekiwaną radość. Miałam swoją osobną ścieżkę i bramę, którą mogłam wchodzić na posesję, nie przeszkadzając w żaden sposób wynajmującym dom ludziom. Nazajutrz zapakowałam kilka potrzebnych mi rzeczy i wyszłam z judaszowego mieszkania, aby móc zaszyć się w studio. To nadało początek nowemu rozdziałowi w moim amerykańskim życiu. Poprosić kosmos o pomoc to tak, jak dotknąć czarodziejskiej różdżki. Trzeba tylko podziękować i być wdzięcznym. To działa!

W studio mieszkałam trzy miesiące. Bardzo

dużo pracowałam, ale powroty do domu sprawiały mi radość. Było cicho, spokojnie, przytulnie i mogłam błogo spędzać wolny czas. Rozpoczęłam nawet malowanie drugiego obrazu, tym razem przedstawiając na płótnie nowo poznanego Mistrza Lijona. Mój czas w studio był ograniczony, dlatego wciąż poszukiwałam mieszkania, choć bez większych rezultatów. Wiedziałam jednak, że ten moment musi nadejść. Wizja powrotu na Walnut Street nie była miła, więc desperacko rozpytywałam i szukałam nowego lokum. Czasami wpadałam do judaszowego mieszkania, aby sprawdzić sytuację i swój pokój. Wszystko było w porządku, tylko w kuchni panował ogromny bałagan. Miałam zawsze na uwadze, aby zostawić po sobie ślady. Chciałam, żeby widział moją obecność i nie był pewny, gdzie przebywam i co robię. Nie mieliśmy ze sobą zbyt dobrego kontaktu, ale któregoś razu zapytał mnie, czy zamierzam się wyprowadzić. To zburzyło mój spokój, lecz okazało się, że Judasz był wyłącznie zaniepokojony ewentualnym płaceniem w pojedynkę czynszu. Od samego początku wiele razy prosił mnie o pożyczki. Z czynszem byliśmy dogadani i płaciliśmy wszystko na pół. Wielokrotnie jednak pytał, czy mogłabym zapłacić więcej w danym miesiącu. Tłumaczył się trudną sytuacją finansową ze względu na utratę jednej z kilku prac. Wiedział, że przekroczenie terminów obligowało do opuszczenia mieszkania w ciągu pięciu dni. Płaciłam, licząc na obiecane oddanie pieniędzy i dbając o terminowe wpłaty. Nie przejmował się tym i nie widział problemów. Kwitował moje uwagi formułką, że pieniądze nie są najważniejsze w życiu. Na koniec naszego wspólnego mieszkania kwota długu urosła do bardzo dużej sumy. Bałam się, że nigdy nie odda mi tych pieniędzy.

PORTRET JEZUSA/JUDASZA

Fot. Edyta Górska

W międzyczasie

Po trzech miesiącach pobytu w studio Hillary przyszedł czas powrotu. Ale w międzyczasie wydarzyło się kilka nowych sytuacji i zdarzeń w moim życiu. Przede wszystkim znalazłam mieszkanie dla siebie, a raczej ono znalazło mnie. To kolejna sytuacja, która mówi o tym, że trzeba odpuścić czasami i pozwolić działać kosmosowi. Tak też było i teraz. Na kilka dni przed moimi pięćdziesiątymi urodzinami, znużona i zmartwiona niepowodzeniami w szukaniu mieszkania, postanowiłam zapomnieć na jakiś czas o problemie i dać sobie wolne. Chciałam celebrować szczególny dla mnie dzień wśród przyjaciół i znajomych. Niedługo po tym okazało się, że moja była bratowa dostała pracę w Houston i planowała wkrótce przeprowadzkę. Mieszkała na Alameda ze swoją córką, a moją bratanicą. Jest to małe miasteczko, położone blisko Berkeley i Oakland. Znałam je dobrze i często jeździłam tam, chcąc spędzić miło czas na plaży lub buszując po sklepach w ulubionym, malowniczym centrum handlowym. I tak zrodził się pomysł, abym przeprowadziła się na

Alameda i zamieszkała z bratanicą i jej chłopakiem w dwupoziomowym *unit*, z dwiema sypialniami, salonem i kuchnią. Na posesji był basen, a tutejszy zarząd bardzo dbał o wygląd tego miejsca. Alameda to malowniczo położona wyspa z widokiem na San Francisco i przeciwległy uskok San Andreas. Wjeżdżało się na nią od strony Oakland podwodną tubą lub trzema zwodzonymi mostami. Charakterystyczny krzyk mew zawsze do złudzenia przypominał mi polskie nadbałtyckie miasteczka. Panował tu klimat bardziej wczasowy i uzdrowiskowy niż w studenckim, tętniącym życiem Berkeley. Byłam bardzo podekscytowana wiadomością i możliwością przeprowadzenia się na Alameda.

Musiałam poinformować o tej decyzji Judasza. Wiedziałam, że zbliża się koniec mojej udręki i wspólnego mieszkania z nim. Jeszcze tego wieczora napisałam do niego email, że od pierwszego dnia kolejnego miesiąca wyprowadzam się. Na odzew nie musiałam długo czekać. Był oburzony, zdenerwowany i pełen pretensji. Podejrzewał, że wyprowadzam się do Lijona, który często odwiedzał mnie w ostatnim czasie. Wyobraził sobie, że ktoś jest w moim życiu i, łącząc to z faktem mojej trzymiesięcznej nieobecności podczas pobytu w studio Hillary, był pewny, iż jest to główny powód. Nie wyprowadzałam go z jego wyimaginowanych domysłów i nie tłumaczyłam. Dodałam tylko, że będę chciała, aby uregulował ze mną swoje długi i oddał mi pieniądze. Chciałam też odzyskać swój depozyt, który wpłaciłam do biura w momencie wprowadzenia się do mieszkania.

Judasz się wściekł. Zupełnie nie rozumiałam jego zachowania, ale najprawdopodobniej chodziło mu o to, że zostanie sam z wysokim czynszem i nie wiadomo, czy będzie w stanie go opłacać. Wysłałam także do biura nieruchomości email informujący o mojej rezygnacji z mieszkania. Takie były zasady i musiałam to zrobić. Odpowiedź od zarządcy dostałam bardzo szybko. Serdecznie podziękował mi za pobyt i życzył sukcesów w dalszym życiu. Ale w odpowiedzi zawarto też informację, że potrzebuję zgody Judasza, aby otrzymać zwrot depozytu. Tu nastąpił duży, jeśli nie największy, zgrzyt między nami. Kilka dni później Judasz napisał do mnie, że również się wyprowadza. Był w jakiejś nieokreślonej panice, nie wiedziałam, w jakiej i przed czym. Przyjęłam to do wiadomości i poprosiłam, aby wysłał zgodę do biura, bo inaczej nie odzyskam depozytu. Zwlekał, a zarządca wyczuł konflikt między nami. Judasz trzymał mnie w napięciu i dopiero po dwóch tygodniach wysłał do biura pisemną zgodę. Automatycznie przestało mu zależeć na przygotowaniu i wyczyszczeniu mieszkania, do czego obligowały mocno określone warunki w umowie najmu. Wiedział doskonale, że jeśli tego nie dopełni, nie otrzymam depozytu. Na tydzień przed planowaną wyprowadzką, kiedy wróciłam z pracy, zastałam puste mieszkanie. Opróżnił wszystko i wyniósł się, zostawiając po sobie fruwające tumany kurzu, wszechobecny brud oraz nieporządek. Jego zachowanie nie zdziwiło mnie, ale uświadomiło mi jeszcze mocniej, z kim miałam do czynienia. Sama musiałam wyczyścić bardzo brudną łazienkę, kuchnię, lodówkę i doprowadzić mieszkanie do takiego stanu, który pozwoliłby protokolarnie je zdać. Inaczej nie dostałabym z powrotem depozytu. Nie chciałam więcej oglądać Judasza, ale wiedziałam, że przy spotkaniu z zarządcą i spisaniu protokołu będzie musiał być obecny.

Kiedy przybyłam na umówione spotkanie, zauważyłam pod domem jego starego mercedesa. Przywitałam się. Judasz traktował mnie jak powietrze, w rozmowie z zarządcą był również dziwnie powściągliwy i małomówny. Oględziny mieszkania przebiegły pomyślnie i zarządca poinformował mnie, że w ciągu pięciu dni dostanę od nich czek. Potem poprosił nas o podpisanie protokołu i spotkanie powoli zbliżało się do końca. Jeszcze na chwilę oddalił się do łazienki, aby sprawdzić funkcjonalność prysznica. Poszłam za nim i chwilę rozmawialiśmy.

Kiedy wróciliśmy do salonu, Judasza już nie było. Zarządca uśmiechnął się pod nosem, jakby rozumiał całą sytuację. Podał mi rękę, dziękując za dwa lata wynajmu i życząc *good luck.* Podziękowałam i oddając klucze, popatrzyłam ostatni raz na mieszkanie. Miałam przed oczami nasze pierwsze chwile, kiedy radośni i szczęśliwi wprowadzaliśmy się w nadziei na spędzenie w tym miejscu wielu miłych lat. Potoczyło się inaczej lub jak zwykle. Wychodząc z posesji na ulicę, zauważyłam Judasza siedzącego w aucie. Podeszłam do otwartego okna i zapytałam, czy ma może pieniądze, które jest mi winny. Judasz zamknął okno i odjechał.

Take care, Edita – wyszeptałam.

MADAME

Historia z Madame zaczęła się od poznania jej mamy, która mieszkała po sąsiedzku, na tej samej ulicy co mój brat. Widywałam ją często, jak wolnym spacerkiem przechadzała się uliczkami Berkeley w towarzystwie opiekunki. Filigranowa i krucha, zawsze elegancko ubrana i uczesana. Pochodziła z Polski, gdzie była przez wiele lat znanym i szanowanym ordynatorem oddziału szpitalnego, lecz, tak jak wielu innych polskich Żydów, została wygnana z kraju wraz ze swoimi dziećmi. Przystań znalazła w Kalifornii, a jej bogaty życiorys interesował mnie i wzbudzał zawsze wiele refleksji. Moje amerykańskie życie zaprowadziło mnie do starszej pani i miałam nawet okazję kilka razy opiekować się nią. Lubiłam te dni. Chętnie opowiadała wtedy o swoim życiu w Polsce, pokazywała stare fotografie, które trzymała w drewnianym pudełku jak swój największy skarb. Jej życiorys i osobowość zasługiwały na uwagę i szacunek. Była moją bohaterką pod każdym względem.

Historia ze starszą panią pozwoliła mi poznać

osobiście jej córkę i zaprowadziła prosto do jej domu. Madame znałam wcześniej głównie z opowiadań mojego brata, który swego czasu wizytował w jej domu. Przez kilka miesięcy miałyśmy kontakt telefoniczny, ale któregoś razu zaprosiła mnie do siebie na party. Słynęła z organizowania ogrodowych przyjęć, na których podejmowała przyjaciół i wielu innych ciekawych ludzi. Mieszkałam wtedy z Judaszem i w związku z narastającą, trudną atmosferą między nami chętnie skorzystałam z tego zaproszenia. Chciałam poznać ją osobiście, a przede wszystkim mieć miły czas i oderwać się od codzienności. Kiedy przybyłam na miejsce, zobaczyłam dom w kolorze burgunda, z wejściem prowadzącym przez wysokie i strome schody. Po chwili usłyszałam wołanie Madame i wiedziałam, że trafiłam pod dobry adres. Przekraczając próg jej domostwa, zamiast drzwi kuchennych ujrzałam zawieszoną dużą firankę, przez którą wpadało popołudniowe światło, tworząc na suficie różne wzory. Nie była to zwykła firanka, tylko staranna szydełkowa robota w kolorze ecru. W kuchni zobaczyłam ogrom bolesławieckich naczyń, co sprawiło, że poczułam się jak w domu. Misy, miseczki, talerze, kubki i stolnice wprawiły mnie w zachwyt. Na parapetach kuchennych okien znajdowała się piękna kolekcja kobaltowych wazonów i butelek poustawianych według wielkości. Można było zauważyć, jak wpadające do mieszkania słońce tworzy spektakularną grę światła. Na ścianie wisiał obraz namalowany przez mojego brata, a jego barwy ładnie ożywiały wnętrze. Pośrodku kuchni stał nieduży drewniany stół, przy którym podczas naszej dalszej znajomości często wypijałyśmy dobrze parzoną kawę z kardamonem. Madame upajała mnie wtedy zapachem świeżej marihuany, którą misternie skręcała w jointy, a następnie pykała je jeden za drugim, pyk, pyk, pyk…

W tym momencie pisania – 28 czerwca 2021 – zatrzęsło Ziemią o sile 4.2

Ze stołem kuchennym związana jest zabawna historia. Któregoś razu gdy piłyśmy kawę z kardamonem, wyciągnęła z kuchennego kredensu opakowanie ciasteczek biscotti. Pogryzałyśmy je ze smakiem, kiedy nagle, maczając herbatnika w kawie, zauważyłam na powierzchni pływające malutkie białe robaki. Z niedowierzaniem otworzyłam szeroko swoje trącone wadą wzroku oczy i spojrzałam na wyłożone na bolesławieckim talerzyku ciastka. Pełzało po nich mnóstwo robaczków. Krzyknęłam wtedy: *OMG!* Robaki! Zaczęłyśmy obie mocno pluć, krzyczeć i kaszleć. Potem stwierdziłyśmy, że najlepiej jak wypijemy po kieliszku zimnej wódki w ramach dezynfekcji i lepszego samopoczucia. I tak, zakrapiając robaki, po chwili miałyśmy gdzieś to, co jadłyśmy. Biscotti zostały wyrzucone, a my długo śmiałyśmy się z tej historii. Rozważałyśmy też, czy ciastka były po prostu stare, czy wypełniające je migdały stęchłe i zarobaczone. Jedno było pewne: oprócz cukru spożyłyśmy również sporo protein. Historia ta pozostawiła po sobie ślad, gdyż do dziś przed zakupem biscotti zawsze z ogromną uwagą przyglądam się im i sprawdzam termin ważności.

Madame kochała pykać marihuanę. Kiedyś wpadłam do niej po pracy i zauważyłam na ogrodowym tarasie trzy wielkie donice z roślinkami. Była to, w całej swej okazałości, dorodna marihuana. Rosła bardzo szybko, a kiedy nadchodził czas *harvest,* czyli żniw, ścinało się ją i zaplatało w warkocze. Tak zaplecione długie gałązki marychy wisiały swobodnie i wolno schły na dole domu, w tzw. *basement.* To było ulubione miejsce Madame, które darzyła specjalnym uczuciem. Prywatne, intymne miejsce na dole domu nazywała „Cafe Kącik" i traktowała je jak świątynię. Pisała tu swoją książkę, rozmyślała, pykała jointy i popijała kawkę. Palące się wokoło świeczki, wiszące obrazy i fatałaszki wraz z odbiciem lustrzanym Madame tworzyły niepowtarzalny klimat. Jak dobrze fabularyzowana bajka podparta faktami, w której główną rolę gra królowa czarownic i bogini piekieł, uwięziona w swym świecie przed szukającym ją złym smokiem. Była w tym poezja, ale też szorstka i trudna historia jej życia. Madame jako profesjonalistka robiła wszystko z prawdziwym namaszczeniem i gracją. Wyluzowana i pozbawiona kontaktu z głęboką cywilizacją spędzała wiele godzin w swoim zaczarowanym ogrodzie. Była jak nie z tego świata. Obecność w jej domostwie zawsze mnie relaksowała. Chętnie wyrywałam się ze swojego zaganianego życia do jej – dziwnego, pachnącego, z widokiem rozleniwionych kotów, które wygrzewały się zawsze na drewnianych poręczach tarasów. Jeden z kotów miał na imię Simone. Nie mogłam oprzeć się iluzji, że jestem w domu Niny Simone – amerykańskiej piosenkarki, pianistki i przedstawicielki jazzu. Jak się potem okazało, moje skojarzenia były trafne, ponieważ imię kota nadane było z myślą właśnie o tej artystce. Klimat i wystrój pokoi do złudzenia przypominał *Goth* styl. Było mrocznie, z przewagą czerwonych przyciemnionych świateł. Coś na wzór zamczyska i coś z garderoby filmowej diwy, ale śmiało, oryginalnie i ponadczasowo. Wokół mnóstwo książek i dobrego malarstwa. Wszystko udekorowane przeźroczystymi jedwabnymi chustami przy czerwonej poświacie małych lampek i sączącej się w tle muzyce Niny Simone dawało efekt miękkiego i przytulnego miejsca.

Madame była ekscentryczną osobą. Mieszkała w malowniczej, luksusowej dzielnicy, a jej dom przypominał grecką posiadłość na Krecie i wyróżniał się na tle okolicznych budynków. Był zawsze otwarty dla wszystkich, a dziki i niezbyt wypielęgnowany ogród, w którym odbywały się party, nadawał temu miejscu oryginalności. W jego centralnym miejscu stał ogromny, ciężki, drewniany stół. Zamontowano nad nim malutkie lampki, pomiędzy którymi wisiały różnej wielkości jedwabne chusty i szale. W pomarańczowym popołudniowym słońcu dawały różnorodne ciekawe poświaty. Stoły przykryte były obrusami, chronionymi przed wiatrem trzema dużymi kamieniami. Pod drzewem w cieniu stał mały stolik z krzesłem, przy którym zazwyczaj siedziała gospodyni domu. Pykała swoje jointy, a ich specyficzny zapach uderzał w nozdrza wszystkich gości. Jej mąż serwował zawsze swoje alkoholowe specjały, a kotka Simone czekała na przysmak – kawałek sera, krążąc wokół gości i stołu. Był też drugi kot – przepiękny, o popielatej sierści, wyglądał jak posąg. Wylegiwał się zazwyczaj w słonecznych miejscach lub w domu na miękkich kanapach. Nie lubił sera, ale kiedy przychodził czas jedzenia, robił ósemki wokół nóg i miauczał głośno z radości zbliżającego się posiłku.

W zacienionych miejscach ogrodu można było spotkać intymne miejsca dla dwojga. Znajdował się tu też mały stolik z krzesłami i drewnianą ławą, nakrytą indyjskimi narzutami. Gospodyni przykładała dużą uwagę do dekoracji stołów, różnego rodzaju siedzisk i zamontowanych pomiędzy drzewami sznureczków, szmatek oraz fatałaszków. Nie kryła niezadowolenia, jeśli ktoś próbował coś zmienić, przestawić lub zdemontować dekorację. To było dla niej bardzo ważne i chyba ważniejsze niż samo przygotowanie przyjęcia.

Na garden party każdy z zaproszonych gości przynosił ze sobą domową potrawę. To tzw. *potluck,* bardzo popularny zwyczaj w Ameryce. Stół szybko się zastawiał, a rozmowom i dyskusjom nie było końca. Potem jeden z przyjaciół Madame zaczynał delikatnie koncertować na flecie i z tego błogiego stanu wyrywały nas tylko uciążliwe komary.

Stroną kulinarną letnich ogrodowych przyjęć zajmował się zazwyczaj gospodarz domu. Bardzo go lubiłam. Gotował i dbał o stół, a potem krzątał się wokół gości. Gospodyni natomiast pykała jointy, tocząc długie konwersacje. Siedziała pod drzewem z rozmarzonym wzrokiem, ciesząc się chwilami spędzanymi w ulubionym gronie. Zwracała przy tym dużą uwagę na to, co i jak robił jej mąż. Jeśli uważała, że należy go skrytykować, czyniła to bez żadnych skrupułów, nazywając rzecz po imieniu. Potrafiła być szorstka, bezpośrednia i używała „soczystego" języka. Kiedy „fuckowała", robiła to z sercem i naturalnie, obce jej były wszelkie konwenanse w stylu „to nie wypada". Obserwowałam wtedy zebranych przy stole ludzi. Reagowali różnie, ale zazwyczaj chcieli wszystko obrócić w żart. Gospodarz machał tylko ręką, uśmiechał się i kontynuował to, co zaczął. Madame była bardzo naturalna i mówiła, co myśli. Nigdy do końca nie wiedziałam, czy to zaleta, czy wada. Pomimo to wszyscy ją kochaliśmy i miała wielu przyjaciół.

Zanim poznałam ją bliżej i oswoiłam się z niektórymi jej cechami charakteru, byłam często oburzona i zbulwersowana tak bezpośrednim wyrażaniem emocji lub opinii. Nie zawsze potrafiłam przyjąć do wiadomości, że taka właśnie jest i koniec. Moje europejskie naleciałości kulturowe przeszkadzały w tolerowaniu jej zachowania. Nie umiałam również, jak inni, machnąć ręką i skwitować sprawy powiedzeniem: Nie znasz jej? Daj spokój, nie przejmuj się! Nie lubiła sprzeciwu ani krytyki i było jej obojętne, czy sprawiała komuś przykrość. Waliła prosto w oczy jak bokserskim ciosem, nie licząc się z konsekwencjami swoich słów. Stawiała siebie w centrum świata jak prawdziwy egocentryk. A mimo to posiadała duży kredyt tolerancji i poważania wśród znajomych. Była jak lanser, który przyciąga uwagę i zwabia czymś niewidocznym i nienamacalnym. Lubiłam ją, była moim antidotum na całe zło.

Madame miała swoje małe „Polakowo", z którym regularnie utrzymywała kontakt. Wśród nich była zarówno „stara emigracja", jak i ta całkiem świeża, nasiąknięta pędem do szybkiego zamerykanizowania się. Lubiła rozsiąść się w swoim magicznym ogrodzie i przy małej czarnej konwersowała. Wśród rodaków brylował angielski i rzadkością było, aby rozmowy toczyły się po polsku. Z tym zjawiskiem spotkałam się nie tylko u Madame, ale również na różnego rodzaju polskich imprezach przykościelnych. Spotkania tego typu miały szerokie grono zwolenników wśród Polonii. Zapach grillowanej kiełbasy i trzask otwieranego piwa przypominał wtedy, skąd pochodzę i kim jestem. A przysłuchując się toczącym wokół rozmowom, można było szybko zauważyć ich wspólny mianownik – przechwalanie się i wzajemne wyliczanie wszelkich zdobytych osiągnięć, zarówno tych majątkowych, zawodowych, jak i prywatnych. W ogrodzie Madame było inaczej – intelektualnie, interesująco i nastrojowo, bez kiełbasianego zapachu.

Jednego roku, kiedy zbliżały się urodziny Madame, postanowiłam namalować jej portret. Z wielu zdjęć wybrałam to, które moim zdaniem najbardziej oddawało jej osobowość, charakter i charyzmę. Aby się upewnić w wyborze zapytałam o opinię mojego przyjaciela Lijona. Był wieloletnim znajomym Madame, więc znał ją dłużej i lepiej ode mnie. Kiedy potwierdził, że wybrane przeze mnie zdjęcie jest dobre, przystąpiłam do pracy. Byłam podekscytowana i pracowałam nad obrazem długie wieczory. Po przyjściu na umówione urodzinowe party wręczyłam jubilatce jej portret, zawinięty w dekoracyjny papier, z finezyjną kokardką. Przyjęła prezent i odstawiła na bok, nie interesując się w ogóle jego zawartością. Najpierw pomyślałam, że jest to na pewno moje kolejne zetknięcie się z panującym tu zwyczajem. Widocznie nie ma znaczenia otwarcie prezentu tuż po jego otrzymaniu. Może wciąż czegoś nie wiem i muszę się nauczyć? Zawsze w takich momentach prosiłam o pomoc Lijona i pytałam: czy tutaj tak jest? Mój przyjaciel wpadł na pomysł, aby po prostu zapytać Madame, co myśli o płótnie. Tak zrobiłam. Przy wspólnym urodzinowym obiedzie poprosiłam, aby otworzyła i zobaczyła prezent. I to był duży błąd, a jeszcze większy zawód. Długo potem żałowałam swojego pomysłu na ten obraz. Madame wyartykułowała lawinę uwag dotyczących jej podbródka, oczu, ust i etc., którymi zalała mnie w minucie i trafiła, jak trafia „szlag" lub

„jasna cholera”. Nie kryła tego i bezpośrednio przy gościach skrytykowała swój wizerunek, informując mnie o swoim dużym rozczarowaniu. Zapytany o opinię gospodarz domu wzruszył tylko dwuznacznie ramionami, dając do zrozumienia, że jemu również nie podoba się wizerunek żony. Lijon położył delikatnie dłoń na moim udzie i popatrzył mi w oczy, szepcząc ciepłe słowa pokrzepienia.

Poczułam się źle i niezręcznie. Było mi przykro, że nie sprawiłam jej radości. Nie jestem profesjonalną artystką i nie maluję jak Matejko, ale pod okiem mojego brata, który jest prawdziwym artystą, namalowałam portret na miarę swoich umiejętności. To jednak nie był koniec, bo Madame lubiła drążyć temat. Kulminacja nadeszła, kiedy przysłała mi zdjęcie miejsca, w którym powiesiła obraz – na dole, w pomieszczeniu, gdzie stały pralka i suszarka. No cóż! Przyjęłam ten news.

Dzisiaj wisi ponoć w innym miejscu. Nie dociekałam i nie pytałam, dlaczego nigdy nie zawisł w pokojach domu i nie spotkał się z jej aprobatą. Zrozumiałam, że odebrała płótno jako swoją karykaturę. Poczułam się jak ktoś, kto popełnił ogromny nietakt i miałam wyrzuty sumienia. Moim zamiarem było oddać prawdziwą postać, jaką znałam i widziałam swoimi oczami, to była moja interpretacja Madame.

Postanowiłam więc poprosić, aby oddała mi portret, dołączyłby wtedy do mojej kolekcji na ścianie. Jednak uparcie zostawiła go u siebie.

Niesmak tego wydarzenia utkwił mi na długo w pamięci i wzbudza wciąż dużo refleksji. Tak samo jak obraz Jezusa/Judasza, który nie mógł udźwignąć swojego wizerunku i umieścił płótno w szafie, przygniatając je stertą ciężkich elementów perkusji. Jednak rozumiem, że często uważamy siebie za bardziej atrakcyjnych, niż jesteśmy naprawdę i rzeczywistość może nas boleśnie rozczarować. Tak jak Madame rozczarował mój obraz. Czasami czule myślę o tym płótnie, pamiętając poświęcony mu czas. Ale krytyka jest potrzebna i należy z pokorą ją przyjąć, nawet jeśli okazuje się wybujała i tendencyjna. To buduje warsztat artystyczny i sprzyja samoocenie. Dziękuję za to losowi i Madame.

MISTRZ LEO

Kiedy przybyłam pierwszy raz do domu Madame z misją zrobienia stu pierogów na mające się odbyć w ogrodzie party, zauważyłam siedzącego przy stole pana. Zostaliśmy sobie przedstawieni. Leo miał nieco skuloną sylwetkę, ciepłą twarz i uśmiech. Siwizna dodawała mu szlachetnego wyglądu. Zwróciłam uwagę na jego ładne i zadbane dłonie. Nie wiedzieć czemu jest to dla mnie bardzo ważne i tak jak mężczyźni patrzą na dekolty kobiet, tak mój wzrok kieruje się zazwyczaj na dłonie i oczy. Nie, nie, wcale nie na rozporek!

Nie znałam wcześniej Leo i tak naprawdę nie wiedziałam, kim jest. Chwilę później w kuchni pojawił się drugi pan, wyglądem przypominający brytyjskiego dżentelmena. Byłam pewna, że to ktoś znajomy Madame, lecz zdziwiłam się, widząc, że myje naczynia i robi porządki w zlewie. Zdezorientowana postanowiłam zapytać o to siedzącego obok mnie Leo, który obserwował każdy ruch moich rąk, kiedy kleiłam i przygotowywałam pierożki. Co jakiś czas przełykał ślinę i byłam pewna, że jest głodny. Po chwili moje wątpliwości zostały rozwiane i dowiedziałam się, że brytyjski dżentelmen to mąż gospodyni domu. Zrobiłam zdziwioną minę, gdyż sądziłam, że Leo jest mężem Madame, a brytyjski gość to po prostu znajomy. To była naprawdę zabawna sytuacja, do której często wracamy wspomnieniami.

Pierogów przybywało, a po kilku kieliszkach nalewki z pigwy dowiadywałam się więcej o Mistrzu. Był popularnym w Bay Area fotografem. Zaintrygował mnie. Wydawał się dużo starszy ode mnie, ale miał w sobie coś ciekawego i tajemniczego. Jego akcent i wymowa były specyficzne, co dodawało pikanterii. Jednak największe wrażenie zrobił na mnie jego intelekt. Był to kolejny moment, w którym jako dojrzała kobieta stwierdziłam, że mówcie, co chcecie, ale intelekt męski ponad wszystko! Innymi słowy – inteligencja przeważa dla mnie nad każdą zewnętrzną oznaką atrakcyjności. Wtedy u Madame wystarczyło, że umiał ze mną rozmawiać, a że doskonale znał język polski, płynęliśmy z tematem, jednym po drugim. Czułam dobrą energię i niewątpliwie chemię między nami. Ale wyciszałam się i sprowadzałam na ziemię po wszystkich problemach i przeżyciach z Judaszem. Rozmowa biegła wartko, a wspólne lepienie pierogów – ponad stu! – zakrapiane naleweczką wprawiło nas w miły nastrój. Dołączyłam do dużego grona znajomych magicznego ogrodu i poznałam Leo, który przypadł mi bardzo do gustu, z wzajemnością zresztą. Nie znałam jeszcze wtedy historii jego życia, ale byłam pewna, że jest wyjątkowym mężczyzną. Tak rozpoczął się następny, nowy etap mojego amerykańskiego życia.

Po kilku tygodniach od spotkania u Madame Leo napisał do mnie email, w którym zapytał, czy nie chciałabym sprzątać jego domu. Co prawda nie było to zaproszenie na randkę, na które liczyłam, ale w Ameryce spotkało mnie tyle zaskakujących sytuacji, że postanowiłam zaliczyć tę ofertę do gry wstępnej naszej znajomości i zgodziłam się. Mój kalendarz był bardzo napięty, jednak poświęciłam dla niego niedzielę. Wzięłam Ubera i pojechałam pod wskazany adres. Stary dom z drewnianymi, rzeźbionymi, ciężkimi drzwiami, wyposażonymi w małe okienko zrobił na mnie duże wrażenie. Posesja, choć usytuowana w dobrej dzielnicy, wyglądała skromnie. Kiedy otworzył mi drzwi i przywitaliśmy się, poświęciłam kilka minut na zwiedzenie domu. Podziwiałam stare, drewniane gzymsy i zwieńczenia ścian oraz kominek z dębową zabudową. Wmontowany w meble gramofon z witrażową szybką miał z boku specjalną korbę do kręcenia i napędzania. Aż krzyknęłam z zachwytu, widząc to cudo! Na ścianach wisiały drewniane maski z różnych zakątków świata. Przy sofie stał zabytkowy stolik pełen książek, obok mała skórzana marokańska lampka i kolekcja fajek. Pokój gościnny był bardzo klimatyczny i piękny. Trafił w moją fascynację starymi, drewnianymi meblami, którą wyniosłam z domu. Mój Tato kocha drzewo i stare meble. Jako zagorzały pasjonata zajmował się często ich renowacją. Swego czasu nawet, w głębokiej komunie, sam zrobił meble do naszej kuchni. Często prosił mnie, abym siadała na desce, którą musiał przerżnąć na pół ręczną piłą. Siadałam zawsze posłusznie i szybko znudzona tą czynnością czekałam, aż skończy.

Sprzątanie domu Mistrza Leo rozpoczęłam od kuchni, również pięknej i w starym stylu. Spodobał mi się pomysł wiszących nad piecem różnych patelni. To częsty widok w amerykańskich domach. Piekarnik był stary i przypominał dużą węglową kuchnię mojej babci. Amerykanie zamiast płyt indukcyjnych wybierają wielopalnikowe, obszerne kuchenki. Przy oknie stał stół, siedząc można było podziwiać znajdujący się na zewnątrz ogromny, wielkości drzewa, kwitnący kaktus. Na schodkach prowadzących do tylnych drzwi kuchennych wygrzewał się w słońcu kot Cookie, umaszczeniem przypominający tygrysa. Wokół panował spokój, słychać było śpiew ptaków dochodzący z dużego ogrodu, na środku którego stało stare eukaliptusowe drzewo. Co kilka minut coś nowego przykuwało moją uwagę i rozpraszało mnie, więc musiałam się dobrze zorganizować i skupić na pracy.

Kiedy sprzątanie dobiegło końca, Leo zaproponował, że odwiezie mnie do domu. Skorzystałam z oferty, mając nadzieję, że porozmawiamy w drodze. Byłam ciekawa jego twórczości, fotografii i życia. Opowiadał i zerkał na mnie. Słuchałam jak zaczarowana. Uwielbiam, jak facet ma ogromną pasję i sypie jak z rękawa ciekawostkami. I nie po to, żeby zaimponować, ale właśnie dlatego, że naprawdę go to fascynuje. Między wierszami odczytałam również, że ma ciągły głód czytania. Podobało mi się to – potrzeba karmienia umysłu to inwestycja znacznie lepsza niż godziny spędzone na siłowni. Leo ładnie mówił. Miał bogate słownictwo, ale, co najważniejsze, nie nadęte. Pewnie miało to związek z tym, że profesjonalnie zajmował się pisaniem książek. A kiedy mężczyzna potrafi dobrze dobierać słowa do okazji, natychmiast miękną mi nogi.

Zapytałam o jego nową wystawę, którą przygotowywał w Los Angeles. Ale ledwie dyskusja zaczęła nabierać rumieńców, już byliśmy pod moim domem. Zapytałam również, czy wejdzie na kawę, uprzedzając, że mieszkam z Judaszem, ale nie skorzystał tym razem z zaproszenia. Zwracałam się do niego żartobliwie „Mistrzu". Lubił to i uśmiechał się. Miał duże poczucie humoru i chętnie żartował. Pożegnaliśmy się, a Mistrz podziękował ładnie za pomoc w czyszczeniu domu. Wiedzieliśmy, że spotkamy się za dwa tygodnie w magicznym ogrodzie u naszej wspólnej znajomej na kolejnych letnich party.

Będąc pod wrażeniem Mistrza Leo, wieczorem poświęciłam sporo czasu na przeczytanie jego życiorysu. Znalazłam ogrom informacji i dowiedziałam się, że to znany amerykański fotograf, którego twórczość oparta jest głównie na doświadczeniach życiowych. Leo studiował w Izraelu, a następnie wyjechał do Stanów Zjednoczonych i uzyskał tytuł magistra fotografii w *Art Institute* w San Francisco. Pracował między innymi dla *„The New York Times Magazine"*, *„Vogue"* i *„Newsweek"*. Jako samotny od lat ojciec opiekował się swoją niepełnosprawną umysłowo i fizycznie córką. Sąd odebrał jej matce wszystkie prawa z powodu uzależnienia od narkotyków.

Długo nie mogłam zasnąć. Jego życie prywatne i artystyczne oraz osiągnięcia, zbiór wydanych książek i liczba zorganizowanych wystaw pobudziły moje zmysły. Wiedziałam, że żartobliwe nazywanie Leo „Mistrzem" ma swoje prawdziwe uzasadnienie. Miłym zaskoczeniem była informacja, że urodził się w Polsce i to w dobrze znanej mi Świdnicy. Intrygował mnie ten mężczyzna i nie byłam pewna, czy bardziej on sam, czy jego bujny życiorys. Na pewno chciałam bliżej go poznać i nie mogłam się doczekać naszego następnego spotkania.

Dwa tygodnie minęły szybko i kiedy przybyłam na ogrodowe party, zauważyłam Leo siedzącego przy stole w towarzystwie córki. Pierwszy raz miałam okazję ją osobiście poznać. Była ładna, delikatna i bardzo zapatrzona w ojca. Kiedy przywitał się ze mną i zaraz potem usiadł koło mnie, wodziła za nim wzrokiem, pytając każdego: gdzie jest tato? Miała duże poczucie humoru i bezbłędnie rozpoznawała kategorie żartów. Kiedy coś ją naprawdę rozśmieszyło, potrafiła śmiać się do łez. Czasem wystarczyło naśladować ćwierkanie ptaków lub zwyczajnie gwizdać, by dostawała ataku śmiechu. Ale kiedy chciała iść do toalety, prosiła ojca o pomoc. Musiała być podtrzymywana pod rękę, ponieważ miała kłopoty z balansem ciała.

Obserwowała wszystkich i wszystko z dużą uwagą. Często zapatrzyła się na kogoś lub coś i widać było, że jest w innym świecie – swoim świecie. Uwielbiała trzymać na kolanach koty i głośno o to prosiła. Potem, w pełni zadowolona, długo je głaskała. Bała się nocy i ciemności, zdarzały się jej ataki lęku. Leo wtedy uspokajał ją i prosił, aby się położyła. Nie zawsze się to udawało, z uporem powtarzała, że chce wrócić do domu. Nie mieszkała z nim, przebywała w specjalnym ośrodku dla osób niepełnosprawnych, gdzie miała zagwarantowaną całodobową opiekę. Codziennie uczestniczyła w specjalnych programach edukacyjnych, podczas których uczyła się, pisała, malowała i przede wszystkim obcowała z innymi osobami. Jeden weekend w miesiącu spędzała z ojcem. Lubiła swój rodzinny dom, ale tęskniła i dopytywała o powrót do swojego miejsca. Jej apartament miał dwie sypialnie. Jedną z nich zajmowała współlokatorka Sisi. Była mocno upośledzona umysłowo i dodatkowo chorowała na mukowiscydozę. Dużo mówiła, powtarzając te same słowa i dźwięki oraz potrafiła długo i nieprzerwanie się kiwać. Dziewczyny były bardzo zżyte i przepadały za sobą. Odnosiłam wrażenie, jakby łączył je zupełnie inny kod porozumienia, różniący się od tego u zwykłych ludzi. Córce Leo nie przeszkadzało nawet to, że Sisi notorycznie głośno mówiła. Byłam zdziwiona tą niezwykłą tolerancją, ponieważ wiedziałam, że nie lubi hałasu, głośne dźwięki wywoływały w niej niepokój i lęk. Kochała operę i muzykę klasyczną. Wielokrotnie prosiła Leo, aby zawiózł ją do opery, do San Francisco. Mówiła o tym często i bardzo chciała tam jechać, nie zdając sobie sprawy z problemów, które na nią czyhały. Wysokie dźwięki muzyki rozbrzmiewające w operze oraz duża ilość ludzi wzmagały często jej zaburzenia. Dobrą alternatywą była telewizja, mogła wtedy, w domowym zaciszu oglądać koncerty muzyki klasycznej. Ze szczególnym zamiłowaniem i skupieniem słuchała zawsze Luciano Pavarottiego lub Andrei Bocellego. Patrzyłam wtedy na nią i podziwiałam, jak mocno umie być skupiona. Wsłuchana w dźwięki muzyki i głosy śpiewaków operowych potrafiła długi czas siedzieć w bezruchu. Lubiłam wtedy na nią patrzeć.

W międzyczasie

W międzyczasie poznałam wielu ludzi, w tym także z Polski. Nie byłam świadoma, jak dużo rodaków żyje w Bay Area. Po trzech latach przebywania tu miałam sporo nowych koleżanek i psiapsiółek. Zdarzyło się nawet, że pracowałam dla niektórych z nich. Nie zawsze jednak kontakty te bywały trafione i miłe. Nie wróżyły również kokosów, bo Polacy przebywający na obczyźnie nie lubią za bardzo płacić drugim Polakom. Zwłaszcza początkującym emigrantom. To smutna refleksja, która ogólnie dziwi, ale jest prawdziwa. Zjawisko to odczułam na własnej skórze – proponowane przez moich krajanów stawki bywały znacząco niskie i często upokarzały. Kiedy słyszałam proponowaną cenę, robiłam grymas i pytałam siebie, czy to żart. Różnica polegała na tym, że Amerykanin zaczynał ze mną rozmowę od pytania, ile biorę za godzinę, a Polak od określenia, ile on płaci za godzinę. Przyzwyczajona już do wstępnych rozmów z Kalifornijczykami reagowałam różnie. Ogólnie stroniłam od polskiego towarzystwa, zniechęcała mnie ich mentalność i zachowanie oraz nienamacalne „coś". Ale jako świeża emigrantka postanowiłam wyrobić sobie własne zdanie w tej kwestii i nie sugerować się opiniami innych. Chciałam z pełną premedytacją zderzyć się z Polonią i przejść tak zwany chrzest bojowy.

Przyjęłam od amerykańskich Polaków kilka ofert opieki nad dziećmi. Byłam ciekawa relacji i współpracy. Temat znałam dobrze, ale tylko od strony amerykańskiej. Chciałam porównania. Pieniądze oczywiście nie były adekwatne do wykonywanej pracy, bo jeżeli ktoś proponował mi 12 dolarów za godzinę, to odkładałam telefon i życzyłam *good luck, lady!* Niektórzy naprawdę nie mieli pojęcia, jaką odpowiedzialność ponosi się za opiekę nad nie swoim dzieckiem. Ludzie mylnie są przekonani, że praca z dziećmi jest lżejsza od sprzątania domu. Jeśli spojrzeć na to z punktu widzenia pracy fizycznej, to polemika mogłaby zająć kilka następnych stron. Zachęcające hasła w stylu „pójdziecie sobie na spacerek, do parku, potem poczytasz książeczkę, położysz na drzemkę, nakarmisz" nie zawsze oznaczały sielankę. Bywały dni, że wolałam iść „na dom" i w ciągu dwóch, trzech godzin zrobić swoje, wziąć ze stołu czekający na mnie czek, otrzepać dłonie i wyjść.

Znaleźć dobrych polskich klientów graniczyło z cudem i potrzebne były rekomendacje. Postanowiłam popytać polskie koleżanki, czy nie znają kogoś, kto potrzebowałby pomocy z dziećmi lub w domu. Na efekty nie czekałam długo. Przekonałam się, że nie każda praca u Polaków wyglądała tak samo, wszystko zależało od ludzi. Należałam do szczęśliwców, bo po pewnym czasie trafiły mi się naprawdę fajne amerykańsko – polskie dziewczyny, a nasza współpraca prawie zawsze była udana i opłacalna dla obu stron.

Kocham dzieci i lubię się nimi opiekować. Potraktowałam tę pracę jako antidotum na emigracyjne smutki. Podeszłam więc do tematu dość luźno, nie podniecając się niską stawką godzinową, jaką mi proponowano, choć nigdy nie zgodziłam się na 12 dolarów. Po wstępnych negocjacjach przyjęłam kilka polskich ofert pracy. Pomyślałam, że będzie to miły przerywnik pomiędzy opieką nad Neilem a sprzątaniem domów. Oczywiście jak to bywa w lokalnej polskiej „zagrodzie" – chłop żywemu nie przepuści i w międzyczasie opieki nad dziećmi dorzucano mi obowiązki. Proszono, abym poskładała pranie, odkurzyła, opróżniła lub załadowała zmywarkę, ugotowała, pokroiła, wniosła walizy po schodach, aż wreszcie poprasowała. Tak dla zabicia czasu, kiedy mały lub mała śpi. Przyglądałam się i uśmiechałam, współczując młodym kobietom, jak głęboko zaawansowana jest ich bezradność, którą tłumaczyły jako zapracowanie lub ogromne pochłonięcie zawodowymi obowiązkami.

Polskie znajomości i kontakty rosły w siłę, a najwięcej ich zawarłam, będąc wolontariuszem pierwszego WOŚP w San Francisco. Dużo Polaków poznałam również u Madame, w jej magicznym ogrodzie. Niektóre znajomości okazały się przelotne, ale niektóre zapadły mi na długo w pamięci. Tak było z Gusią, dziewczyną z Polski, która po ukończeniu studiów przybyła do Ameryki. Na imię miała Jagna, ale dla przyjaciół była Gusia. Nasza znajomość miała swój początek przy stole, w domu mojego brata, gdzie była częstym gościem. Pewnego razu spędziła również z nami Święta Wielkanocne. Wiedząc, jak ważny i wzruszający na emigracji jest czas świąt, chcieliśmy, aby nie czuła się samotnie. Gusia była sympatyczną dziewczyną, pełną osobistego uroku, który przyciągał amerykańskie towarzystwo. Perfekcyjnie posługiwała się angielskim i wszystko potrafiła załatwić. Brzmiała wiarygodnie, obiecująco, przyjacielsko i serdecznie. Spotykałyśmy się również w magicznym ogrodzie Madame, ale tak naprawdę wszystko zaczęło się od mojego brata, który wiedząc, jaką tematyką zajmuje się na co dzień Gusia, pokierował ją do wspomnianej wcześniej starszej pani, matki Madame. Kultura żydowska była dla Gusi bezcenną drogą w jej nowym amerykańskim życiu, nie tylko z uwagi na zamiłowanie w temacie i ukończone studia, ale również na charakter pracy. Interesowały ją wszelkie historie osób pochodzenia żydowskiego. W samym ogrodzie Madame większa część towarzystwa to byli polscy Żydzi, z zapisaną i głęboko wyrytą w sercach historią wygnania z Polski. Ich historie wzruszały mnie i budziły wiele refleksji. Pomimo tego, że urodziłam się w momencie tych strasznych wydarzeń, nie raz czułam wstyd i zażenowanie z powodu zła, które uczynił wtedy mój kraj.

Znajomość z Gusią rozwijała się i przyszedł dzień, w którym poprosiła mnie, abym zaopiekowała się jej apartamentem na okres dwóch miesięcy, który miała spędzić w Polsce. Była już mężatką z małymi dziećmi. Ja mieszkałam wtedy wciąż z Judaszem, więc jej propozycja stała się dla mnie wybawieniem. Lokum nie było zbyt duże, ale bardzo przytulne. Najważniejsze, że mogłam korzystać z kuchni, gotować i czuć się swobodnie, czego brakowało mi podczas mieszkania z Judaszem. Po pracy uskuteczniałam jedynie słodkie *dolce far niente,* czyli odpoczywałam bez najmniejszych wyrzutów sumienia. Włączałam ogromny telewizor i oglądałam filmy. Pamiętam, że któregoś razu buszując po YouTube i szukając koncertu George'a Michaela *Symphonica,* natknęłam się na bardzo popularny serial czechosłowacki z lat 70. – „Kobieta za ladą". Nie mogłam wyjść z podziwu, jak miłe wspomnienia przywołał! To było jak powrót do przeszłości, a może tęsknota za dzieciństwem, a przede wszystkim dużo śmiechu ze specyficznej fabuły i gry aktorów. Po tak spokojnie spędzonych tygodniach w mieszkaniu Gusi żal było wracać do mieszkania i Judasza. Byłam jej bardzo wdzięczna za ten czas, gdy mogłam opiekować się jej psem, kotem i rybkami. Jednak jak się później okazało, historia naszej znajomości nie należała do przyjemnych i długodystansowych. Niemniej najtrwalej utkwiła mi w pamięci, a co więcej – dotknęła i poruszyła.

Po powrocie z Polski Gusia zaproponowała mi opiekę nad jej dwójką dzieci. Zgodziłam się i wczesną jesienią rozpoczęłam pracę. Początkowo wszystko układało się bardzo dobrze. Chodziliśmy dużo do parku, pozwalając jej mieć czas tylko dla siebie. Pamiętałam, jak będąc świeżo upieczoną matką, doceniałam pomoc swojej mamy. Do najcenniejszych chwil zaliczałam te, kiedy mogłam zostać sama i odespać zarwane noce albo po prostu zająć się domem i wykonać zaległe prace. Gusia była zapracowaną młodą mamą, więc nasze długie spacery stawały się dla niej wybawieniem, a maluchy były grzeczne i nie sprawiały kłopotów. Często prosiła mnie także, abym coś im ugotowała, więc kiedy nadarzała się ku temu odpowiednia chwila, z przyjemnością pichciłam dla młodych zapracowanych rodziców. Dawało mi to satysfakcję i czułam się spełniona, tym bardziej, że zawsze byli zadowoleni, a polskie potrawy sprawiały im radość. Cieszyłam się, gdy mąż Gusi chwalił polskie dania. Był bardzo miłym, ciepłym i inteligentnym facetem. Lubiłam go. Stworzył swojej żonie dobre amerykańskie życie, o którym zawsze marzyła. Tak przynajmniej wynikało z naszych wcześniejszych rozmów. Nigdy nie przypuszczałam, że nasze stosunki kiedykolwiek zostaną zerwane.

Pewnego razu kiedy przyjechałam do Gusi, zauważyłam stojącego na przystanku bezdomnego mężczyznę. To nie był jego najlepszy dzień – zachowywał się dość agresywnie w stosunku do przechodniów, wykrzykiwał wulgaryzmy. Bezdomni ludzie są tutaj zazwyczaj bardzo chorzy psychicznie, a wielu z nich to ofiary zażywania narkotyków. Kiedy mnie zobaczył, podbiegł i mocno kopnął w piszczel. Od przystanku do apartamentu Gusi nie miałam daleko. Biegłam, nie oglądając się za siebie. Zaraz po wejściu do mieszkania zaczęłam opowiadać jej, co się wydarzyło. Byłam bliska płaczu, zdenerwowana i poruszona. W pewnym momencie, kiedy opisywałam bezdomnego mężczyznę, całkiem nieświadomie użyłam określenia „Murzyn". I to był duży błąd. Gusia poczuła się mocno dotknięta. Głośno zwróciła mi uwagę, że nie życzy sobie, abym używała tego określenia w jej domu, ponieważ tym samym obrażam jej męża. Zamurowało mnie. Jej mąż urodził się przecież w Indiach – pomyślałam.

Jako żona ciemnoskórego mężczyzny oraz przedstawicielka młodego pokolenia była przekonana, że określenie to jest archaiczne i obarczone złymi skojarzeniami. Jeśli jednak wziąć pod uwagę opinię Rady Języka Polskiego, osoby przyzwyczajone do języka sprzed lat mogą dalej używać słowa „Murzyn" w prywatnych rozmowach, tkwiąc w przekonaniu, że jest ono neutralne. Dr hab. Marek Łaziński, prof. UW, na stronie Rady odpowiada, że nie powinno się mieć z tego tytułu wyrzutów sumienia. Dla mnie jednak było to smutne wydarzenie. Zrozumiałam, że całkiem nieświadomie dotknęłam słabego punktu Gusi. Nie wiedziałam wtedy jeszcze, że to początek końca mojej pracy u niej. Ale już wieczorem dostałam wiadomość, że przyszedł czas na zakończenie naszej współpracy.

Ta historia dała mi dużo do myślenia i przywołała ogrom refleksji na temat cienkiej granicy ludzkiej wrażliwości. Czasami obsesyjnej, a czasami wynikającej ze zwykłego strachu czy wstydu. Dziś, z perspektywy czasu myślę jednak, że dobrze się stało. To była piękna lekcja, a Gusię zaliczam do wyjątkowych nauczycieli spotkanych na mojej amerykańskiej drodze. Mam w pamięci, jak brutalnie, bezwzględnie, z zaciśniętymi w kreseczkę ustami, mówiła, co sądzi o moim językowym potknięciu. Przeszedł mnie wtedy dreszcz i poczułam specyficzne swojskie klimaty. W jednej minucie odkryłam prawdziwą Gusię, która pomimo wysokiego mniemania o sobie, jaką to jest wspaniałą, cnotliwą i prawą osobą, potrafiła jednym ruchem zmieść z powierzchni drugiego człowieka. Po tym zdarzeniu widywałyśmy się kilka razy w ogrodzie u Madame, ale stosunki nasze były bardzo oziębłe. Nie tęsknię.

Często zastanawiam się, co powiedziałby na temat „Murzyna" sam Julian Tuwim. Jeśli natomiast chodzi o mnie, to doskonale pamiętam, że jako uczennica pierwszej klasy byłam mocno dumna ze swej pierwszej czytanki...

LOS ANGELES

Któregoś dnia dostałam od Leo email, w którym zapraszał przyjaciół i znajomych na swoją wystawę fotograficzną w Los Angeles. Bardzo chciałam tam być, ale musiałam zastanowić się nad organizacją wyjazdu. Jeszcze tego wieczoru napisałam do mojej polskiej koleżanki Iwonki. Ona również znała dobrze Leo i też mieszkała w Berkeley. Znałyśmy się nie za długo, ale na tyle dobrze, że spokojnie mogłam zapytać ją o możliwość wspólnego wyjazdu. Na odpowiedź nie musiałam czekać zbyt długo. Iwona chciała jechać ze mną, a przede wszystkim miała auto i była dobrym kierowcą. Napisałam do Leo, że jadę i spotkamy się w Los Angeles w galerii. Ucieszył się, ale dodał, że z powodów organizacyjnych musi wyjechać dwa dni wcześniej. Było to dla mnie zrozumiałe, że jako autor wystawy nie może przyjechać po prostu na umówioną godzinę. Ale kiedy dopisał, że może lepiej byłoby, gdybym nie przyjeżdżała, nie bardzo rozumiałam, o co chodzi. Choć był późny wieczór, postanowiłam drążyć temat. Wytłumaczyłam, że będę jechać do Los Angeles z Iwonką i żeby nie martwił się o moją podróż. Kiedy wydawało się, że przyjął to do wiadomości, odpisał, że będzie tam również jego dziewczyna. *What the fuck!* – krzyknęłam pod nosem. Prawie szlag mnie trafił na miejscu. Nie wiedziałam tylko, czy z powodu informacji, że ktoś ma, co było sprzeczne z tym, co mówiły mi polskie psiapsiółki z magicznego ogrodu, czy może z powodu nagłej zmiany zdania. Na marginesie, bardzo lubię, gdy dojrzali ludzie nazywają swoich partnerów: *boyfriend* (chłopak) lub *girlfriend* (dziewczyna). Brzmi to miło, młodzieńczo i wdzięcznie.

Zazwyczaj takie sytuacje i męskie zachowania wyzwalają we mnie bunt, więc jeszcze bardziej postanowiłam stawić się w Los Angeles. Zarezerwowałyśmy z Iwonką hotel i omówiłyśmy szczegóły wyjazdu. Cieszyłam się na myśl nie tylko o wystawie Mistrza Leo, ale również podróży i ponownej wizycie w Santa Monica, Venice i Santa Barbara. Ostatni raz byłam w Los Angeles cztery lata temu.

W sobotni lipcowy poranek wyruszyłyśmy w podróż. Jechałyśmy popularną kalifornijską jedynką, czyli *Pacific Coast Highway,* który prowadzi wzdłuż wybrzeża Oceanu Spokojnego. Widoki zachwycały, a temperatura powietrza rosła. Kiedy dotarłyśmy do Santa Barbara, było już bardzo gorąco i postanowiłyśmy zrobić sobie przerwę. Z Santa Barbara do Los Angeles zostało tylko półtorej godziny jazdy, więc dałyśmy sobie luz i postanowiłyśmy zaliczyć plażę. Santa Barbara jest malowniczym miasteczkiem i zawsze przypomina mi amerykański serial z dzieciństwa pod tym samym tytułem. Są tu piękne plaże, stare, drewniane molo oraz pełno klimatycznych kafejek i restauracji, z których niesie się zapach świeżo smażonych krewetek i steków. My także zrobiłyśmy sobie małą ucztę, stwierdzając, że pomimo hollywoodzkich cen wypijemy winko i zjemy coś dobrego.

Czas płynął nieubłaganie i po dwóch godzinach jazdy zbliżałyśmy się do Los Angeles. Rejestracja w hotelu przebiegła szybko i sprawnie. Marzyłyśmy już tylko o zimnym, klimatyzowanym pokoju oraz prysznicu – w tym dniu było ponad 40 stopni Celsjusza. Hektolitry wody gasiły pragnienie, a do lodu w pobliskim automacie na piętrze co rusz ktoś podchodził.

Co kilka minut słyszałyśmy specyficzny dźwięk sypanego pokruszonego lodu. Wyglądając za okno, ujrzałam nawet kobitkę, która wsypała sobie lód do spodni i wsiadła do auta. Wykąpane i przebrane zamówiłyśmy lokalnego Ubera. Czekałyśmy ze dwadzieścia minut, co wydawało się być wiecznością. Wreszcie otworzyłam drzwi galerii *Little Big Man* i zobaczyłam duży folder z tytułem wystawy: „*It's so fucking lonely here*" (Jest tu cholernie samotnie).

Budynek galerii bardzo mi się spodobał. Wyglądał jak zmodernizowany loft. Duże przestrzenie i dobrze oświetlone białe ściany robiły wrażenie. Można było już tylko podziwiać fotografie Mistrza. Przybyło sporo ludzi, ale klimatyzowane pomieszczenie pozwalało na lekkie zagęszczenie. Na końcu sali zauważyłam stanowisko z książkami Leo. Obsługiwał je młody chłopak, który częstował pysznym szampanem. Skorzystałyśmy i chyba nawet wypiłam zimne bąbelki jednym duszkiem, z nadzieją, że po wypiciu doczekam się wreszcie ujrzenia Mistrza. I tak się stało, po chwili do sali wszedł Leo. Wyglądał jak prawdziwy artysta. Jego bujne siwe włosy były na mokro zaczesane do tyłu, jakby wyszedł dopiero spod prysznica. Uśmiechnął się i od razu do nas podszedł. Objęliśmy się na przywitanie i dłuższą chwilę żartowaliśmy. Przyjął ode mnie wino ze specjalną na tę okazję etykietką w serduszka i dołączonym do wina polskim waniliowym budyniem. Kiedyś napisał mi, że bardzo lubi budyń. Wspominał, jak jego mama w Polsce przygotowywała dla niego i jego braci ten słodki deser. Zapamiętałam. Podziękował miło za upominki i za nasze przybycie. Poprosiłam wtedy o wspólną fotkę. Nie oponował, a ja zażartowałam, że muszę pokazać ją rodzinie. Stanęliśmy oboje pod białą ścianą z napisem *„It's so fucking lonely here"* i Iwonka zrobiła nam zdjęcie, które jest wciąż moim ulubionym i często wracam do niego pamięcią.

Potem Leo zaprosił nas na lody. Na posesji galerii znajdował się specjalnie zamówiony z okazji wernisażu samochód. Miły człowiek z obsługi częstował różnymi gatunkami i smakami lodów. Była to prawdziwa przyjemność, gdyż pomimo zbliżającego się wieczoru temperatura nie malała. Po powitalnych rytuałach przyszedł czas na obejrzenie dzieła, które Leo w całości poświęcił córce. Wystawa przedstawiała serię zdjęć dokumentujących życie ojca samotnie wychowującego przez ponad 30 lat prawie niewidomą córkę. Fotografie miały swoją chronologię, począwszy od narodzin, poprzez dzieciństwo, diagnozę o chorobie, aż po dzisiejszy dzień. Mistrzowsko przedstawiały kobiece piękno i zarazem zmagania ojca z chorobą córki. Można było również zobaczyć zatrzymane w kadrze jej własnoręczne rysunki. Podczas oglądania towarzyszyło mi wzruszenie i mnóstwo refleksji. Zdjęcia malutkiej dziewczynki z przyklejonymi diodami do głowy i siedzący obok jej łóżka Leo nie pozostawiały złudzeń, z jakimi problemami borykał się ten człowiek i jak wyglądało jego życie. Samotny mężczyzna, któremu dano pełne prawo do opieki nad córką, a zabrano jej matce. Historia jakich mało, nietuzinkowa i niepospolita, lecz prawdziwie ciężka i bolesna. Życie i opieka nad chorym dzieckiem stały się dla Leo inspiracją do odbycia tej artystycznej podróży i dobrym powodem do utrwalenia jej piękna zamkniętego w chorobie.

Zauważyłam, że galeria była pełna młodych ludzi, którzy z wielkim zainteresowaniem oglądali wystawę i dyskutowali o fotografiach. Większość z nich znała dobrze Leo. Byli jego studentami i zwracali się do niego po imieniu, które fonetycznie brzmiało zupełnie inaczej niż po polsku. Mówili „Lijon", co automatycznie skojarzyło mi się wtedy z nazwą batonika. Od tamtej pory Leo jest dla mnie Lijonem i nie wyobrażam sobie, by inaczej się do niego zwracać. Podczas wystawy był bardzo zajęty, ciągle ktoś do niego podchodził, prosił o autograf i nie mogliśmy nawet przez chwilę spokojnie porozmawiać. Wino lało się suto i, sącząc kolejną lampkę, poczułam wreszcie zmęczenie. Gdy galeria powoli zaczęła się wyludniać, Lijon podszedł do nas i przeprosił, że zaraz musi iść na umówioną z kuratorami kolację. Popatrzył na mnie wymownie, ale ja rozumiałam sytuację. Na podstawie doświadczeń mojego brata, który również miewał wystawy, wiedziałam, że w pierwszym dniu otwarcia czas artysty jest zarezerwowany dla kuratorów.

Wyszliśmy na zewnątrz, wieczór zrobił się przyjemny, a temperatura nareszcie znośna. Pożegnałyśmy się z Lijonem. Obiecaliśmy sobie, że po powrocie do Berkeley spotkamy się i w nieco spokojniejszych okolicznościach uczcimy jego wystawę. Los Angeles, które nigdy nie śpi, pomimo późnej pory tętniło życiem. Jednak duże zmęczenie dawało znać o sobie i wróciłyśmy do hotelu. Długo nie mogłam zasnąć i oglądałam wszystkie zdjęcia, które udało mi się zrobić podczas wernisażu. Analizowałam po babsku wiele spraw i stwierdziłam, że partnerki Lijona, która miała tam być, nie widziałam. Ale Iwona potwierdziła, że pojawiła się w którymś momencie. Zrozumiałam, że wszelkie moje ekscytacje i zachwyty Mistrzem muszą pozostać uśpione. Jak to zwykle u mnie bywa, poznany mężczyzna ma już dziewczynę, żonę lub jest Judaszem i wtedy następuje wielkie BUM – moja bańka pęka. Byłam zła. Jeszcze tylko chwilę przed zaśnięciem przemknęła mi myśl – dlaczego psiapsiółki mówiły, że jego związek jest skończony? Postanowiłam to wyjaśnić po powrocie do Berkeley i być pewną sytuacji.

Nazajutrz humory nam dopisywały i po hotelowym śniadaniu udałyśmy się w podróż powrotną do Bay Area. Miałyśmy w planie zahaczyć o Santa Monica, Venice i Malibu, aby poplażować, pospacerować, zjeść coś i poczuć klimat z filmu „Słoneczny patrol". Przed wyjazdem chciałam jeszcze pokazać Iwonce piękny budynek *Walt Disney Concert Hall* – halę koncertową znajdującą się w centrum Los Angeles. Autorem projektu budynku był amerykański architekt Frank Gehry, który pochodził z polsko-żydowskiej rodziny. Budynek robi ogromne wrażenie i jest obiektem zainteresowania wielu fotografów ze względu na nowoczesną metalurgiczną budowę. Na tarasie znajdowała się piękna ceramiczna fontanna, przedstawiająca kwiat róży. To był dobry pomysł i spędziłyśmy tam kilka godzin z aparatem w dłoni.

Następnie dotarłyśmy na plażę w Santa Monica. Klimat był istnie wakacyjny i kręcący się diabelski młyn na tle zachodzącego słońca uśpił nas, leżące na gorącym piasku. Iwona była kierowcą, więc nie przerywałam jej snu, tym bardziej, że czekały nas długie godziny drogi powrotnej. Gdy się zbudziłyśmy, poczułyśmy duży głód. Jednak czas nie pozwalał nam na przesiadywanie w restauracjach, więc drastycznie zakończyłyśmy wizytę w Santa Monica, jedząc frytki i hamburgera z McDonald's. Prawdziwa kulinarna tragedia, ale smakowało jak kiedyś, pierwszy raz, w nowo otwartych, polskich restauracjach tej marki. Przed nami była już tylko trasa do domu i kilka godzin podróży. Koło północy dostałam wiadomość od Lijona, który pytał, czy wróciłyśmy całe i zdrowe do Berkeley. Kiedy odpisałam, że wciąż jesteśmy w drodze, poprosił, żebyśmy uważały na siebie.

LIJON

Po powrocie z Los Angeles życie wróciło do normy. W mieszkaniu koleżanki Gusi odpoczywałam od Judaszowego towarzystwa. Z Lijonem wymieniałam kilka emaili dziennie i byłam ogólnie pogodzona z sytuacją pt. „i to by było na tyle". Ale życie chciało więcej. Dostałam wiadomość od Lijona, w której zapraszał mnie na urodziny swojej córki. Spotkanie miało odbyć się w ośrodku, gdzie mieszkała. Trzeba było przygotować uroczystość, opracować menu i przyrządzić szereg potraw. Lijon poprosił mnie o pomoc. Najpierw ucieszyłam się z zaproszenia, ale później zaczęłam się zastanawiać, gdzie jest jego dziewczyna, wspomniana i obecna na wystawie w Los Angeles? Dlaczego to ona nie może pomóc w przygotowaniu urodzin? Wątpliwości mnożyły się, a ja po babsku tworzyłam w głowie różne historie. Ale że ludziom trzeba pomagać, zgodziłam się wesprzeć Lijona w tak ważnym dla niego zadaniu. Umówiliśmy się na sobotę, aby rozpocząć przygotowywanie potraw.

W budynku, gdzie mieszkała jego córka,

znajdowało się specjalnie wyodrębnione pomieszczenie, służące do organizowania podopiecznym różnego rodzaju uroczystości. Na miejscu był także aneks kuchenny z pełnym wyposażeniem i część jadalna z dużym stołem. Mieliśmy rozmach i dużo miejsca, a praca we dwoje szła nam bardzo dobrze. Przy okazji dowiedziałam się że Lijon lubi gotować i robi to całkiem nieźle. Podczas kucharzenia dużo rozmawialiśmy, znajdując sporo wspólnych tematów. Kiedy przyszedł wieczór, czułam duże zmęczenie, ale wszystko było dopracowane i przygotowane. Lijon odwiózł mnie do domu i umówiliśmy się, że przyjedzie po mnie następnego dnia rano.

Nazajutrz musieliśmy jedynie udekorować stół i salę. Potem pozostało oczekiwanie na gości. Córka Lijona była szczęśliwa i w dobrym humorze. Dobrze rozumiała, z jakiej okazji wszyscy się tutaj zebrali. Obserwowała mnie, zapewne myśląc, kim jestem i co tu robię. Uśmiechała się czasami, a kiedy spoglądałam na nią, uciekała wzrokiem, jak mała zawstydzona dziewczynka. Lijon przypomniał jej, że widziałyśmy się w ogrodzie u Madame. Potem przyszło kilka osób, które już znałam. Nie ukrywali zaskoczenia moją obecnością, a ich wyraz twarzy mówił: co ona tu robi?! Nie czułam się zbyt komfortowo z powodu tego zainteresowania. Ale cierpliwie, z biciem serca oczekiwałam momentu, kiedy przyjdzie dziewczyna Lijona. Niestety nie doczekałam się. Poczułam, że to sygnał, ale odganiałam wszelkie myśli, tłumacząc sobie, że zdarzają się przecież w życiu sytuacje, które nie pozwalają przyjść na proszone przyjęcie. Postanowiłam zapytać Lijona. Jednak imprezowy szum i liczne pogawędki, które go zajmowały, nie pozwoliły mi na to. Odłożyłam temat na lepszy czas i dogodniejszą sytuację. Po zakończeniu imprezy Lijon odwiózł mnie do domu. Był bardzo wdzięczny za pomoc i dodał, że sam nie dałby rady przygotować tak dużego przyjęcia. Uśmiechnęłam sie, dałam mu całusa i wysiadłam z auta.

Dwa tygodnie później, korzystając wciąż z okazji mieszkania w apartamencie Gusi, postanowiłam zrobić pierogi i zaprosić Lijona z córką. Odpisał, że bardzo chętnie przyjdą. W niedzielę wstałam wcześniej niż zwykle i zrobiłam zakupy w pobliskim sklepie. Ciężko było z wyborem sera na pierogi, gdyż tradycyjny biały twaróg nie jest popularny w Kalifornii. Jednak po długich poszukiwaniach wreszcie trafiłam na bardzo dobry ser – *Russian style.* Wyjątkowo nie był słony, jak wszystkie inne białe sery tutaj, a konsystencją przypominał polski, puszysty, mięciutki twarożek. Mogłam już spokojnie przystąpić do lepienia pierogów. Dzień był piękny i robota dobrze mi szła. Po czterech godzinach zakończyłam gotowanie i przyszykowałam się na przybycie gości.

Byli punktualni i głodni. To wróżyło miłe niedzielne popołudnie. Lijon przyniósł dobre czerwone wino. Jego córka była spokojna i w pogodnym nastroju. Lekko uśmiechając się, patrzyła na mnie, a kiedy mrugałam do niej, udawała, że rozgląda się po mieszkaniu. W tym dniu łatwo można było ją rozbawić. Jak zwykle zażyczyła sobie, aby włączyć jej telewizor i wyszukać muzykę klasyczną. Wybrała koncert trzech tenorów i w pełnym skupieniu słuchała, jak prawdziwy meloman.

Jednak okazało się, że nie przepadała za ruskimi pierogami. Przewidując to, Lijon przyniósł specjalnie przygotowany dla niej wcześniej obiad. W pierwszym momencie nie mogłam zrozumieć, jak można nie lubić pierogów. Ale widać można. My natomiast zjedliśmy je z wielkim smakiem, a Lijon był zachwycony. Nawet nie przeszkadzała mu śmietana, której bardzo się wystrzegał, mając lekką fobię na punkcie cholesterolu. Nie próbowałam prostować i tłumaczyć rozdmuchanych teorii na temat cholesterolu, bo każdy ma prawo do swoich opinii. Wino smakowało wyśmienicie, a ciasto na deser dopełniło nasz wspólny obiad. Długo rozmawialiśmy i na koniec naszych pogawędek umówiliśmy się na wspólną kolację, tym razem u mnie. Lijon zaproponował mi pomoc z bagażami, ponieważ za kilka dni musiałam opuścić mieszkanie – zbliżał się dzień powrotu Gusi z Polski. Przy okazji opowiedziałam mu całą historię z Judaszem i Jezusem. Był bardzo zdziwiony, że mogłam mieszkać z takim człowiekiem, ale kiedy przedstawiłam mu moją sytuację emigracyjną, zrozumiał. Wtedy zrodziła się myśl, która zapoczątkowała plany wyprowadzenia się z Judaszowego mieszkania. Byłam pełna nadziei, że znajomość z Lijonem dostanie skrzydeł i być może urodzi się między nami uczucie.

Po dwóch miesiącach powróciłam do domu. Judasza nie było i tylko kurz unosił się po kątach. Lijon pomógł mi wnieść bagaże i obejrzał mieszkanie. Nie mógł uwierzyć, że mam tak mały pokój, a Judasz mieszka w salonie trzy razy większym od mojej klitki. Był również zgorszony, że do wyjścia i wejścia używam wyłącznie tylnych drzwi od kuchni. Starałam się wytłumaczyć mu wszystko i opowiedzieć, ale Lijon był bardzo poruszony moją historią. Przy pożegnaniu umówiliśmy się na wcześniej ustaloną kolację.

Kiedy nadszedł ten dzień, po pracy szybko wróciłam do domu, aby móc spokojnie przygotować jadło. Wiedziałam, że Lijon lubi zieleninę, więc zrobiłam misę świeżej sałaty. Oprócz tego upiekłam łososia, a na przekąskę przygotowałam świeżą bagietkę i sery. Pieczywo, sery i oliwki są tu bardzo popularne i podaje się je na początek posiłku. Nie przepadam za tym zwyczajem, bo gdy nadchodził czas głównego dania, byłam w zasadzie już najedzona. Często nawet dowcipkowałam na ten temat, że specjalnie podaje się przekąski, aby goście byli syci i mniej zjedli, kiedy na stół wjedzie główne danie. Ale przyjęłam tę zasadę, która ogólnie cieszy się dużym wzięciem wśród Amerykanów.

Lijon przyszedł punktualnie i pomógł mi w dalszych przygotowaniach. Przyniósł dobre wino i zaczęliśmy od wzniesienia toastu za spotkanie. Kiedy usiedliśmy do stołu, usłyszeliśmy, że do domu wrócił Judasz. To jednak nie wytrąciło nas z miłej atmosfery i pogawędkom nie było końca. Lijon przyniósł mi swoje książki i różne akcesoria do retuszu zdjęć. Chciał mnie nauczyć tych czynności, które przydałyby się w przyszłości w mojej pracy lub pomocy jemu. Bardzo spodobało mi się retuszowanie zdjęć – wyciszające zajęcie, które wymagało precyzji i skupienia. Opowiadał mi o swoim życiu, emigracji i wygnaniu z Polski. Ja czekałam natomiast na moment, kiedy dojdzie do teraźniejszości i być może dowiem się więcej o jego życiu prywatnym, którego strzegł jak ognia. Jednak spasowałam z zadawania pytań i obiecałam sobie, że pozostawię nas biegowi czasu i zdarzeń. Jeśli będzie chciał, to sam powie, a jeśli nie, to zacznie kombinować i wtedy rozpoznam tę grę na podstawie moich doświadczeń. Nie byłam wtedy jeszcze pewna sytuacji i zapewne nieprawidłowo odczytywałam jego zachowania. Jednak to, co Lijon tworzył, budziło moje emocje i duży podziw. Był prawdziwym mistrzem obiektywu i bardzo wrażliwym człowiekiem. Trudne życie miał wyrysowane na twarzy, ale w oku można było wciąż zauważyć chuligański błysk. To w nim lubiłam najbardziej.

Po kolacji przyszedł czas na deser. Lijon był łasuchem. Przyniósł przepyszne ciastka migdałowe, które w smaku przypominały marcepany i rozpływały się w ustach. Koło północy nadszedł czas pożegnania i tak zakończyła się nasza pierwsza wspólna kolacja. Ale nie ostatnia. Umówiliśmy się na obiad u Lijona, na którym miała być obecna również jego córka. Cieszyłam się, że będę miała okazję raz jeszcze zobaczyć jego dom i spotkać się z nimi. Tym razem już nie jako *housekeeper*, tylko po prostu Edyta.

Kiedy przybyłam na umówiony obiad, przy drzwiach czekała na mnie uśmiechnięta córka Lijona, podekscytowana moją wizytą. Z kuchni wydobywał się przyjemny zapach przyrządzanego przez Mistrza obiadu. Zaproponowałam pomoc, lecz wszystko było gotowe i wystarczyło jedynie zastawić stół. Rozejrzałam się dyskretnie, poszukując śladów obecności kobiety. Nie zauważałam nic szczególnego i znamiennego, ale pomyślałam, że najlepiej byłoby zobaczyć sypialnię lub łazienkę. Przemówiły przeze mnie szeptucha i baba, które wyprawiły mnie w podróż po domu. Oświadczyłam więc, że tylko umyję ręce i zaraz wracam do stołu, po czym odwiedziłam łazienkę. Czułam, że w tym miejscu musi być ślad obcowania kobiety, jednak żadnego nie znalazłam.

Jedzenie było pyszne i ponownie okazało się, że Lijon bardzo dobrze gotuje i ma w tym temacie wiedzę. W jadalni zauważyłam dużo pięknych zdjęć. Jedno przykuło moją szczególną uwagę. Na fotografii był Lijon i jego mama. Wśród rodzinnych zdjęć stały menory hanukowe wykonane z mosiądzu lub brązu. W specjalnej, pięknie rzeźbionej części mebli zauważyłam filigranowy srebrny besamim – żydowskie pudełko przyprawowe oraz kilka balsaminek, czyli liturgicznych naczyń służących do przechowywania ziół, wykorzystywanych w trakcie święta Hawdali, modlitwy kończącej szabat. Wszystko to nawiązywało do tradycji, tworząc swoisty klimat domu. Byłam prawdziwie zauroczona.

Lijon oprowadził mnie po swoim domu. Jakby wyczuł moją intencję w poszukiwaniu wszelkich śladów kobiety. Gdy tak szliśmy wolnym krokiem, oglądając liczne drewniane maski, wiszące na ścianach długiego korytarza łączącego salon z resztą domu, przemknęłam obok drzwi sypialni. Były znacznie uchylone i zobaczyłam łóżko. Popatrzyłam na poduszki – ku mojemu zadowoleniu była tylko jedna, leżąca po prawej stronie. Kiedy zaproponował deser i kawę, wykorzystałam impuls chwili i wyrzuciłam z siebie: – Mieszkasz sam? Znieruchomiał na chwilę, po czym uśmiechnął się i odpowiedział oczekiwane przeze mnie: – Tak!

Szeptucha jednak wciąż była niezaspokojona. Przygotowywała następne i kolejne pytania, ale jakby za pomocą czarodziejskiej różdżki Lijon rozgadał się i kontynuował bez mojej pomocy. Wszelkie sprawy z przeszłości zakończył i był gotowy opowiedzieć mi o tym. Gdyby nie czas, moglibyśmy tak rozmawiać do rana. Ale jego córka chciała wracać już do swojego mieszkania. Odwieźliśmy ją do domu, a potem wróciliśmy dokończyć to, co zaczęliśmy. Los był dla nas na tyle łaskawy, że kontynuujemy naszą wspólną historię do dzisiaj. Z różnym skutkiem i nie zawsze oczekiwanym przez nas obojga, ale więź, która nas łączy, jest głęboka i zasłużyła na szczególną uwagę w moim życiu. Bardzo ją doceniam i jestem wdzięczna za Lijona na mojej amerykańskiej drodze. Był moim mistrzem w wyznaczaniu granic i nauczycielem, który pokazał, na czym polega prawdziwa dyplomacja w kontaktach międzyludzkich. W chwilach konfliktów nigdy nie przestawał mówić do mnie „Edytka", czym rozbrajał mnie i wytrącał z największych uniesień i złości. Lijon przede wszystkim był dobrym człowiekiem i przyjacielem.

Nigdy nie odmówił pomocy i obdarował mnie wieloma pięknymi i cennymi rzeczami. Miał ogromne poczucie humoru i specyficzny dowcip. Jak każdy facet swoim bałaganiarstwem potrafił wkurzyć i doprowadzić do skraju wytrzymałości, ale w tej samej minucie rozbroić miną skruszonego małego Lijonka. Posiadał również swoje małe obsesje. Pierwszą z nich była oszczędność wody, ale nie ze względów finansowych, jak to bywa w Polsce, lecz z powodu niedostatecznych opadów. To obawa bardzo wielu Kalifornijczyków, którzy skrupulatnie odlewają, przelewają i gromadzą wodę we wszelkich dodatkowych zbiornikach. Szczerze podziwiałam go za cierpliwość i wyjątkowe zdyscyplinowanie, którego brakowało mu w innych dziedzinach życia.

Lijon był facetem do kochania. Przepadaliśmy za sobą i spędzaliśmy razem dużo czasu. Kiedy jednak pojawiał się wątek wspólnego życia – takiego na zawsze, sytuacja robiła się mniej wygodna dla niego. Nie chciał się wiązać na stałe. Wyjście poza bariery komfortu było dla niego zbyt trudne. Na początku nie przeszkadzało mi to i liczyłam na zwrot sytuacji. Walczyłam o nas trzy lata, pełna nadziei i miłości. Wiele razy komunikowałam mu swoje pragnienia, twierdząc, że musi mieć świadomość, co naprawdę czuję. Wiem, że faceci nie czytają w myślach kobiet. Z jednej strony mówił, że chce być ze mną, a z drugiej pielęgnował samotność i życie w pojedynkę. Lubił przebywać sam ze sobą, czego zresztą nigdy nie ukrywał. Ja jednak chciałam go otworzyć na bycie razem.

Moje oczekiwania względem Lijona zawiodły. W moje życie wtargnęło rozczarowanie, burząc wszelkie wizje, które tworzyły amerykańską rzeczywistość. To był moment, kiedy zdałam sobie sprawę, że kolejny raz mylę fikcję z rzeczywistością. Znowu dałam się podejść i ponieść fantazji, licząc kolejny raz na szczęście. Przekonałam się, że bujanie w obłokach prowadzi mnie jedynie na manowce. Być może za dużo naoglądałam się wyciskaczy łez, naczytałam książek o szalonej miłości lub wirtualny świat namieszał mi w głowie. Przeanalizowałam swoje uczuciowe życie i olśniło mnie, że ten kardynalny błąd popełnia wiele kobiet. Dlaczego miałam myśleć, że rolą Lijona jest dać mi szczęście? Przecież to nie działa w ten sposób. Doszłam do wniosku, że o własne szczęście powinnam zatroszczyć się sama. Oddałam się więc pracy, którą lubiłam i sprawiała mi przyjemność, jednocześnie dbając tym samym o poprawę i zabezpieczenie moich finansów. Kontynuowałam swoje pasje. Malowałam więcej obrazów i rozpoczęłam pisanie tej książki. Spróbowałam poświęcać więcej czasu sobie i chciałam, aby sprawy zaczęły krążyć wokół mnie, a nie, jak to najczęściej bywało, wokół nas. Może musiałam przekroczyć pięćdziesiątkę, aby dojrzeć do takich wniosków lub zwyczajnie miałam dosyć być w cieniu. Nie chciałam już pytać o spotkanie, a potem urywać się z pracy, by móc przygotować obiad, sałatę i deser. Chciałam doczekać się czasu, w którym Lijon będzie mógł mnie rozpieścić. Zadzwonić, zaprosić, zatęsknić, popytać, zatroszczyć się, dać do zrozumienia, że jestem dla niego ważna, jedyna i wyjątkowa.

Dziś już nie zabiegam. Odpuściłam wiele rzeczy na poczet bycia razem z Lijonem i kiedy zdałam sobie sprawę, że nic z tego nie bedzie – zabolało. Często boksowałam w miejscu i nie mogłam ruszyć, aż w końcu przyszło zmęczenie i poddałam się. Z dużym rozczarowaniem, lecz w pełnym zrozumieniu uświadomiłam sobie, że w jego życiu jest miejsce wyłącznie dla jednej kobiety – córki. W tej sferze życia potrafił poświęcić się bez reszty i tylko dla niej miał zarezerwowane słowa „kocham cię". Ta miłość wystarczała mu za wszystkie inne. Było to bardzo piękne, lecz nie zostawiało mi żadnych złudzeń.

Lijon cenił samotność i lubił przebywać solo w swoim domowym zaciszu. Nie potrzebował też nigdy pomocy. Miał pewność, że podąża w dobrym kierunku. Jakiekolwiek uwagi przyjmował raczej negatywnie. Należało to uszanować i usunąć się lub zejść do szczebla zwykłej znajomości.

Babcia mawiała: „Dziecko! Czasami w życiu są takie sytuacje, że kobieta musi usunąć się". Zostając, byłabym zawsze w jego życiu „na chwilę", a siebie znienawidziłabym, popadając w coraz większą frustrację i niezadowolenie. Wpadałabym wciąż do niego na małą czarną, lunch, obiad lub na coś jeszcze, udając, że jestem szczęśliwa. Tłumaczył mi wiele razy, że taki model bycia razem jest bardzo popularny w Ameryce – pary mieszkają osobno i spotykają się na chwilę lub kilka chwil. Być może to popularne, ale dla mnie nie jest podstawą do bycia razem. Nie takiej miłości szukałam, poznając Lijona i nie za wszelką cenę, a przede wszystkim nie za cenę utraty siebie. Bo w życiu poznam wielu ludzi, ale tylko jednego nie utracę nigdy – siebie.

Wciąż widujemy się i dzwonimy do siebie. Trudno nam bez siebie żyć.

W międzyczasie

W międzyczasie miałam okazję poznać bardzo miłą osobę – Judy. Była przyjaciółką Lijona. W związku z tym, że poszukiwałam więcej pracy, Lijon postanowił zapytać Judy o pomoc w tej sprawie. Była bardzo obrotna i miała wielu znajomych. Dodatkowo, kiedy dowiedziała się o moim gotowaniu, wypiekach oraz polskich pierogach, nie mogła się doczekać naszego pierwszego spotkania. Ona również robiła wspaniałe ciasta i przepyszne domowe dżemy. Polubiłyśmy się i kiedy poprosiła mnie o zrobienie stu pierogów, z chęcią przystąpiłam do pracy. Tym bardziej, że było to moje pierwsze płatne zamówienie i chciałam, aby pierogi wyszły smakowite. Kiedy przyjechała po odbiór, nie mogła wyjść z podziwu, jak misternie są uklejone, a kiedy skosztowała, od razu się w nich zakochała. Szczególnie przypadła jej do gustu opcja przysmażanych pierogów, ze śmietaną i drobno posiekaną cebulką. Tak jadło się w moim domu. Świeżo ugotowanych pierogów nie okraszało się cebulą z tłuszczem, tylko zrumienionym masłem z tartą bułką. A jeśli ktoś wolał podsmażane, wtedy były podane ze śmietaną i drobno posiekaną, lekko posoloną cebulą.

Któregoś dnia Judy zadzwoniła do Lijona i zaprosiła nas do siebie na kolację z okazji przyjazdu jej bliskiej przyjaciółki. Jak się potem okazało, tą przyjaciółką była druga córka Lijona – Mary. Niecierpliwie czekałam na ten wieczór. Miałam tremę, ponieważ pierwszy raz zaproszono nas razem. Pomyślałam, dlaczego nie? Potrzebowałam wtedy spokoju, ponieważ były to ostatnie tygodnie mieszkania z Judaszem. Lijon wiedział o tym i bardzo wspierał mnie w tym czasie. Był przyjazny i pomagał w różnych sprawach dnia codziennego. Rozumiał moje zdenerwowanie i stres, które towarzyszyły podczas mieszkania z Judaszem oraz szukał rozwiązania razem ze mną. Czułam przyjaźń i zaufanie.

Kolacja u Judy okazała się bardzo mile spędzonym wieczorem. Poznałam drugą córkę Lijona i przystojnego włoskiego męża Judy. Wino było wytworne, a w tle sączyła się muzyka *Fleetwood Mac*. Mąż Judy miał piękny, stary adapter. Widok dużej, uporządkowanej alfabetycznie ściennej kolekcji winylowych płyt przypomniał mi lata młodości i rodzinny dom. Mary okazała się sympatyczną oraz energiczną kobietą. Z Lijonem łączyły ją bardzo dobre relacje. Postanowiła pokazać mi zdjęcia swoich dzieci i męża, wyglądali na szczęśliwą i piękną rodzinę. Żałowałam, że mieszka daleko i rzadko odwiedza Lijona, bo miałyśmy dużo wspólnych tematów i miło nam się rozmawiało.

Dla mnie ten wieczór miał szczególny wymiar. Przede wszystkim byłam po raz pierwszy z Lijonem wśród jego przyjaciół i rodziny. Ale przydarzył mi się tam również zdrowotny problem. Kilka dni wcześniej, kiedy obudziłam się z dużym bólem w lewym boku, od razu przyszło mi na myśl, że to kamień nerkowy. Jak się potem okazało, moja diagnoza był trafna. Pierwszy raz w życiu miałam atak kamicy nerkowej. Myślałam, że oszaleję z bólu, choć wszystko trwało tylko lub aż cztery dni. Po raz pierwszy trafiłam wtedy do amerykańskiego lekarza. Oprócz badania moczu, krwi i usg nerek zaproponowano mi szczepienie na grypę i badanie piersi. Wręczono mi też tajemniczą kopertę, w której wyczułam coś długiego i grubego – jakkolwiek to brzmi. Kiedy lekarz zauważył moją ciekawość, poinformował, że jest to probówka do zrobienia wymazu. Zastanawiałam się, po co ten wymaz. Wyjaśniono mi, że to wymaz kału. Zrobiłam duże oczy, gdyż przyszłam z problemem kamicy nerkowej i inne profilaktyczne badania mogłam przecież załatwić spokojnie w innym terminie. Lekarz wytłumaczył, że probówkę z zawartością mam włożyć do koperty i wysłać pocztą pod wskazany adres.

– Zaraz, zaraz – powiedziałam z niedowierzaniem – czy dobrze rozumiem? Mam wysłać tę kopertę z probówką zwykłą drogą pocztową?

– *Yes, exactly. Just drop it in the mailbox!* (Tak, dokładnie. Po prostu wrzuć ją do skrzynki!).

Pomimo bólu roześmiałam się i dostałam ataku głupawki, wyobrażając sobie krążącą w drodze pocztowej moją własną kupkę. Lekarz uspokoił mnie, że koperta jest wykonana ze specjalnych ochronnych materiałów i nie stanowi zagrożenia sanitarnego dla innych listów. Wtedy jeszcze bardziej nie mogłam opanować śmiechu, gdyż zdałam sobie sprawę, że nie zrozumiał powodu, dla którego prawie ryłam w głos. Patrzył na mnie dziwnie i zapytał, ile zażyłam tabletek przeciwbólowych. Sądził, że przedobrzyłam, skoro w trakcie ataku kamicy nerkowej mam doskonały humor. Nie wiedział, że w takich momentach wszelkie pytania tego typu są jedynie dokładaniem oliwy do ognia. Ale nie prostowałam i starałam się jedynie opanować śmiech. To, że Amerykanie zazwyczaj nie do końca rozumieją nasze polskie dowcipy, jest częstym tutaj zjawiskiem, po prostu mają inną mentalność. Pan doktor okazał się bardzo miłym człowiekiem i nawet dowiedziałam się, że posiada polskie korzenie

– jego babcia urodziła się w Łodzi. Po otrzymaniu z laboratorium moich wstępnych badań potwierdził diagnozę. I tak po czterech dniach, będąc na kolacji u Judy, urodziłam kamień nerkowy.

Na dwa tygodnie przed moją wyprowadzką na Alameda Judy wyjeżdżała do Europy. Zapytała, czy zamieszkałabym w jej apartamencie i zaopiekowała się roślinami i warzywami, które uprawiała na swoim ogromnym tarasie. Chętnie skorzystałam z tej okazji. Apartament Judy był przytulny i mieścił się na samej górze czteropiętrowego budynku. Często odwiedzał mnie Lijon i spędzaliśmy miłe wieczory przy dobrym jedzonku. Akurat w tym czasie wypadła Wielkanoc, więc spotkaliśmy się również w świąteczne popołudnie. W Ameryce nie ma drugiego dnia świąt, zarówno w Wielkanoc jak i Boże Narodzenie, więc z bólem serca trzeba wracać do codzienności i pracy. Nie było to łatwe, kiedy czułam się zmęczona ostatnimi wydarzeniami z Judaszem, które potęgowały nasilający się stres i kiepski sen. Marzyłam wtedy o prawdziwym dulskim dniu. Pragnęłam nie robić kompletnie nic i snuć się z kubkiem kawy pomiędzy pokojami, zmieniając jedynie sofy lub fotele. Kompletny i głęboki *chill out* regenerował moje ciało i umysł. Takie dni serwowałam sobie bardzo rzadko.

Opiekowanie się domami było tu bardzo popularne i dawało zawsze dodatkowy pieniądz. Często też klienci, którzy wyjeżdżali na krótkie wakacje, prosili mnie o opiekę nad kotami, psami lub nawet rybkami. Dla mnie – zwykłego sprzątacza było to coś w rodzaju wakacji, gdyż przebywałam wtedy w luksusowych domach nawet kilka tygodni. W tym czasie mój harmonogram dnia nie ulegał zmianom i chodziłam do swoich pozostałych prac, lecz wracałam do domu, w którym opiekowałam się pupilami klientów. Bardzo lubiłam te okresy, kiedy pakowałam torbę i wybywałam na kilka dni lub tygodni we wskazane miejsce. Różne były domy i różne zwierzęta. Wszystkie kody alarmowe miałam zapisane w moim specjalnym notesie. Zazwyczaj, przychodząc na cotygodniowe sprzątanie, musiałam sama otwierać i zamykać domy. Zawsze towarzyszył mi stres, bo jakakolwiek pomyłka w kodzie zwiastowała włączenie się alarmu i przybycie policji.

Kiedyś miałam nawet okazję być sprawcą takiej sytuacji. Moi klienci, wyjeżdżając na wakacje, zapomnieli mi podać kod zabezpieczający dom. Pamiętam, że kiedy przyszłam, aby sprzątnąć i podlać ogród, otworzyłam drzwi i usłyszałam specyficzne pipczenie, które ostrzegało, że za chwilę włączy się alarm. Wpadłam wtedy w panikę i całkiem bezmyślnie szybko wyszłam z domu. Idąc przed siebie, płakałam ze strachu i wyobrażałam sobie, że za chwilę ruszy za mną pościg, a kiedy mnie zatrzymają, z auta wyjdzie policjant z czarną, długą latarką – jak w amerykańskim filmie. Okazało się jednak, że nikt za mną nie jechał i kiedy otoczyłam wolnym krokiem okolicę, zadzwoniła zaniepokojona klientka i powiedziała, że policja najpierw dzwoniła do nich. Wtedy uświadomili sobie, że zapomnieli podać mi kod. Wróciłam do ich domu i jeszcze raz otworzyłam drzwi, wklepując odpowiednią kombinację. Jednak pod dom podjechało auto *fire department* (straży pożarnej) i usłyszałam dzwonek do drzwi. Serce ponownie zaczęło szybko bić, ale wiedziałam, że tym razem muszę otworzyć.

Przystojny, postawny facet zapytał, czy wszystko w porządku i kiedy wytłumaczyłam mu sytuację, dodał: – *Ok, good to hear! Have a good day!*

– *You too!* – wyszeptałam, uśmiechając się.

Odjechał. Moje serce wciąż było gotowe do ucieczki, choć wiedziałam już, że nie ma ku temu większych powodów.

CHIŃCZYK HUI

Znajomość z Judy przyniosła wiele korzyści, a przede wszystkich zaowocowała dla mnie nową, bardzo opłacalną pracą. Zadzwoniła do mnie któregoś dnia i oznajmiła, że jej boss potrzebuje pomocy w domu. Oczywiście byłam zadowolona z takiego obrotu spraw i ofertę przyjęłam z dużym entuzjazmem. Umówiłyśmy się, że na spotkanie informacyjne pojedziemy do niego obie. W drodze opowiedziała mi trochę o nim. Facet, podobnie jak Judy, był Chińczykiem. Prowadził trzy firmy w Bay Area, które zajmowały się sprowadzaniem części do wózków inwalidzkich. Spotkał go duży zawód miłosny, co wpłynęło na jego kondycję psychiczną. Judy chciała, abym przychodziła do niego raz w tygodniu posprzątać dom, wyprać i ewentualnie coś ugotować, a przy okazji miała na niego oko.

Jego dom znajdował się w dość kiepskiej dzielnicy Oakland. Określenie „kiepska dzielnica" zazwyczaj oznacza tu obszar o dużej przestępczości, zamieszkiwany przez Afroamerykanów. Drzwi otworzył nam zaspany, smutny facet. Judy zapoznała nas, a ja usłyszałam, że gość nazywa się Hui – John Hui. Nie wiedziałam jeszcze wtedy, jaka jest pisownia tego popularnego chińskiego nazwiska, lecz fonetycznie zabrzmiało mi dość znajomo. Nie było to co prawda sławne Bond – James Bond, ale moja wyobraźnia pracowała i usiłowałam nie dopuścić do ataku głupawki. W związku z tym unikałam kontaktu wzrokowego z nim, co było jedynym ratunkiem w takich sytuacjach. Zauważyłam jednak, że John również miał spuszczony wzrok, a kiedy odzywał się, patrzył zazwyczaj w podłogę zamiast w oczy rozmówcy. Nie trzeba być psychologiem, aby zrozumieć, że miał problem z komunikacją. Obejrzałam dom, zapoznałam się z kotami, a negocjacje finansowe wypadły bardzo pomyślnie.

Pomimo, że dom Huia przytłaczał bałaganem i dużym zaniedbaniem, byłam zadowolona z obrotu spraw i z mojego nowego pracodawcy. Pierwsze sprzątanie stało się dużym wyzwaniem i trwało sześć godzin. Chociaż jeszcze nie byłam w pełni usatysfakcjonowana, wszystko wyglądało już o wiele lepiej i przypominało mieszkanie, a nie magazyn. Była ze mną wtedy również Judy, która pomagała w organizowaniu biura Huia i jego dokumentów. Wszędzie leżało mnóstwo papierów, śrubek, narzędzi, skrzynek, pudełeczek i innych szpargałów. Pośrodku tego bałaganu znajdowało się kilka dużych, specjalnych poduszek, zabawek, piłeczek i misek z różnymi rodzajami kocich pokarmów. Zwierzaki były piękne. Jeden, mój ulubieniec – rudy, a drugi szaro – srebrny ze wspaniałymi zielonymi oczami. Miały puszystą i miłą w dotyku sierść, której ślady niestety obecne były w całym domu. Kanapy i fotele lepiły się od kocich włosów, a wykładzina podłogowa przypominała swoim wyglądem koci dywan. Trudno było mi uwierzyć, że można żyć w takich warunkach i miałam nawet mały moment zwątpienia, czy kontynuować tę pracę. Jedynym powodem, dla którego pozostałam u Huia, była matematyka. Zawsze brała górę we wszystkich emigracyjnych słabościach i rozterkach.

John był smutnym facetem, mocno zamkniętym w sobie i swoich problemach. Nie interesowało go, kiedy przychodzę do jego domu i w jakim celu. Zajmowały go tylko gry komputerowe. Potrafił zaraz po przebudzeniu, w piżamie, iść prosto do komputera i grać godzinami. Spożywał przy tym ogromne ilości cukierków, a papierki rozrzucał wszędzie. Jego pokój przeznaczony do pracy miał dwa stanowiska komputerowe. Znajdowała się tu także duża dwupoziomowa klatka, w której trzymał trzy szynszyle. Co tydzień ją czyściłam i zaprzyjaźniłam się ze zwierzakami. Bardzo łatwo nawiązywały kontakt, były sympatyczne i rozkoszne. Najbardziej lubiłam moment, kiedy brały kąpiel. Uwielbiały to i czekały zawsze niecierpliwie na odgłos odkręcanego pudełka z proszkiem przypominającym cement. Był to specjalny preparat służący do mycia szynszyli. Wsypywałam go do małej kuwety, a one od razu wchodziły i tarzały się w nim z ogromną radością. Całe były wtedy białe jak w mące i kichały w nieskończoność.

Hui nie dbał o nic. Zawsze mnie to dziwiło, gdyż prowadził trzy firmy i nie wyobrażałam sobie, jak mogą funkcjonować bez zaangażowania właściciela. Widocznie miał dobrych pracowników lub zastępców, którzy sprawowali pieczę nad wszystkim.

Zażywał bardzo duże ilości silnych lekarstw i antydepresantów, które odbierały mu trzeźwość umysłu. Lubił oglądać telewizor wielkości szafy. Sypialnia przypominała natomiast pomieszczenie po hucznej imprezie, a w łóżku można było znaleźć wszystko – od wibratora po kawałki czekolady czy owoców. Choć mieszkanie wyglądało jak jeden wielki koszmar, znajdowałam wiele sympatii dla niego. Był jak kosmita w trakcie adaptacji do życia na Ziemi. Nigdy nie odpowiadał na moje „*Hi! How are you today?*" i zawsze obiecywał, że naprawi zamek w drzwiach, który zacinał się i wiele razy z tego powodu nie mogłam wejść do domu. A dobudzenie Huia o dziewiątej rano graniczyło z cudem. Często więc po godzinnym, bezskutecznym waleniu w drzwi wracałam do siebie. I gdyby nie fakt, że Hui zawsze płacił z wyprzedzeniem, pewnie nieźle bym się na niego wkurzała. To był jedyny plus – płacił jak za żniwo i zawsze na czas. W jego domu pieniądze były wszędzie. Pozwijane w rulony zielone setki walały się po kątach, meblach i półkach, a koty niejeden raz zabawiały się, turlając je po podłodze.

Często kiedy wchodziłam do mieszkania, leżał na sofie nagi i mało przytomny od zażytych leków. Było mi go szkoda, lecz widok gołego Chińczyka leżącego w towarzystwie trzech kotów powodował u mnie także inne odruchy. Po pierwsze miałam chęć złapania za aparat i zrobienia niezłej sesji. Co prawda ptaszek w wydaniu Asian nie był doskonały i raczej wzbudzał instynkty matczyne niż kobiecy podziw, ale ciało i przybrane pozycje Huia zasługiwały na uwagę obiektywu. Najczęściej jednak przechodziłam bezszelestnie obok sofy i dopiero kiedy zaczynałam pracę w kuchni, potrafił się obudzić i szybko ulotnić. Za każdym razem zastanawiałam się, dlaczego nie okryje się, wiedząc, że zaraz przyjdzie kobieta do sprzątania domu.

Bez pomocy Judy, która była dla niego nie tylko pracownikiem, ale i przyjacielem, nie mógłby dobrze funkcjonować i prowadzić sprawnie firmy. Była jego ostoją i prawą ręką w interesach. W chwilach, kiedy składała jego ubrania w kostkę, a ja zbierałam porozrzucaną bieliznę, papierki, puszki i papierowe pojemniki po zamówionych posiłkach, ogarniało mnie przerażenie. Wokół niego krzątały się dwie kobiety – chińska i polska, a on – szef trzech dobrze prosperujących firm leżał nagi na sofie, z małą krewetką w zalążku, uwikłany w sieć samobójczych myśli i kompletnie niezdolny do funkcjonowania w życiu codziennym. Wiele razy chciało się kopnąć go porządnie i krzyknąć w twarz – rusz dupę i zacznij żyć! Ale depresja to paskudna dolegliwość i pełne zobojętnienie na bodźce zewnętrzne. Dlatego współczułam i robiłam swoje, mając wielką nadzieję, że przyjdzie taki dzień, kiedy Hui wróci do życia.

Kiedyś Judy zapytała mnie, czy nie chciałabym pracować również w firmie Huia. Umówiłam się wtedy na spotkanie, czyli tzw. *estimate* i wczesnym popołudniem przybyłam pod umówiony adres. Pomieszczenia nie były duże, przypominały małą fabrykę lub warsztat naprawczy. Ale wszędzie panował ogromny brud, jak to zazwyczaj bywa w miejscu, gdzie naprawia się wózki inwalidzkie. Nie rozumiałam za bardzo, co miałabym tam sprzątać i czy w ogóle jakiekolwiek czyszczenie przyniosłoby efekty. Gdy postanowiłam przejść do negocjowania ceny, Hui, przerywając wszelkie pertraktacje, rzucił kwotą, która nawet przez chwilę mi się nie śniła. W tym momencie wszelkie moje niechęci i wątpliwości zostały rozwiane i pozostało nam jedynie umówić się na konkretny dzień, w którym miałam zacząć.

Praca w firmie Huia była dla mnie całkiem nowym doświadczeniem. Sprzątałam w godzinach urzędowania i przyjmowania interesantów, czyli ludzi na wózkach inwalidzkich, którzy przyjeżdżali z licznymi problemami technicznymi. Do moich zadań należało czyszczenie biura, gdzie w oddzielonych cienką ścianką boksach siedzieli pracownicy. Oprócz tego dbałam o pokój socjalny, w którym spożywano lunch oraz o dwie duże toalety i mieszczące się na górze biuro Huia i Judy. Cała reszta, czyli magazyny i boksy naprawcze, nie wchodziła w zakres moich obowiązków. Umieszczone pod sufitem kamery nie były dla mnie zaskoczeniem ani nowością, gdyż w domach moich klientów znajdowały się również i przyzwyczaiłam się do oka *Big Brother*. Pracownicy Huia okazali się bardzo przyjaźni, zwłaszcza dwie młode Chinki, które wspierały mnie w pierwszym dniu pracy i proponowały zawsze kawę lub częstowały jakimś przysmakiem.

Bardzo lubiłam pracę u Huia, zarówno w domu, jak i w firmie. Nie tylko ze względów finansowych. Lubiłam jego koty, a kiedy sprzątałam w firmie, jego pracownicy byli dla mnie bardzo mili. Myślę, że chyba nawet nie miał wyobrażenia o tym, jak wspaniałych posiadał podwładnych. Hui rzadko przychodził do swojego biura, co powodowało trudności, gdyż przez pewne sprawy nie można było przebrnąć bez podpisu lub zgody szefa. Brakowało zastępcy, a zwykły pracownik biurowy nie mógł tego zrobić. Któregoś dnia, gdy Judy chciała porozmawiać o potrzebach zakładu i poprosiła go o większą uwagę nad zadaniami i zobowiązaniami ciążącymi nad firmą, Hui ją zwolnił. Zrobił to z dnia na dzień. To był przełomowy moment w firmie i duży szok dla pracowników. Bez mrugnięcia okiem zwolnił swoją długoletnią przyjaciółkę i prawą rękę.

Potem nic już nie było takie samo. Kiedy Hui w ogóle przestał przychodzić do pracy, problemy zaczęły się piętrzyć. Oburzeni i zdegustowani długim oczekiwaniem na naprawę wózków klienci coraz częściej dzwonili z roszczeniami. Pracujące tam dziewczyny dwoiły się i troiły. Raz nawet widziałam, jak jedna z nich płakała z bezsilności i braku nowych argumentów na usprawiedliwianie się przed klientami. Nad firmą Huia zawisły potężne czarne chmury. Przychodziłam i czyściłam brudne kąty, wspominając mile Judy. Pracownicy wiedzieli, że raz w tygodniu sprzątam również jego dom, więc zaczęli dopytywać mnie o niego. Nie mogłam nic pomóc i nie czułam się zobligowana do udzielania im informacji, ale widząc ich poruszenie oraz duży niepokój, poinformowałam jedynie, że przebywa w domu i nic złego się z nim nie dzieje. Próbowali na wiele sposobów skontaktować się z nim, lecz bezskutecznie. Na żadną wysłaną wiadomość ani pozostawione nagranie z prośbą o kontakt nigdy nie odpowiedział. W końcu nadszedł dzień, gdy wszyscy postanowili pojechać do domu Huia. Nie otworzył im.

Kiedy przyszedł czas Covid-19, moja kariera sprzątacza w apartamentach i firmie Huia dobiegła końca. Pierwszy potężny lockdown przyczynił się także do zamknięcia jego biznesu. I wtedy pozytywnie mnie zaskoczył. W trakcie głębokiej pandemii, kiedy ludzie tracili pracę, on płacił mi przez kolejne pół roku. Regularnie dostawałam od niego pieniądze, o czym informował mnie mój bank. Hui pozostał w mojej pamięci, budząc różne skrajne emocje – od śmiechu do smutku i poirytowania, zwłaszcza obojętnością na otaczający go świat. Skazał swoich pracowników i dobrze prosperującą firmę na porażkę. Zwolnił z dnia na dzień swoją wieloletnią, oddaną mu przyjaciółkę. Nie dbał o koty, szynszyle ani dom. Brał leki, spał, jadł i grał, ale kiedy wirus zatrzymał świat, poinformował mnie, że będzie mi płacił, ponieważ wymaga tego trudna sytuacja. Dotrzymał słowa i dopiero po pół roku pieniądze przestały do mnie przychodzić. Pomimo wielu wysłanych zapytań o jego zdrowie i propozycji pomocy nigdy nie odpowiedział. Często myślę o nim, czy żyje i co robi. Wciąż mam klucz do jego domu, przy którym dynda malutki kotek z chińskimi napisami.

ERA UBERA

Zaraz na początku mojej emigracji, kiedy wyprowadziłam się od Neila na Walnut Street, gdzie mieszkałam z Jezusem-Judaszem, rozpoczęła się dla mnie era Ubera. Zaczęłam coraz częściej korzystać z tych usług, co pozwalało mi zaoszczędzić czas na przemieszczanie się pomiędzy klientami lub szybsze powroty do domu. Poza tym pracowałam w Berkeley oraz Oakland i nie zawsze wszędzie mogłam dotrzeć autobusem lub pieszo. Zazwyczaj były to strefy *hills,* czyli położone dość wysoko, gdzie publiczny transport nie obowiązywał. W związku z tym Uber stawał się niejednokrotnie jedynym ratunkiem, aby móc dotrzeć do domów wszystkich klientów. Niskie ceny za przejazdy nie nadwerężały mojej kieszeni. Początkowo miałam lekki stres, bo kierowcy byli zazwyczaj rozgadani, a mój angielski wzbudzał wciąż wiele wątpliwości. Niemniej jednak kiedy udało się nawiązać konwersację w czasie podróży, kierowców zawsze zachwycała moja angielszczyzna – koślawa i niezdarna. Zapewne byli po prostu mili albo też sobie radziłam. Z czasem oczywiście wyglądało to coraz lepiej i obecnie nie mam żadnych oporów przed rozmową po angielsku, gdziekolwiek jestem.

Będąc stałym klientem Ubera, stawałam się świadkiem wielu komicznych, chociaż trudnych i niekiedy zatrważających sytuacji. Pierwsze takie zdarzenie pozostało na długo w mojej pamięci. Czasami myślę, że był to kolejny chujowy dzień w moim amerykańskim życiu. Bo właśnie w Stanach miałam najwięcej do czynienia z penisami. Począwszy od Neila, który przywitał mnie bez majtek, poprzez gołego prezesa Huia leżącego na sofie, po kierowcę Ubera, który tego dnia prowadził samochód jedną ręką. Nie byłoby w tym nic dziwnego, gdyby nie trzymał kierownicy jedną dłonią podczas całej trzydziestominutowej drogi z Alameda do Berkeley. Był postawnym ciemnoskórym mężczyzną, namiętnie słuchającym tego poranka mojego ulubionego *smooth jazz*. Wydawało się, że to kolejna spokojna podróż do pracy, chociaż poprzedzona dziwnym zdarzeniem, w którym na uwagę wysuwał się znowu penis. Ale nie! Czekając na taksówkę, zauważyłam że kilka metrów ode mnie zatrzymuje się auto, z którego wysiada ciemnoskóry facet i od strony chodnika centralnie przede mną rozpina rozporek i zaczyna sikać! Kiedy zauważył mnie, zawołał: – *I am sorry Ma'am! God bless you! Have a nice day!* Nie miałam innego wyjścia niż popatrzeć w jego stronę i zrewanżować się podobnie miłymi słowami. Jednak nie wytrzymałam i dopadł mnie atak głupawki. Sikający facet dołączył do mnie i zaczęliśmy się głośno śmiać. Potem wsiadł do auta stojącego na awaryjnych światłach i, dając dwa razy po klaksonie, odjechał w siną dal. Nawet pisząc to, śmieję się w głos.

Za chwilę podjechał wyczekiwany przeze mnie Uber. Po scenie sprzed paru minut wsiadłam w bardzo dobrym nastroju. I wtedy kierowca zwrócił moją uwagę prowadzeniem auta jedną ręką. Obserwując go, postanowiłam dociec, gdzie znajduje się druga. Najpierw nie za bardzo rozumiałam to, co widzę. Myślałam, że może ma jakąś kontuzję i musi sobie pomóc, wykorzystując urządzenie do masażu. Po chwili wszystko było jasne. Pomiędzy nogami miał długi, biały wibrator, podłączony do ładowarki samochodowej, którego pracę dość mocno było słychać. Nagrałam nawet krótki filmik z myślą, że zgłoszę to do firmy, bo pomimo śmiechu odczułam to zdarzenie jako niesmaczne. Kiedy dojechałam do pracy, z ogromną ulgą opuściłam auto. Kierowca okazał się miłym człowiekiem i życzył mi dobrego dnia, nie ściągając jednak dłoni z pracującego cały czas wibratora. Nie zgłosiłam zdarzenia. Takie zachowanie wywołałoby ogromną aferę seksistowską i byłabym wzywana na rozprawy sądowe. Myślałam o tym cały dzień i snułam domniemania. Może miał ból w łydce lub w pachwinie, albo po prostu w dupie? Kto to wie? Krzywdy mi nie zrobił i dowiózł na czas, a wibrator jest tu urządzeniem całkowicie normalnym. Sprzątając domy klientów, wiele razy spotykałam erotyczne gadżety. W różnych kolorach i różnych wielkości, w zależności od upodobań. Leżały na szafkach nocnych lub były podłączone do ładowarek. Zdarzały się też zakurzone wibratory, co wskazywało na ich długie nieużywanie. No cóż, ogień każdej nocy mają ponoć tylko strażacy. Czasami, wycierając szafkę z kurzu, chowałam je do szuflady. Zdarzały się potem smsy od klientów z zapytaniem, gdzie położyłam wibrator. Pierwszy raz byłam oburzona, lecz z czasem przywykłam i odpisywałam, że odłożyłam tu i tu.

Kiedyś, gdy jechałam Uberem, usłyszałam kobiecy głos lektora w GPS telefonu kierowcy. Dialogi, które prowadziła z kierowcą, były na tyle zabawne, że nie potrafiłam opanować śmiechu. Ale były momenty, że się wręcz kłócili. GPS powiedział: *„Jeśli potrafisz, skręć teraz w prawo”*, a kierowca na to: *„Nie! Pojadę dalej prosto i skręcę dopiero za kilka minut”*. GPS skwitował: *„Jak zawsze jesteś uparty”*. Myślałam, że może to jakaś nowa aplikacja. Zapytałam kierowcę, który odpowiedział mi ze smutkiem, że to głos jego byłej dziewczyny. Pomyślałam, że cierpi i wciąż kocha tę kobietę. Zabawne, jak wiele różnych historii krąży wokół nas, a my tylko mijamy się w codzienności, podążając gdzieś w swoich sprawach.

Historii z Uberem było wiele i różnych. Zawsze stanowiły część minionego dnia i często też doprowadzały do złości i frustracji. Albo nie przyjeżdżali na czas, albo zmieniał się kierowca lub po prostu nagle rezygnował z określonego przeze mnie kierunku. Bywało też, że napaleni marihuaną szoferzy bełkotali coś pod nosem i mieli problem z orientacją w terenie. Wtedy najczęściej zgłaszałam to i wypełniałam online specjalną ankietę, opisując dokładnie sytuację. Kiedyś, czekając na Ubera, zwróciłam uwagę, że kierowca krąży wokół miejsca, w którym stałam. Kiedy zadzwoniłam, okazało się, że kobieta splątana w mowie, po dragach lub joincie, nie mogła odnaleźć wskazanego adresu. Głośno krzyczała, nazywając mnie swoją matką i zrobiła mi awanturę z jakiegoś nieokreślonego powodu. W takich sytuacjach odwoływałam kurs i zamawiałam kolejny. Nie zawsze to współgrało z moim harmonogramem dnia i powodowało wiele niedogodności.

Takie sytuacje nie zdarzały się jednak codziennie. Kierowcy zazwyczaj byli mili i zależało im na dobrych opiniach, za które dostawali punkty, przeliczane potem na benefity. Kilka razy zaskoczyli mnie, gdy po wejściu do auta usłyszałam specyficznie akcentowane polskie „Cześć! Jak się masz!". Robiłam duże oczy, a kierowca, jak się okazywało później, miał polskie korzenie lub przebywał dłuższy czas w Polsce. Pytali o polską demokrację i sytuację w kraju. Również pokracznie i śmiesznie wymawiali „Solidarność" oraz łamali języki na nazwisku Wałęsa. Wiedzieli dokładnie, kim był i czym się zasłużył dla kraju. To było miłe. Często także, słysząc mój akcent, pytali, czy jestem z Rosji. Tego nie lubiłam. Uświadamiali mi, jak bardzo blisko kojarzą nas z naszymi wschodnimi sąsiadami.

Codzienne korzystanie z Ubera pozwoliło mi na obserwację wielu zachowań, sytuacji i pomogło odnaleźć się w nich. Każdego kierowcę traktowałam jako nowo spotkanego człowieka na mojej amerykańskiej drodze, każdy miał jakąś historię. Nerwowi lub wyciszeni, śpiewający i gwiżdżący oraz żujący gumę. Bywałam świadkiem ich prywatnych rozmów z bliskimi. Wisiorki na lusterkach wskazywały na ich przynależności religijne, a czasem były to po prostu drzewka zapachowe, przyprawiające niekiedy o zawrót głowy lub mdłości. Muzyka, której słuchali, odzwierciedlała ich upodobania lub nastrój, w jakim obudzili się tego dnia. Wnętrza aut były czyste lub bardzo brudne. Nie każdy kierowca dbał o wygląd pomimo wymagań, jakie narzucał regulamin Ubera. Dla mnie była to niekończąca się i nieprzewidywalna historia. Nie wiedziałam, co mnie spotka danego dnia i kto po mnie przyjedzie. Zazwyczaj już po powitaniu: *Hi! How are you today?,* można było wyczuć, z kim się ma do czynienia. Czasem ich *body language* nie był miły. Taka to era Ubera.

PIERWSZE AMERYKAŃSKIE WAKACJE

Moje pierwsze amerykańskie wakacje zaplanowałam dopiero po czterech latach pobytu w Kalifornii. Po przeprowadzce z Berkeley byłam bardzo zmęczona. Życie z Judaszem i Jezusem wykończyło mnie, zwłaszcza w ostatnich kilku tygodniach przed wyprowadzką. Kiedy więc wreszcie zorganizowałam się na Alameda, gdzie mieszkałam z bratanicą i jej chłopakiem, postanowiłam wyjechać na krótki urlop, by oderwać się od codzienności. Plan wypoczynku przygotowałam z Iwonką, z którą byłam w Los Angeles na wystawie Lijona. Moja koleżanka słynęła z dobrej organizacji i uwielbiała wypady, miała poza tym dobrego jeepa i była niezłym kierowcą. Zakreśliłyśmy więc punkty na mapie, do których chciałybyśmy dotrzeć w ciągu siedmiu urlopowych dni. Zarezerwowałyśmy również hotele i opracowałyśmy harmonogram podróży.

Wyruszyłyśmy o świcie w kierunku Las Vegas – Miasta Grzechu pełnego radości, zabawy i świateł, chcąc zobaczyć to, czego wcześniej nie widziałyśmy. To idealne miejsce startu w kierunku parków narodowych Ameryki, położonych na terenie stanów Nevada, Arizona i Utah. Byłam zadowolona i cieszyłam się chwilą, choć żałowałam, że nie jestem tu z Lijonem i nie celebruję tego czasu wspólnie z nim. Nie zawsze jednak ma się to, co się chce mieć.

Zanim jednak dojechałyśmy na pustynne Vegas, zatrzymałyśmy się w Dolinie Śmierci, będącej częścią pustyni Mojave i jednym z najgorętszych miejsc na świecie. Po wyjściu z auta czułam, jak ziemia gotuje się pod moimi stopami – temperatura powietrza wynosiła około 45 stopni Celsjusza. Wiedziałyśmy, z czym mamy do czynienia, więc zamknęłyśmy okna w aucie, aby włączyć na full klimatyzację. Nazwa Doliny Śmierci nie jest przypadkowa, bo właśnie tak ona wygląda.

Zmęczone upałem i wystraszone zbliżającym się końcem zapasów wody, późnym popołudniem opuściłyśmy ją i wyruszyłyśmy w kierunku Las Vegas, gdzie miałyśmy zaplanowany pierwszy nocleg. Mimo że na parking hotelowy dotarłyśmy około dwudziestej drugiej, temperatura powietrza wynosiła 39 Celsjusza. Hotel był skromny, ale mieścił się w samym centrum, przy *The Strip*, bulwarze z kasynami. Zaraz po odświeżeniu się i wypiciu kilku litrów lodowatej wody wyruszyłyśmy w miasto. Las Vegas nie bez powodu nazywane jest Miastem Grzechu. Spacerując tu ulicami, z łatwością można zauważyć brak jakichkolwiek zakazów. Drinki sprzedawane są na każdym rogu przy małych, oświetlonych i kolorowych ulicznych ladach, a zamiast wytwornego szkła można je spożyć w zwykłych plastikowych pucharkach, szklankach czy innych dziwnych, kolorowych pojemnikach. Również nie obowiązuje tu zakaz palenia. Można palić w każdym dowolnym miejscu, na ulicach i nawet w znajdujących się wszędzie kasynach. Chcąc zarejestrować się w hotelowej recepcji, trzeba przejść przez kasyno, w myśl, że może po drodze przyjdzie chęć zagrania lub pociągnięcia wajchą i zostania milionerem lub właścicielem pustego portfela. Duże, oświetlone, kolorowe maszyny do gier przyciągają muzyką i zachęcają dźwiękiem sypiących się monet.

Podczas spaceru główną ulicą, pomimo późnej pory poczułyśmy ogromną chęć na kawę. Sącząc dobrze zaparzoną włoską caffè latte i wbijając smakowite cannoli, postanowiłyśmy wjechać na wieżę *Stratosphere*. Na szczycie znajdował się mini park rozrywki, a widok Las Vegas nocą zapierał dech. Zjechać można było windą lub, za dodatkową opłatą, podczepić się do liny i skoczyć. Odważnych i chętnych na ten pomysł nie brakowało i nawet ustawiła się mała kolejka. Przechadzając się główną ulicą Fremont Street, trudno było nie zwrócić uwagi na tysiące telebimów i świateł. Robiło to duże wrażenie, lecz ogłupiało bardziej niż dobiegająca zewsząd muzyka i otaczający nas kicz. Tutaj znajdowały się również wszystkie luksusowe kasyna. Pomimo zmęczenia chciałyśmy do każdego wejść i wrzucić monetę. Powtarzałyśmy w kółko naszą mantrę dnia – raz się żyje! Było przy tym dużo śmiechu, zabawy, a także przegranych pieniędzy.

W Las Vegas można zobaczyć Paryż i Wieżę Eiffla, Nowy Jork i Manhattan nocą. Można podziwiać Wenecję i skorzystać z przejażdżki gondolierą. Przy hotelu *Bellagio* odbywał się słynny pokaz fontann, a przy *The Mirage* – ognia i wody. Weszłyśmy także do kilku luksusowych hoteli, gdzie oprócz pięknych dekoracji można było trafić na bardzo dobre wystawy znanych światowych artystów.

Wróciłyśmy bardzo zmęczone. Była trzecia nad ranem, ale nie robiłam sobie wyrzutów sumienia, gdyż będąc w Las Vegas trudno iść spać o przyzwoitej porze. Tym bardziej, jeśli się jest tu wyłącznie przejazdem. Uliczny gwar nigdy niezasypiającego miasta może przyprawić o zawrót głowy i zatracenie się w klimacie luksusu, wina i chaosu. Tutaj przyjeżdża się głównie po to, aby zabawić się, zagrać czy ewentualnie wziąć ślub, którego udzieli Elvis lub inny przebieraniec. Jest też opcja ślubu typu *drive thru* dla osób, które nie lubią opuszczać swojego auta. Będąc w światowej stolicy hazardu najlepiej przeznaczyć na atrakcje dwie doby, a potem czym prędzej uciekać stamtąd, aby odpocząć.

Zapora Hoovera

Nazajutrz wczesnym rankiem wyruszyłyśmy w dalszą trasę w kierunku Zapory Hoovera położonej na granicy stanów Nevada i Arizona. Zbliżając się do celu, musiałyśmy zatrzymać się przy punkcie kontrolnym. W takich momentach wymagane jest, aby okna samochodu były otwarte. Miły człowiek popatrzył mi w oczy, dyskretnie rzucił okiem na wnętrze auta i z szerokim uśmiechem poprosił, aby jechać dalej. Trzeba wspomnieć, że *Hoover Dam* to strategiczne miejsce dla Amerykanów i łatwo można dostrzec tu funkcjonariuszy *Homeland Security*, czyli amerykańskiego departamentu bezpieczeństwa wewnętrznego. Zapora Hoovera jest potężna i choć na świecie są większe i bardziej spektakularne, ta jest najsłynniejsza ze wszystkich. Rocznie odwiedza ją siedem milionów turystów.

Było bardzo gorąco – około 46 stopni Celsjusza. Po zaparkowaniu auta poczułam lekkie drżenie rąk i dziwne roztrzęsienie w klatce piersiowej. Nie jestem wrażliwa na wysokie temperatury i nigdy nie sprawiało mi to większych problemów, ale wtedy, na zaporze poczułam się dziwnie i źle. Mając ze sobą specjalny termos, który długie godziny utrzymuje niską temperaturę wody, zaczęłam szybko pić, aby schłodzić krew. Po kilku minutach wszystko wróciło do normy i wreszcie mogłam się skupić na tym, co mnie otaczało. Nie mogłam przestać robić zdjęć. Miejsce to jest tak spektakularne, że cały czas chce się krzyczeć: Wow! Przypomniała mi się scena z filmu *San Andreas,* kiedy zaczęło się trzęsienie ziemi i Zapora Hoovera została zniszczona. Nawet zauważyłam specyficzne słupki w betonowej drodze, które na filmie automatycznie po odnotowaniu wstrząsów zaczęły się wysuwać na powierzchnię ulicy. Przeszedł mnie dreszcz i postanowiłam wycofać się z tego miejsca.

Po dotarciu do *Visitor Center* zauważyłam postawioną pod ścianą ogromną, chłodzącą dmuchawę. Stała koło niej młoda dziewczyna, która blada jak papierek lakmusowy klęczała z głową w dół i próbowała dojść do siebie, opanowując lekkie omdlenie. Podczas spaceru po zaporze można było zauważyć granice stanów – Nevady i Arizony oraz dwa stojące zegary, które pokazywały obowiązujący w nich czas. Nasza wizyta przypadła na sierpień, gdy wskazywały tę samą godzinę. Jednak w okresie zimowym różnica wynosi jedną godzinę, gdyż stan

Arizona jako jedyny w Ameryce nie zmienia czasu w ciągu roku. Tego dnia miałyśmy także okazję zwiedzić zaporę wewnątrz i zobaczyć obszerny film o historii i budowie tamy. Skorzystałyśmy tym chętniej, że w małym klimatyzowanym kinie można było chwilę odpocząć i schłodzić rozgrzane ciała. Później, już ostatkiem sił, pojechałyśmy na mieszczący się w pobliżu most Memorial Bridge, z którego rozpościera się najpiękniejszy widok na Zaporę Hoovera. Byłam szczęśliwa, że miałam okazję zobaczyć miejsce ukształtowane przez naturę i zbudowane ręką człowieka, nazywane także betonowym cudem.

Wielki Kanion

Na kolejny dzień naszej podróży czekałam całe życie. W dzieciństwie symbolem Ameryki nie był dla mnie New York, ani napis *Hollywood* w Los Angeles, ani nawet mój ukochany Golden Gate Bridge w San Francisco. Był nim Wielki Kanion. Może dlatego, że w sobotnie wieczory oglądałam dużo westernów i obraz Dzikiego Zachodu pozostał na zawsze w mojej pamięci?

Grand Canyon uznawany jest za najpotężniejszy i najbardziej inspirujący krajobraz. Zachwyca ludzkie oko, a dla geologów wciąż stanowi teren badawczy. Fotografują go nie tylko amatorzy, ale również zawodowcy. Nieważne, co się słyszało o tym miejscu, ile widziało filmów i zdjęć – widok tego olbrzyma robi piorunujące wrażenie.

Po skromnym śniadaniu hotelowym i dużej ilości porannej kawy wyruszyłyśmy w drogę. Słońce zaczynało powoli wychodzić zza chmur, zwiastując piękny dzień. Kiedy przejechałyśmy granicę z Arizoną i zatrzymałyśmy się, aby zatankować w miasteczku

Page, poczułam wolność, ekscytację i nie mogłam się doczekać upragnionego widoku. Iwonka, która była już w *Grand Canyon*, nie zdradzała czekających na mnie emocji. Powiedziała tylko, że „będzie ogromny czad". Wjazd do parku kosztował 30 dolarów, bilet ważny był przez siedem dni. Dostałyśmy mapkę i broszurę informacyjną. Takie zasady obowiązują w każdym wjeździe do każdego parku na terenie Ameryki. Po zaparkowaniu przy *Visitors Center* udałyśmy się w kierunku *Mather Point*. To było to! Mój oddech szybko się spłycił, a źrenice zapewne mocno zwęziły. Zdałam sobie sprawę, że wreszcie tu jestem i poczułam miłość od pierwszego wejrzenia! Chwytałam kilka razy za aparat, a chwilę potem stałam osłupiała i tylko patrzyłam. Chciałam napawać się widokiem, aby potem jak najszybciej otrzeźwieć i zrobić sesję zdjęć.

Punkty widokowe w *Grand Canyon* były mocno wysunięte do przodu i nie mogłam bez strachu podejść do zabezpieczających je ogrodzeń. Powodem był lęk wysokości, z którym zmagam się od kilkunastu lat. Pierwszy raz doznałam tego niefajnego uczucia, wjeżdżając na szczyt Szrenica w Karkonoszach. Ówczesna kolejka linowa zatrzymała się wtedy akurat w najwyższym punkcie podjazdu pod górę i przez kilka dobrych chwil wiatr bujał mną we wszystkie strony.

Poczułam ogromny lęk i miałam wrażenie, że wszystko wokół mnie wiruje. Zamknęłam oczy i, modląc się, czekałam na moment, w którym ruszymy. Po dotarciu na szczyt, kiedy oderwałam mokre z nerwów dłonie od rurek siedzenia, miałam przyklejoną do skóry farbę olejną. Od tamtej chwili odczuwam mocny dyskomfort na wysokościach i dużych przestrzeniach.

Po lekkim ostudzeniu emocji postanowiłyśmy wybrać się na spacer. Był to wreszcie dobry czas na zrobienie zdjęć – popołudniem jest najlepsze światło do uchwycenia ponurego w dole kanionu. Zauważyłyśmy po drodze wiele niezabezpieczonych miejsc, na których przebywali ludzie. Bez odrobiny wyobraźni i zdrowego rozsądku podchodzili do krawędzi skał, wygłupiając się przy tym. Kiedy dotarłyśmy do najbardziej wysuniętej skały, stanęłam z dużym zapasem za krawędzią. Widok ponownie mnie zachwycił i zaparł dech. Zdałam sobie sprawę, że jestem tu naprawdę. Siedząc za biurkiem urzędowym, wiele razy marzyłam o wycieczce do *Grand Canyon* i Utah, aby zobaczyć *Monument Valley*. Jedno z tych marzeń spełniło się tego dnia. Byłam zachwycona i wdzięczna losowi.

Długo siedziałyśmy na skałach i patrzyłyśmy przed siebie, czując się otumanione pięknym widokiem. Obserwowałam ludzi i wielu z nich również miało błędny wzrok, jak po zażyciu *drugs*. W *Grand*

Canyon można wpatrywać się godzinami i pewnie całymi dniami. Każdy z punktów widokowych oferuje nieco inną panoramę. Tego dnia sprzyjało nam szczęście, bo załapałyśmy się na przepiękny zachód słońca, który zapamiętam do końca życia. Wschodnia część skał oświetlona była czerwonym światłem, a pośrodku kanionu zaczął padać deszcz. Zachód słońca mienił się wszystkimi kolorami tęczy od żółtego przez pomarańczowy, czerwony, fioletowy aż do niebieskiego. Stałam jak zahipnotyzowana. Robiłyśmy szybko zdjęcia, aby zdążyć uchwycić zachodzące słońce. W drodze powrotnej cały czas rozmawiałyśmy o tym zjawiskowym miejscu. Wróciłyśmy zmęczone, oszołomione oraz głodne. Po kolacji wypiłyśmy piwko i po chłodnym prysznicu poszłyśmy spać. To był kolejny piękny dzień wakacji. Widziałam spektakularny *Grand Canyon*. Spełniło się moje marzenie!

WIELKI KANION

Fot. Iwona G.

Horseshoe Bend

Nazajutrz skierowałyśmy się w stronę granicy z Utah. Tego dnia w planie był *Monumental Valley*, czyli moje kolejne wielkie marzenie. Będąc dzieckiem obiecywałam sobie, że przyjdzie dzień, w którym stanę na drodze, gdzie Forrest Gump zakończył swój słynny bieg przez całą Amerykę. Zanim jednak to nastąpiło, po drodze czekała nas nietuzinkowa atrakcja – *Horseshoe Bend*, czyli pozwijany meander rzeki Kolorado, który wyglądem przypomina podkowę. Od parkingu do urwiska było zaledwie kilka minut szybkiego spaceru i nic nie zapowiadało tego, co czekało nas na końcu szlaku.

Panował duży upał, a w powietrzu unosił się kurz. Mimo to podążałyśmy wytyczonym szlakiem. Przemknęło mi przez głowę, czy faktycznie warto było poświęcić temu czas, szczególnie po tak spektakularnym widowisku przy *Grand Canyon*. Myślami byłam już w *Monumental Valley*. Ale w chwili kiedy doszłyśmy nad urwisko i, trzymając się kurczowo ręki Iwony, spojrzałam w dół przepaści, wyrwało mi się: O, kurwa, ja pierdolę! Trudno dochować tu elegancji wypowiedzi, aby móc oddać prawdziwy klimat zaskoczenia, jaki przeżyłyśmy, stojąc tuż nad krawędzią. To był prawdziwy szok. Majestat tego miejsca powalał, a wrażenie było podobne lub takie samo, jak przy Wielkim Kanonie. Można tu siedzieć i pstrykać zdjęcie za zdjęciem. Legendarny skręt rzeki Kolorado zatopiony w skałach wyglądał pięknie. To jeszcze jeden dowód na to, że warto rozpalać w sobie ciekawość świata i pozwalać się zaskakiwać. Powinnam robić to częściej.

HORSESHOE BEND

Fot. Iwona G.

Dolina Monumentów

W następnym dniu czekało mnie ogromne wydarzenie. Wreszcie dotarłyśmy do miejsca, o którym też marzyłam właściwie od dzieciństwa – słynnej Doliny Monumentów. Kiedy ją zobaczyłam, poczułam się przytłoczona jej pięknem i wielkością. Wzruszyłam się wtedy i płakałam. Przede mną rozciągał się po horyzont obszar czerwonych formacji skalnych, a przejeżdżające w dole auta były jak malutkie, poruszające się pudełeczka. Panująca wszędzie głęboka cisza dawała wrażenie, jakbym była w zamkniętej pod kopułą przestrzeni i tylko głos przelatujących czasami sępów udowadniał, że to wszystko wokół to prawdziwa piękna natura i Ziemia Indian *Navajo*. *Monument Valley* nie jest zwykłym parkiem. To rezerwat Indian *Navajo* i jednocześnie święte miejsce, w którym rodziny indiańskie mieszkają od pokoleń. Ich kultura i obyczaje są interesujące i tajemnicze.

Postanowiłyśmy zrobić sobie przejażdżkę wzdłuż *Navajo Loop,* 17-milowego odcinka nieutwardzonej, pokrytej czerwonym pyłem, wyboistej drogi, która ciągnie się przez centrum doliny wzdłuż gigantycznych monolitów i formacji skalnych. Początkowo droga wydała się mało przyjazna dla naszego auta, ale przy pomocy napędu na cztery koła dałyśmy radę. Jednak Indianie rekomendują, aby przejazd doliną odbywał się tylko samochodami posiadającymi wyższe zawieszenie. Na trasie widziałyśmy przeróżnej klasy auta, które zmagały się z nierówną nawierzchnią. Wszystko po horyzont pokryte było czerwonym pyłem i po przekroczeniu kolejnej „czerwonej bramy" ukazały się wreszcie piękne olbrzymy wyrastające z Doliny Monumentów. Widziałyśmy je z punktu widokowego koło *Visitors Center*, skąd wyruszyłyśmy, ale będąc w dole i bliżej, zdałyśmy sobie sprawę z gabarytów tych formacji. W kilku miejscach łatwo można było zauważyć powiewającą flagę plemienia *Navajo*. Często gasiłyśmy pragnienie, nie martwiąc się kompletnie o siusianie, gdyż panowała wysoka temperatura i było bardzo sucho, co ładnie bilansowało się z wypitymi hektolitrami wody. Po kilkunastominutowej podróży po wertepach dotarłyśmy do najbardziej fotografowanego miejsca w całej dolinie – *John Ford's Point*. Można było tutaj za niewielką opłatą zrobić sobie kultowe zdjęcie na indiańskim rumaku z widokiem na najbardziej znane formacje skalne. To była piękna i magiczna wycieczka.

Utah powaliła mnie i wzdycham do niej po dzień dzisiejszy. Czerwona i gorąca ziemia Indian *Navajo* nasycona jest tajemniczą energią, a duchy przodków wciąż wyczuwa się w powietrzu. Wiele czytałam na ten temat przed naszym wyjazdem, chcąc chociaż trochę zrozumieć ich kulturę i mądrość.

Navajo ciężko pracują i żyją jedynie ze sprzedaży wykonanych przez siebie przeróżnych rękodzieł. Są bardzo przyjaźni dla turystów, chociaż nieco wycofani z kontaktów. Często miałam wrażenie, jakby byli przygnębieni lub przytłoczeni swoim losem. Nic dziwnego. Są inni niż Amerykanie, którzy od razu chętnie nawiązują kontakty, zadając przy tym mnóstwo pytań i uśmiechając się. *Navajo* wcielają natomiast w życie pewne mądrości i kierują się nimi. Jedna z nich utkwiła mi w pamięci i bardzo przypadła do gustu: „Szczęście, zdrowie, uroda życia i to czy jesteś zadowolony z tego, co masz czy nie, zależy wyłącznie od tego, jak konsekwentnie, wytrwale i pracowicie wcielasz w swoje życie to, o czym wiesz, że w teorii jest dla ciebie mądre i dobre".

Wreszcie przyszedł czas na moje wymarzone miejsce, wręcz kultowe. Późnym popołudniem, kiedy skąpana w popołudniowym słońcu Dolina Monumentów chyliła się ku zachodowi słońca, wyruszyłyśmy w stronę *Forrest Gump Point*. Po kilku minutach jazdy ukazał się widok znany każdemu miłośnikowi podróży. Krzyknęłam: – Jesteśmy! Wyglądało to, jakby ktoś rozwinął przede mną ogromnej wielkości okładkę magazynu *„National Geographic"*. Zatrzymałyśmy się. Wokół panowała głucha cisza. Zobaczyłam cienką nitkę *US-163 Scenic Drive,* która ciągnęła się przede mną i znikała dopiero w wynurzających się zza horyzontu skałach *Monument Valley.* Byłam już pewna, że stoję przy punkcie widokowym *Forrest Gump Point.* Ponownie poczułam wzruszenie, ponieważ uświadomiłam sobie, że spełniło się moje następne marzenie.

FORREST GUMP POINT

Fot. Iwona G.

DOLINA MONUMENTÓW

Fot. Iwona G.

Kanion Antylopy

Będę się powtarzać, ale jest to jedno z najpiękniejszych miejsc w USA, które także miałam okazję zobaczyć. Niemożliwe i niesamowite do wyobrażenia kształty i kolory wyrzeźbione przez naturę w piaskowych ścianach kanionu. Miejsce to przyciąga rocznie tysiące turystów, wśród których większość stanowią zawodowi fotografowie. Ustawiają statywy i wyczekują godziny, w której wpadające promienie słońca i gra świateł spowodują najbardziej spektakularne widowisko wewnątrz kanionu. Słynne „słupy świetlne" Kanionu Antylopy stały się legendą w świecie fotografii i można je często podziwiać w publikacjach *„National Geographic"* i innych. Rezerwację zrobiłyśmy trzy tygodnie wcześniej, gdyż *Antelope Canyon* to łakomy kąsek nie tylko dla miłośników fotografii, ale i turystów z całego świata. Bilety wyprzedają się jak ciepłe bułeczki.

Do celu dojechałyśmy koło południa przy temperaturze 38 stopni Celsjusza. Na parkingu było już ciasno, a wokoło jak na pustyni – tylko gorący wiatr i piasek. W zadaszonych wiatach czekało się na specjalne auta, przypominające wyglądem małe busy bez dachów, które przewoziły turystów do celu. Każda grupa w aucie miała swojego przewodnika, który po dotarciu na miejsce oprowadzał po kanionie. Byli to Indianie, bardzo sympatyczni, z dużą wiedzą na temat okolicy. Dbali o to, by turyści dobrze zapamiętali to miejsce, w którym rządziła prostota i minimalna ingerencja w to, co stworzyła matka natura.

Kiedy nadszedł nasz czas, zauważyłyśmy wyłaniające się zza wydm dwa potężne chevrolety, które z rykiem podrasowanych silników przerwały panującą ciszę. Kołysząc się na boki i zapadając co kilka minut w głęboki piach, w tumanach czerwonego kurzu zaparkowały przed naszymi nosami. Iwonce wyrwało się: – O ja cię pierniczę! Popatrzyła na mnie i obie ryknęłyśmy śmiechem. Nie znam się na autach, ale na mój gust nadwozia tych indiańskich „rumaków" zostały tak zmodyfikowane, aby każdy z nich zabrał na pokład około dziesięć osób. W miejscu naczepy zainstalowano dwa rzędy ławek. Kabina kierowcy była oddzielona ażurową blachą, a na „pokład" wchodziło się metalową drabinką. Cały ten indiański wehikuł przykryty był brezentowym dachem, który chronił nas przed gorącym słońcem Arizony.

Przewodnik poprosił, aby zasłonić twarz i oczy.

Miał donośny głos i na pierwszy rzut oka wyglądał surowo. To były tylko pozory. Poinformował, aby mocno trzymać się uchwytów i poręczy zamontowanych w samochodzie. Uprzedził nas, że od czasu do czasu będzie rzucało, a osoby mające aparaty fotograficzne powinny osłonić je i zabezpieczyć przed pyłem i kurzem. Zrobiłyśmy, o co prosił. Potem kierowca stanął na drabince i gwizdnął donośnie, silnik zwiększył swoje obroty i ruszyliśmy w drogę po wyschniętym korycie rzeki pokrytym grubą warstwą pyłu i piachu. Trasa do kanionu trwała tylko kwadrans, ale warunki w trakcie dojazdu były dość trudne z uwagi na wiatr i wszechobecny piasek. Humory nam dopisywały, choć trzęsło i ostro podrzucało. Piasek mieliśmy wszędzie: w oczach, ustach, uszach, a silny i gorący wiatr potęgował dyskomfort. Chevrolet jechał z prędkością 5 mil na godzinę, a nasze drewniane ławeczki skrzypiały i myślałam, że za chwilę się rozlecą. Przed nami rozciągał się wspaniały widok. Czerwona i płaska powierzchnia niczym stół wyschniętego koryta rzeki tańczyła w smugach kurzu i pyłu, tworząc coś na podobieństwo burzy piaskowej. Czasem przyspieszenie auta zaskakiwało tych, którzy nie zdążyli złapać się poręczy i co kilka minut było słychać, jak coś spada i z charakterystycznym jazgotem toczy się i obija o metalowe osłony przyczepy.

Za nami w tumanach czerwonego kurzu sunęło kolejne auto z turystami. To był prawdziwy fart, że jechaliśmy jako pierwsi.

Przed wejściem do kanionu stało dużo ludzi. Nasz przewodnik był młodym Indianinem, bardzo sympatycznym i zaangażowanym w swoją pracę. Zanim weszliśmy do środka, przekazał nam kilka ważnych informacji. Zapytał również, z jakich stron świata przybywamy do Arizony i wtedy okazało się, że oprócz nas byli również inni Europejczycy. Natomiast kiedy powiedziałyśmy, że jesteśmy z Polski, młody *Navajo* bardzo nas zaskoczył. Uśmiechnięty od ucha do ucha, łamiąc specyficznie język polski powiedział: „Dzień dobry, pierogi, daj buzi, piwo i dupa…". Zapytany skąd zna te słowa, uśmiechnął się i odparł przekonująco, że nauczyli go polscy turyści. Rozbawił nas wtedy do łez.

Kiedy weszłam do wnętrza *Antelope Canyon,* serce waliło mi jak oszalałe. Zrobiło się cicho. Słychać było tylko wypowiadane szeptem „wow" i wzdychania z zachwytu. Odetchnęłam z ulgą i poczułam wreszcie przyjemny powiew chłodu. Kiedy dotknęłam jednej ze ścian o chropowatej teksturze, poczułam, że jest przyjemnie wilgotna. Miałam wrażenie, że znalazłam się na planie jakiegoś filmu, a wszystko co mnie otacza, jest wyłącznie projekcją. Dotykałam kilkakrotnie piaskowych skał, nie wierząc, że są prawdziwe. Kolorami i strukturą przypominały ciasto o nazwie sękacz. Moje oczy, wciąż oślepione słońcem, potrzebowały dłuższego czasu, aby przyzwyczaić się do panującego tu półmroku. Ale po przejściu kilku metrów to magiczne miejsce wreszcie odsłoniło swoje oblicze. Gorący żar i jaskrawe słońce zaczęło ustępować miejsca delikatnie rozproszonej i miękkiej poświacie. Zrobiło się leniwie, chłodno i przyjemnie. Można było w pełni podziwiać kolejne piękne dzieło matki natury – bajeczne, jakby z krainy fantasy. Gra świateł, kolory, struktura i forma kanionu współgrały ze sobą i wręcz powalały pięknem i magicznym klimatem. To było coś niewiarygodnego. Zdałam sobie sprawę, że jestem tu i kolejny raz dotknęłam chłodnej ściany korytarza. Popatrzyłam w umieszczony nade mną w spirali świetlnego słupa skrawek nieba i podziękowałam.

Przewodnik pokazywał najbardziej spektakularne zakątki kanionu, opowiadając przy tym różne historie. Były wśród nich zabawne i te mało śmieszne, jak na przykład o turystach, którzy utknęli w szczelinach kanionu poprzez swoje duże gabaryty. Często też brał po prostu telefony turystów lub aparaty fotograficzne i robił zdjęcia. Miał w tym doświadczenie i wiedział dokładnie, jak najlepiej uchwycić, w zależności od pory dnia, korytarze kanionu. Bardzo popularne w Antylopa

Kanion są tak zwane słupy świetlne, czyli *Light Beams* – marzenie każdego fotografa. Przesuwają się wolno po dnie kanionu i wypełniają jego każdy zakamarek nieprawdopodobną iluminacją świetlną. Każda taka wiązka światła trwa około 3-4 minut i przez ten krótki czas potrafi wywołać fenomenalne efekty. Miałyśmy okazję zobaczyć taki pokaz słupów.

Kiedy nadchodziła wreszcie magiczna godzina, w której słońce znajdzie się w najwyższym punkcie na niebie, przewodnik zarysował kółka na dnie kanionu, precyzyjnie wskazując miejsca do rozstawienia statywów. Sam usunął się pod ścianę. Obserwował nas, jakby wiedział, że za chwilę kolejny raz zobaczy znane już sobie reakcje turystów. Wpatrywaliśmy się w sklepienie kanionu, czekając na show i szalony taniec piaskowca. Indianin wyszeptał, aby nie zmieniać teraz obiektywów i nie martwić się tumanami kurzu, bo słupy świetlne i tak będą wyraźnie widoczne. Chłopak był nie tylko dobrym przewodnikiem, ale również mistrzem obiektywu. Ludzie popatrzyli na siebie zdziwieni i jakby lekko podenerwowani jego uwagami, które wytrącały z koncentracji podczas oczekiwania. Kiedy jednak pierwsza wiązka światła wpadła do kanionu i zaczęła wypalać kolorowy punkt na ścianie, słychać było już tylko dźwięk migawek aparatów. Rozpoczęło się magiczne i jedyne na świecie przedstawienie. Do tej pory mam ciarki, kiedy przypominam sobie ten dzień. To nie było wszystko. Promień wpadającego światła zaczął się poruszać po ścianie kanionu i wraz ze słońcem przybierał na sile. Raptem koło niego pojawił się drugi i trzeci, i kolejne jasne smugi świetlne. Stałam jak sparaliżowana i po chwili ujrzałam płonącą i rozświetloną ścianę. Światło rozpoczęło taniec z równoczesnym malowaniem przeciwległych ścian kanionu. Wirowało wokół mnie i mieniło się w błyszczących smugach powietrza jak świetlna zjawa. Zamarłam z zachwytu. Iluminacje wypełniły cały kanion, a w oddali pojawiały się kolejne. Wszystko trwało około piętnastu minut i niewątpliwie był to dla nas największy i najbardziej widowiskowy czas. Obiecałam sobie, że powrócę do Kanionu Antylopy i zapewne tak się stanie.

KANION ANTYLOPY

Fot. Edyta Górska

Park Narodowy Arches

Kiedy myślałam, że po wizycie w *Grand Canyon, Monumental Valley* czy ostatnim *Antelope Canyon* już nic mnie nie zaskoczy, wjechałyśmy do kolejnego Parku Narodowego Arches, położonego w stanie Utah. Zatrzymałyśmy się tu na dwa noclegi w mieście *Moab*. I znów muszę użyć jedynego, najbardziej pasującego zwrotu do mojego kolejnego wrażenia – szczęka mi opadła. Każdy park był inny i nie można ich w żaden sposób porównać. Park Narodowy Arches to największe na świecie skupisko naturalnych skalnych łuków kamiennych. Jest ich tutaj ponad dwa tysiące.

Było bardzo gorąco i sucho. Zaopatrzyłyśmy się w wodę, osłonę głowy i wyruszyłyśmy wczesnym rankiem na podbój parku. Kiedy przygotowywałyśmy harmonogram tego dnia, plan zwiedzania układał się w spójną całość. Wystarczyło jechać wzdłuż głównej drogi i zatrzymywać się na kolejnych parkingach prowadzących do punktów widokowych lub łuków. Było to duże ułatwienie dla turystów, gdyż nie marnowało się czasu na wyszukiwanie kolejnych tras. Nie jest się w stanie zobaczyć wszystkich łuków w ciągu dwóch dni, ale naszą uwagę szczególnie zwróciły Wieże Sądowe *(Courthouse Towers)*, które znajdowały się zaraz na początku naszej trasy, a wśród nich Trzy Plotkary (*Three Gossips)* i wspaniała tzw. Sekcja Okien, gdzie mogłyśmy podziwiać Podwójny Łuk *(Double Arch)*. Były to w zasadzie dwa łuki, które dzieliły jedną skałę – północną i południową.

Jednak najmocniej zachwycił nas najbardziej znany łuk w Parku Narodowym Arches, czyli Delikatny Łuk *(Delicate Arch)*. To perełka tego miejsca i symbol Utah – można go na przykład ujrzeć na tablicach rejestracyjnych samochodów tego stanu. My jednak zdecydowałyśmy się zobaczyć go z bliska i pokonałyśmy w tym celu 2,5-kilometrową trasę. Do łuku tak naprawdę prowadziły dwa szlaki o różnej intensywności. Najpopularniejszy jest *Delicate Arch Trail*, który liczy około półtorej mili (prawie 2,5 km) męczącego podejścia. Z informacji zamieszczonych w internecie wyczytałyśmy, że ten właśnie szlak wybiera około 90 procent turystów, więc ochoczo na niego postawiłyśmy, choć wiedziałyśmy, że podczas wędrówki nie znajdziemy zacienionych miejsc. Temperatura wynosiła 39 stopni Celsjusza, a na głowę przypadał jeden litr wody. Po drodze czekały nas liczne, niebezpieczne i niezabezpieczone urwiska skalne. Mimo to postanowiłyśmy dotrzeć tam. Czy to był dobry pomysł?

Pierwsza część szlaku, około 1,5 kilometra, była szeroka i łatwa do wspinaczki. Najwięcej strachu i adrenaliny dostarczyła nam druga część, czyli wąska, wykuta w skale ścieżka, o szerokości 2,5 metra. Ciągnęła się na długości około 60 metrów i z jednej strony ograniczała ją masywna czerwona skała, a z drugiej głęboka i pionowa przepaść. Mój lęk wysokości i przestrzeni dał znać o sobie. Wiele razy stawałam w bezruchu i potrzebowałam poczuć rękę Iwonki. Po dotarciu do celu, zakurzone do kolan czerwonym pyłem, stanęłyśmy oko w oko z gigantycznym, ponad 65-metrowym, samotnie stojącym na wyrzeźbionej piaskowej skale, łukiem. Byłyśmy zmęczone i spragnione, ale szczęśliwe, że dotarłyśmy do najsłynniejszego i najbardziej fotografowanego łuku skalnego w całych USA. Zdjęcia *Delicate Arch* można zobaczyć na okładkach renomowanych czasopism.

Następnie udałyśmy się do całkiem zwariowanego parku – *Canyonlands* – największego i najdzikszego parku narodowego w stanie Utah. Było tu ciszej i dostrzegłyśmy mniej ludzi. Czerwone, olbrzymie skały potrafią zawrócić w głowie. Wszelkie kratery, wzniesienia, iglice, łuki i mosty to cuda natury. Jego położenie na płaskowyżu pozwala zobaczyć wyjątkowo ciemne niebo. Park ten jest oficjalnym Międzynarodowym Parkiem Ciemnego Nieba i jednym z najlepszych regionów, gdzie można zobaczyć Drogę Mleczną w Ameryce.

Najbardziej spodobał nam się popularny i najchętniej fotografowany *Mesa Arch*. To wąski, naturalny łuk, który ponoć najbardziej spektakularnie wygląda o wschodzie słońca, gdy pierwsze promienie słoneczne wychodzą przez niego i malują go na pomarańczowo. Nie miałyśmy jednak okazji tego zobaczyć. Do hotelu wróciłyśmy bardzo zmęczone. Kiedy reasumowałam dzień, nagle uświadomiłam sobie, że naturalne bogactwa Utah są nieskończone i ich odkrywanie zajęłoby mi większość życia. Wszystkie chwile, które spędziłam w parkach narodowych Utah i Arizona, zapadły mi w pamięci bardziej niż jakiekolwiek inne doświadczenia z podróży.

ARCHES NATIONAL PARK

Fot. Iwona G.

Park Narodowy Bryce

Bryce Canyon to następne genialne dzieło sztuki, które ponownie otworzyło nam usta i wstrzymało oddech. Położony w południowo – zachodniej części stanu Utah wyglądem przypominał dekoracje tortu, które robiła zawsze moja Mama, wyciskając specyficzne „kupki" kremu. Jakby ktoś przyszedł i powyciskał tysiące włoskich lodów! Cały kanion usiany był filigranowymi tworami skalnymi, wieżyczkami i spiralami, które mieniły się w słońcu. Jak okiem sięgnąć było pomarańczowo, czerwono i łososiowo, a nawet różowo. Miałyśmy szczęście, że przybyłyśmy przed zachodem słońca, bo to najlepszy czas na zdjęcia. Przy każdym punkcie widokowym wzdychałyśmy i pełne zachwytu podziwiałyśmy w dole ogromne tarasy wypełnione fikuśnymi formacjami skalnymi. Bryce nie jest prawdziwym kanionem, ponieważ nie płynie przez niego rzeka. To raczej jakby ogromna dziura, w której wyrosło tysiące pokręconych skał. Zgłębiając wiedzę o tym pięknym miejscu, dowiedziałam się, że powstało na skutek erozji chemicznej oraz termicznej.

Położenie parku na wysokości 2778 m n.p.m. (Rainbow Point) przyczynia się do dużych wahań temperatur w ciągu jednej doby, co można z łatwością zauważyć. To one właśnie powodują erozję i przyczyniają się w dużej mierze do powstawania nowych formacji skalnych. Kiedy przyjechałyśmy, była piękna pogoda, ale nagle po godzinie zaczął padać deszcz i mocno się ochłodziło. Po około 30 minutach ponownie wyszło słońce, które, chyląc się ku zachodowi, przygotowało dla nas przepiękny show. Kanion zapłonął gamą ciepłych kolorów, od czerwonego po delikatnie łososiowy i głęboki pomarańczowy. Razem z błękitnym niebem, które rozpostarło się nad nami, wszystko tworzyło piękną całość. Ale żeby tak naprawdę móc podziwiać ten kanion, należałoby zejść wprost do jego serca. Nie miałyśmy tego w planie. Nasza wizyta w Bryce była krótka i ograniczyła się zaledwie do zaliczenia kilku ogólnie dostępnych punktów widokowych znajdujących się na krawędzi kanionu. Choć mogłyśmy w ten sposób podziwiać piękną panoramę, zdawałyśmy sobie sprawę, że to zdecydowanie za mało. Poczułam się nawet jak pseudoglobtroter, rezygnując z zejścia do wnętrza kanionu. Może błędnie oceniłyśmy stopień trudności szlaków lub źle zaplanowałyśmy czas przeznaczony na Bryce. Wiedziałyśmy, że na zejście i podziwianie iglic kanionu potrzebujemy minimum jeden dzień. Nie było na to szans. Z wielkim bólem serca musiałyśmy pożegnać *Bryce Canyon* zaraz po zaliczeniu punktów widokowych, ale obiecałyśmy sobie, że wrócimy tu i zejdziemy wtedy na szlak, by móc zachwycać się z bliska tym bajkowym księżycowym widokiem.

Park Narodowy Zion

Nieubłaganie przyszedł ostatni dzień naszych wakacji, w którym zaplanowałyśmy wypad do najstarszego i najczęściej odwiedzanego parku narodowego w stanie Utah – Zion. Nazwę nadali mu Mormoni, których gospodarstwa i farmy można było spotkać, jadąc drogami zielonej części Utah. Zion znaczy w języku hebrajskim azyl, schronienie, dlatego po wędrówce przez pustynne tereny miejsce to było wybawieniem dla mormońskich pionierów. Po przygotowaniu wieczorem całego ekwipunku mogłyśmy spokojnie i bez pośpiechu zjeść rano hotelowe śniadanie. Pijąc poranną kawę i zajadając francuskie tosty, polane suto syropem klonowym, zrobiłyśmy ostatni szlif planu i, żegnając miłego Indianina w recepcji, wyruszyłyśmy w kierunku Narodowego Parku Zion. Prognoza pogody na ten dzień przedstawiała się obiecująco, bo temperatura miała spaść do 28 stopni Celsjusza. Po przybyciu na miejsce zmieniłyśmy buty i dokonałyśmy lekkich zmian w ubiorze. W pełni gotowe zostawiłyśmy auto na parkingu i ruszyłyśmy w stronę głównego wejścia na teren parku. Po drodze mijałyśmy przytulne kafejki, z których jedna skusiła nas zapachem świeżo palonej kawy. Zatrzymałyśmy się tu i, sącząc mrożoną kawę, poobserwowałyśmy trochę ludzi. Można było spotkać również Polaków. Powitanie z rodakami i wymiana kilku zdań pozwoliły nam poczuć się swojsko i pełne wigoru ruszyłyśmy w stronę *Visitors Center*, aby zdążyć przed tłumem ludzi, który podążał w tym samym kierunku. Park Zion oferował darmową komunikację w postaci ekologicznych autobusów. Pomimo wczesnej pory było już jednak gęsto od ludzi i poczułam się przez chwilę jak w zapakowanej rano „piętnastce", którą przez dziesięć lat jeździłam do pracy w urzędzie miasta. W autobusie można było z łatwością rozpoznać, kto z turystów wyruszy tego dnia na podbój *Zion Narrows* – po wodoodpornym obuwiu i spodniach, czyli podstawowym wyposażeniu chętnych na tę atrakcję. Przejście całego kanionu to prawdziwa wyprawa dla twardzieli, ponieważ spodziewać się można zimna i spaceru w wodzie, choć wrażenia są ponoć bezcenne. Nie miałyśmy w planie tego wyjątkowego i trudnego szlaku. A szkoda. *Zion Narrows* zostało uznane przez magazyn *„National Geographic"* numerem 5 na liście najpiękniejszych szlaków turystycznych w USA.

Po dotarciu autobusem do ostatniego przystanku rozpoczęłyśmy wędrówkę do poszczególnych ważnych miejsc w parku. Przed nami były przyjemne szlaki chętnie wybierane przez całe rodziny i turystów, którzy preferują raczej spokojne zwiedzanie. Na Zion przeznaczyłyśmy cały dzień, mając nadzieję, że dokonałyśmy dobrego wyboru. Według mapy i informatora, który został wręczony nam w tutejszym *Visitors Center,* byłyśmy pewne, że wszystkie obrane przez nas szlaki, nawet te krótkie i łatwe, zaprowadzą nas w tym dniu do przepięknych punktów widokowych. I tak się stało. Zaczęłyśmy od *Riverside Walk* – bardzo łatwy szlak, a właściwie deptak spacerowy. Okazało się, że był to świetny pomysł na krótki spacer pośród wysokich skał kanionu i przepięknej przyrody. Następnie szłyśmy szlakiem wzdłuż szumiącej rzeki *Virgin River*, w której można było schłodzić stopy i schronić się wśród licznych drzew dających ukojenie i osłaniających przed palącym słońcem. Piękne widoki przypominały nam polskie Tatry. Ze szlaku podziwiałyśmy majestatyczne formacje skalne. Potem spacerowałyśmy pod gigantyczną skalną półką, z której spływa i kapie woda. Było tu dużo śmiechu i zabawy zwłaszcza dla dzieciaków, które się moczyły i oblewały, a dorośli mogli spokojnie posiedzieć i ochłodzić się.

W Zion jest kilka takich półek skalnych, z których pada deszcz. Najbardziej atrakcyjna była nieco oddalona i wymagała już trudniejszego spaceru. Musiałyśmy się lekko wspiąć po wykutych stopniach skalnych, aby dotrzeć do jeziorka położonego pod majestatycznym, potężnym, ponad 300-metrowym klifem. Zatrzymałyśmy się tutaj na dłużej. To było kolejne dzieło sztuki matki natury.

Po południu poczułyśmy zmęczenie i głód. Dotarłyśmy do pobliskiej restauracji, która standardowo jak na odwiedzone przez nas miejsca połączona była z klimatycznym sklepikiem z pamiątkami i dużym tarasem widokowym. Usiadłyśmy i przez pierwszych kilka minut w milczeniu wpatrywałyśmy się w malowany przed nami krajobraz. Było pięknie, a ciepłe popołudniowe słońce oświetlało skalne zbocza. Cisza i panujący wokoło spokój wprawiły nas w senność. Zmęczenie wzięło górę, tym bardziej, że był to ostatni dzień wakacji i za nami mocno intensywny czas. Rzuciła mi się w oczy starsza pani, której kelner postawił na stole duże ciemne piwo. Poczułam ogromną chęć na to samo. Mój pomysł spodobał się Iwonce i zamówiłyśmy dwa kufle, ogrom frytek i pieczonego łososia. Wtedy dopiero poczułam smak wakacji i nie chciałam wracać do Bay Area. Sącząc piwko, zrobiłyśmy podsumowanie naszej wyprawy i obie poczułyśmy niedosyt, zwłaszcza jeśli chodzi o Park Zion i Bryce. Postanowiłyśmy wrócić tam na dłużej i poświęcić nasz czas wyłącznie na te miejsca. Podczas błogostanu przy zimnym piwie nagle okazało się, że Iwona nie ma telefonu. Telefon to podstawa w podróży, więc zaczęłyśmy analizować, gdzie mogła go zgubić. Odtworzenie w pamięci ostatnich chwil Iwony z telefonem było trudniejsze, niż się wydawało. W końcu ślad zaprowadził nas do ostatniej stacji, do której autobus przywozi turystów. Spędziłyśmy tam wtedy sporo czasu, pijąc pyszną kawę i buszując po sklepie z pamiątkami. Musiałyśmy zatem przerwać naszą sielską nasiadówkę i z lekką poobiednią czkawką wyruszyłyśmy ponownie do pętli autobusów, aby udać się w 30-minutową podróż do ostatniej stacji. W końcu kiedy dotarłyśmy na miejsce, Iwonka pełna nadziei poczyniła pierwsze kroki do toalet. Jednak wyszła zasmucona, bo telefonu tam nie było. Podejrzewała, że odłożyła go na specjalną półeczkę umieszczoną nad papierem toaletowym.

Lekko rozczarowane tą sytuacją udałyśmy się do recepcji. Iwonka opowiedziała o zgubie. Pani badawczo popatrzyła na nas, po czym uśmiechając się, odpowiedziała, że właśnie niedawno ktoś znalazł telefon w toalecie i dostarczył go do recepcji. Poczułyśmy dużą ulgę, ale Iwonka musiała jeszcze bardziej szczegółowo opisać swój aparat. Po krótkim dochodzeniu bez problemów otrzymała go z powrotem i znowu mogłyśmy spokojnie celebrować nasz pobyt w Parku Zion.

Wróciłyśmy do restauracji i ponownie zamówiłyśmy zimne piwo. Tym razem nieco mniejsze, ponieważ przed nami była podróż do Las Vegas, gdzie miałyśmy zarezerwowany ostatni nocleg. Siedząc na tarasie i obserwując ludzi oraz zachodzące słońce, czułam, że będę tęsknić. Zion bardzo mi się spodobał. Żałowałam trochę, że nie zdołałyśmy tym razem zaliczyć *Zion Narrows* oraz nie zeszłyśmy w dół Kanionu Bryce. Nie wynikało to z naszego lenistwa, lecz po prostu z braku czasu.

Jeszcze tylko ostatnie zdjęcia i rzut oka na panoramę Zion i pięknie skąpane w zachodzącym słońcu skały. W aucie było cicho, jakby każda z nas zdawała sobie sprawę, że pojutrze będziemy już w naszych domach i pozostaną tylko piękne wspomnienia.

Powrót

Koło północy ponownie powitałyśmy Las Vegas. Tym razem rezerwację miałyśmy w innym hotelu, na przedmieściach, a nie w ścisłym centrum. Pomimo późnej pory było wciąż gorąco i marzyłyśmy jedynie o prysznicu. Po przejściu przez kasyno i stawieniu się w recepcji zauważyłam siedzącą przy automacie do gry starszą panią. Miała około 80 lat i była w pełnym makijażu, który z racji jej wieku oraz dojrzałej cery wyglądał trochę ciężko i przypominał maskę. Niezdarnie pomalowane karminowe usta wychodziły poza linie warg, a paznokcie w kolorze intensywnej czerwieni zdawały się zbyt długie. Paliła cienkiego papierosa, wydmuchując finezyjny dymek. Na wysokim krześle, z założoną nogą na nogę wyglądała jak prawdziwa dama. Trzymała się prosto i poprawiała co chwilę jedwabny zielony szal, który uparcie ześlizgiwał się na oparcie krzesła. Można było zauważyć jej smukłe, dobrze umięśnione jak na ten wiek plecy. Stałam osłupiała i nie śledziłam w żaden sposób spraw, które załatwiała Iwona w recepcji. Dama z lufką, stukając specyficznie paznokciem, czekała na dobry czas, wrzucając monety, jedną za drugą, ale dźwięk automatu wskazywał, że nie ma dla niej dobrych wieści o wygranej. Nie okazywała zdenerwowania, śmiejąc się i prosząc następnego drinka. Najwyraźniej dobrze się bawiła i wyglądała na szczęśliwą osobę, która korzysta z życia i cieszy się chwilą. A co najważniejsze, pomimo mocno późnej pory, nie leżała w swoim ciepłym łóżku po odmówionym pacierzu lub różańcu.

Dochodziła pierwsza w nocy, a w kasynie było całkiem tłoczno. Zapach alkoholu zmieszanego z dymem tworzył niepowtarzalny, specyficzny klimat tego miejsca. Spelunowo, a zarazem luksusowo, w zależności w którą stronę kasyna patrzyłam. W dobrze oświetlonym boksie, przy dużym stole z amerykańską ruletką polewano szampana, a wokół siedzieli panowie pod krawatem. Tam palono cygara lub fajki. Przy automatach czas spędzali zwyczajni ludzie, najczęściej turyści. Był też kameralny boks, odseparowany delikatnie od reszty kasyna. Stali przed nim, w lekkim rozkroku, faceci, którzy wyglądali na ochroniarzy. Pomyślałam, że może rozgrywa się tam poker albo coś innego, o czym zupełnie nie miałam pojęcia.

Kiedy Iwona skończyła załatwiać sprawy w recepcji i mogłyśmy udać się już do naszego pokoju hotelowego, zauważyłyśmy podchodzące do baru dwie dziewczyny. Miały buty na bardzo wysokich obcasach i stroje sugerujące, że są przebrane za babeczki – muffinki. Były rozbawione, na dużym rauszu i zwracały na siebie uwagę. Kiedy usiadły niezgrabnie na wysokich stołkach przy barze, jedna z nich poślizgnęła się i spadła z krzesła. Wtedy rozpoczęła się prawdziwa zabawa. Leżąc na wykładzinie dywanowej kasyna, roześmiała się w głos i chichotała bez przerwy, na jednym wdechu, aż po chwili wszyscy siedzący przy automatach, ruletkach i za barem także zaczęli się śmiać. Nikt nie wiedział do końca, z czego się śmieje, ale było to tak zaraźliwe, że udzieliło się również nam. Dziewczyna szybko pozbierała się z podłogi, weszła na bar, po czym zaczęła tańczyć i śpiewać. Myślałam, że skończy się to przybyciem ochrony, ale byłam w błędzie. Całe kasyno zaczęło bić brawo, zachęcając jeszcze bardziej do zabawy. Na ladę weszła druga dziewczyna i zaczęła kręcić biodrami, a po chwili, odchodząc od automatów i przerywając swoje złe lub dobre passy, dołączyli do tancerek ludzie z kasyna. Zmęczone, spocone całodniową wędrówką po Zion i trzygodzinnej podróży do Vegas stałyśmy resztkami sił w zadymionym, przyćmionym kasynie i brałyśmy czynny udział w zabawie, klaskając w dłonie.

Pokój był ładny i przytulny, ale okazało się, że zaszło jakieś nieporozumienie. Zamiast dwóch łóżek dostałyśmy jedno duże. Faktem jest, że łóżka hotelowe z reguły są sporych rozmiarów i dwie osoby spokojnie się zmieszczą. Tylko że nasza rezerwacja obejmowała dwa osobne, aby spać i czuć się komfortowo. Nie udało się Iwonce tego zmienić. Pani w recepcji dwoiła się, szukając dodatkowego pokoju, lecz hotel w tym dniu był maksymalnie wypełniony gośćmi i musiałyśmy spać razem. W zasadzie było nam wszystko jedno, gdyż był to ostatni nasz nocleg, a zmęczenie sięgało zenitu. Marzył nam się tylko chłodny prysznic i miękkie łóżko. Pobudkę zaplanowałyśmy na 4.30 rano. Iwonka nie była z tego zadowolona. Jako kierowca chciała dobrze wypocząć przed długą trasą do domu. Ja natomiast wierciłam jej dziurę w brzuchu, chcąc zdążyć na popołudniowe party urodzinowe córki Lijona. Przed snem czułam lekkie napięcie między nami z powodu różnicy zdań, lecz w rezultacie około szóstej rano wyjechałyśmy z parkingu hotelowego, żegnając Miasto Grzechu. Mimo wczesnej pory wciąż widziałam wychodzących i wchodzących do kasyn ludzi. Było spokojnie i cicho. Lekko śnięte o poranku Vegas wydawało się brać głęboki oddech przed kolejnym upalnym dniem.

Podróż do domu przebiegała spokojnie i w ciszy. Przeglądałam wszystkie zdjęcia z minionych dni i miejsc. Śmiałyśmy się, wspominając je. Iwona była zmęczona i często robiłyśmy postoje. Kawa lała się litrami i zaliczyłyśmy McDonald's – o mój Boże! Nie cierpiałam tej opcji przekąski, ale czasami była to ostatnia deska ratunku, a zimna cola lub kawa stawiały nas na nogi. W Ameryce McDonald's jest inaczej kojarzony niż w Polsce. Tutaj jest to najtańsze miejsce z fast foodem, z którego zazwyczaj korzystają *homeless,* czyli ludzie bezdomni. Podróżując można jednak spotkać wiele restauracji McDonald's i czasami oprócz nich przez długi czas nie ma nic innego. Potrzeba skorzystania z toalety przyciąga turystów w zasadzie co kilka mil i nierzadko jest to jedyny dobry punkt, aby zaliczyć postój i przekąsić hamburgera z coca-colą. Czemu nie? Chickenburger z zimną colą smakował nam wybornie.

Zbliżając się do Bay Area, poczułyśmy znajomy chłodek i powiew bryzy. Częste mgły i bliskość oceanu powodują, że panuje tu bardzo optymalna temperatura, a powietrze jest zazwyczaj rześkie bez względu na porę roku. Miękki górzysty krajobraz wysłany trawiastymi dywanami, najczęściej pożółkłymi i wypalonymi słońcem, tworzy specyficzny dla Bay Area obraz. Natomiast wyłaniające się białe wiatraki na tle błękitnego nieba uświadomiły nam, że zbliżamy się do celu. Chyba wtedy pierwszy raz odetchnęłam z ulgą i poczułam się jak w domu. Zdałam sobie sprawę, że Kalifornia jest mi bliska. Nie wiem, czy byłabym tak zakochana w Ameryce, gdybym mieszkała w innej części tego kraju. Kalifornia jest inna. Czuję się tu dobrze i jestem otoczona przyjaźnie nastawionymi do życia ludźmi. Okazało się, że to niewiele albo aż tak wiele.

Wjeżdżając na Alameda, byłam dość mocno spóźniona na urodziny córki Lijona, ale nie poddałam się i natychmiast po wejściu do mieszkania wzięłam prysznic. Potem przebrałam się i zamówiłam Ubera. Kiedy przybyłam do Lijona, party było już zaawansowane, ale ucieszył się, że mnie zobaczył. Jego córka miała dobry humor. Wręczyłam jej przywiezione z Utah prezenty.

Popołudnie było gorące, a wokół panował uroczysty klimat. Zmęczona podróżą i najedzona do syta poczułam ciężkie powieki. Kiedy wszyscy wyszli, dorwałam się do ogromnego zimnego arbuza i pochłonęłam chyba jego połowę. Wreszcie byliśmy sami i zaczął się dla nas miły wieczór.

LOCKDOWN

Mieszkając na Alameda, musiałam codziennie dojeżdżać do Berkeley, gdzie znajdowała się moja praca. Jeśli chciałam skorzystać z tańszej opcji i jechać metrem, wtedy potrzebowałam wyjść z domu z godzinnym wyprzedzeniem. Nie lubiłam metra i unikałam go jak ognia. Było brudne, pełne bezdomnych i przede wszystkim ogromnie zatłoczone. Rano nie miałam żadnych szans na zdobycie miejsca siedzącego. Zazwyczaj stałam i trzymałam się zawieszonego wysoko skórzanego, brudnego uchwytu. Jedyną rozrywką podczas takiej podróży była gazeta czytana przez człowieka siedzącego przede mną lub unoszące się wokoło wszelkie zapachy wód toaletowych. Odgadywanie ich nazw i marek umilało czas i w mgnieniu oka wjeżdżałam na stację *Berkeley Downtown.* Mogłam też wybrać autobus, ale dojście do oddalonego przystanku i trasa z przesiadką zajmowały najczęściej półtorej godziny. Najprostszym i najszybszym rozwiązaniem był Uber. Pozwalał na lepiej zorganizowane poranki i dłuższe spanie. Nie lubię wcześnie zrywać się z łóżka i wybiegać z domu. Rano potrzebuję czasu na powolne rozbudzenie i przede wszystkim na mocną gorącą kawę. Niedoczynność tarczycy, a konkretnie jakieś dziwnie brzmiące Hashimoto, powoduje, że poranki są dla mnie trudne. Jestem jak lokomotywa Brzechwy, która rusza powoli do przodu, sapiąc i dysząc. Dlatego najczęściej zamawiałam Ubera, który szybko i sprawnie dowoził do celu, ale ceny za tę przyjemność z miesiąca na miesiąc wzrastały. Kiedy pewnego dnia podliczyłam miesięczny koszt dojazdów, długo i z niedowierzaniem patrzyłam na wyświetloną w kalkulatorze kwotę. Przeraziłam się.

Wtedy pojawiła się pierwsza myśl, żeby wrócić do Berkeley. Odganiałam ją od siebie, ale matematyka brała górę. Bardzo lubiłam Alameda i mieszkanie, które dzieliłam z moją bratanicą i jej chłopakiem. Miałam blisko do plaży i mojego ulubionego *Shopping Center*. Kochałam wylegiwać się na ciepłym białym piasku i wykorzystywałam na to każdą wolną chwilę. Alameda ma swój wyjątkowy i niepowtarzalny klimat. Berkeley jest pięknie położone, z cudowną roślinnością, uliczkami, parkami i nieskończoną liczbą malowniczych tras. Jest tłoczne i tętniące życiem z uwagi na tysiące studentów przybywających tu ze wszystkich zakątków świata. Na Alameda można poczuć spokój i ciszę. Panuje tu zupełnie inna atmosfera, to idealne miejsce dla ludzi preferujących spokojne życie. Kiedy wracając po całym dniu pracy, wjeżdżałam zwodzonym mostem na wyspę, wszystko wokół wyglądało jak w zwolnionym tempie. Lubiłam ten moment. Zawsze wtedy brałam głęboki oddech i czułam ulgę, że jestem już w domu. Krzyczące mewy oraz popołudniowy wiatr były nieodzowną częścią życia na Alameda. Spacerując brzegiem zatoki, za każdym razem na nowo podziwiałam piękne zachody słońca i mój ulubiony widok na most Bay Bridge oraz panoramę San Francisco. Kochałam tę wyspę.

Myśl o powrocie do Berkeley żyła we mnie, ale nie wywoływała nacisku, który zburzyłby spokojnie upływające dni. Przeglądałam czasami lokalne ogłoszenia, zatrzymując na chwilę wzrok na informacjach o wynajmie lokali. Robiłam to sporadycznie i bez żadnej presji. Nadal mieszkałam na Alameda i jeździłam do pracy autobusem, czasami metrem, a najczęściej Uberem, przestając to roztrząsać w kategorii strat. Oswoiłam się z myślą, że koszt moich codziennych podróży do pracy jest wkładem we własny biznes, którym była przecież moja praca. Sama zarządzałam swoim czasem i sama szukałam sobie klientów. Zdobywałam ich wszystkich jedynie za sprawą ciężkiej i rzetelnej pracy. Miało to odbicie w ich zadowoleniu, a co za tym idzie rekomendowaniu mnie dalszym klientom. Tak pracowałam tu na swój sukces.

Nadchodziły moje pięćdziesiąte pierwsze urodziny. Zazwyczaj zapraszałam najbliższych do jakiejś przedniej restauracji, aby móc celebrować ten upływający dla mnie czas. Po przekroczeniu pięćdziesiątki posługiwałam się często mniej eleganckim zwrotem i stwierdzałam, że czas jest despotą i zapierdala. Urodzona w prawdziwym „oczku", czyli w dwudziestym pierwszym dniu miesiąca, postanowiłam tym razem wybrać francuską knajpę *La Note,* w której zarezerwowałam stolik. Nie zwracając uwagi na wciąż nowe wiadomości o rozprzestrzenianiu się wirusa Covid-19, spotkałam się z najbliższymi i spędziliśmy wszyscy piękny czas z okazji moich urodzin.

Lijon przyszedł pod krawatem i jak zwykle okropnie głodny, a mój brat zrobił mi prawdziwą niespodziankę w postaci prezentu. Jedzenie było bardzo dobre, wino podkreślało smak potraw. Uwielbiałam takie spotkania rodzinne, tym bardziej, że z powodu szaleńczego pędu życia i pracy widywaliśmy się bardzo rzadko. Gdyby nie święta i wszelkiego rodzaju uroczystości byłoby ciężko zorganizować czas na częste pogaduszki. Ale kiedy już nadarzała się okazja, tematy się nie kończyły. Mogliśmy tak siedzieć i rozmawiać, aż zapewne by nas wyproszono z powodu zamknięcia restauracji. Zwieńczeniem urodzinowego wieczoru był aksamitny smak *creme brulee,* który wprawił wszystkich w dobre humory. Potem zdmuchując świeczki, obiecałam sobie, że niebawem odwiedzę Alaskę, która już długo gości na liście moich marzeń. Po kolacji pojechałam z Lijonem do jego domu i otworzyliśmy butelkę szampana. Wieczór był bardzo miły, a ja z optymizmem wkroczyłam w następny rok mojego życia.

Kilka dni po moich urodzinach kupiłam bilet lotniczy dla syna, który miał przylecieć do mnie czwartego kwietnia 2020 r. Byłam bardzo szczęśliwa, że wreszcie zobaczę Michała. Tęskniłam ogromnie, a odliczając dni do jego przylotu, miałam wrażenie, że tęsknię jeszcze mocniej. Każdego dnia towarzyszyła mi ekscytacja. Pracowałam z uśmiechem na ustach i budziłam się chętna do działania. Myślałam tylko o jego przylocie i to było dla mnie wtedy największym priorytetem. Planowałam, gdzie pojedziemy i co chciałabym, aby zobaczył. Snułam wizje i żyłam nimi. Codziennie wieczorem kiedy zamykałam oczy, wyobrażałam sobie, jak będzie wyglądało nasze powitanie na lotnisku w San Francisco. Obiecałam sobie, że nie będę płakać, choć na samą myśl o tym łzy napływały mi do oczu. Wycięłam z brystolu kalendarz i w każdym kwadraciku codziennie malowałam jakiś obrazek. Chciałam dać to potem Michałkowi jako pamiątkę z mojego wyczekiwania na jego pierwszy przylot do Ameryki.

Pod wpływem tak dużej ekscytacji nie zauważałam nawet codziennych newsów o Covid-19, które z każdym dniem były coraz bardziej dramatyczne. Nie chciałam tego słyszeć, wiedzieć i brać pod uwagę. Pamiętam poranek, kiedy wstałam i, rysując kolejną historyjkę w brystolowym kalendarzu, zauważyłam, że do przylotu syna zostały tylko niecałe trzy tygodnie. Potem pobiegłam uśmiechnięta do pracy, ale ten dzień nie należał do szczęśliwych. Pierwsze co mnie zwaliło z nóg, to zdarzenie z moimi długoletnimi klientami, którym raz w tygodniu sprzątałam dom. Kiedy po czterech godzinach pracy szykowałam się powoli do wyjścia, podeszła do mnie klientka. Ze smutkiem powiedziała, że niestety sytuacja z covid jest na tyle poważna, że muszą wstrzymać wszelkie wizyty osób trzecich. Jej mąż miał astmę, a zarażenie się wirusem mogłoby zagrozić jego życiu. Rozumiałam tę decyzję.

Informacja była dla mnie wyjątkowo bolesna, gdy automatycznie uruchomiłam wizję następnych tygodni bez dochodów. Takie życie emigranta – pomyślałam. Kogo może obchodzić moja sytuacja i co mam zrobić, skoro obezwładniający covidowy strach dotarł tu i bezwzględnie zrujnował również moją ekonomię. Straciłam humor i usiadłam na krześle, wiążąc wolno sznurowadła. Poczułam strach przed kolejną pracą w tym dniu. A co jeśli każdy następny klient ma dla mnie przygotowany podobny news? Co będzie z moim życiem i czy czeka mnie również osobisty lockdown? Muszę przecież płacić czynsz i mieć za co żyć. Poczułam, że mam nogi jak z waty. Znałam dobrze to uczucie, pojawiało się zawsze w momentach dużego stresu. Wzięłam głęboki oddech. Fala gorąca podeszła mi do głowy, a moje uszy zrobiły się ciepłe. Jeszcze tego brakuje, żebym teraz w lockdownie została ofiarą menopauzy. To nie jest dobry czas na takie sensacje. Spojrzawszy w górę poprosiłam, aby moje jajniki jeszcze nie zasypiały. Nie teraz! Proszę!

Z góry zszedł mąż mojej klientki – Jeremy. Z troską zapytał o moje zdrowie i samopoczucie, był także ciekaw, jak wygląda sytuacja w Europie. Wytrącił mnie natychmiast z mojego wewnętrznego biadolenia i rozpoczęliśmy miłą rozmowę. Po chwili doszła do nas Jenny i wręczyła mi czek. Później powiedziała zdanie, które pamiętam do dziś i jestem pewna, że długo pozostanie w mojej głowie. „Edyta, jesteś dla nas jak rodzina. Będziemy nadal regularnie ci płacić, ponieważ to nie twoja wina, że mamy covid. Masz wydatki i potrzebujesz pieniędzy. Zadbaj o siebie, Edyta, i o swoich bliskich. Wykorzystaj ten czas na odpoczynek i maluj swoje piękne obrazy". Jeremy dodał na koniec: „*God bless you Edita*". Zaniemówiłam. Zadawałam sobie pytanie, jak to możliwe, że obcy mi ludzie, którym sprzątałam, przebierałam pościel i myłam ich toalety, potraktowali mnie tak bardzo serdecznie. W tym trudnym momencie, kiedy wokoło robiło się niebezpiecznie, pomyśleli również o mnie i zadbali o moje życie. Poczułam wewnętrzny spokój. Zdarzenie to uświadomiło mi, jak bardzo powinnam docenić tych ludzi i być wdzięczną za takich klientów. Zawsze byli dla mnie dobrzy, ale takie sytuacje, w obliczu zagrożenia, zazwyczaj nakazują zadbać przede wszystkim o samych siebie. Ich słowa mnie ujęły. Byłam szczerze wzruszona i spokojna. Miałam w dłoni czek za cały przyszły miesiąc i nie musiałam przychodzić do pracy. Czy to się dzieje naprawdę? – pytałam siebie kilka razy. Mój oddech wyrównał się, nerwy odeszły.

Udałam się więc do następnych klientów, którzy są amerykańskimi Węgrami. Pracuję dla nich od pięciu lat po dzień dzisiejszy. Czasami mam wrażenie, że jesteśmy jak starzy przyjaciele. Andrea urodziła się w Budapeszcie, a jej mąż jest z Irlandii. Mają dwóch chłopców. Ślady ich brudnych paluszków zmywam z wszelkich powierzchni gładkich w ich domu przez ostatnie pięć lat. Polubiłam ich od pierwszego spotkania, na którym poczęstowali mnie szampanem i plackami ziemniaczanymi. Andrea jest przemiłą, piękną, młodą kobietą. Zazwyczaj kiedy ma zły lub smutny dzień, szuka kontaktu ze mną i rozmawiamy. Niedawno zmarła jej babcia, z którą była mocno związana. Przyszła wtedy do kuchni, aby jak zwykle zapytać co u mnie słychać, ale kiedy zeszłyśmy na temat jej babci, rozczuliła się i zaczęła płakać. Podeszła i przytuliła się, a ja, odbierając jej smutną energię, również zaczęłam szlochać. Kiedy na to wszystko do kuchni wszedł jej mąż i zobaczył nas dwie szlochające, otworzył lodówkę, wyciągnął z niej trzy zimne piwa i rzekł: *„Follow me, girls"*. Zaprowadził nas do ogrodu, gdzie we trójkę wypiliśmy po zimnym, ciemnym piwie. No! Zrobiło się miło i jakoś tak obezwładniająco. Po godzinie błogiego siedzenia poczułam, że już właściwie mogłabym udać się na jakąś popołudniową drzemkę, ale przede mną były trzy godziny sprzątania. Rozleniwiona wzięłam się za robotę.

Kiedy mocno zmęczona wracałam tego dnia do domu i siedziałam w Uberze, kierowca zapytał, co myślę o covid i czy słyszałam dzisiejsze przemówienie Trumpa. Drastycznie wytrącił mnie z zamyślenia i wpatrywania się w zamgloną panoramę San Francisco. Odpowiedziałam, że nie wiem, co mam myśleć i na ile jest to poważne, po czym kierowca dodał, że chyba bardzo poważne, skoro od północy będziemy mieć lockdown. Popatrzyłam wtedy w lusterko i spotkaliśmy się wzrokiem. Zapytałam, czy jest tego pewny. – *Yes! I am sure!* – rzucił i automatycznie zrobił głośniej radio. Usłyszałam wtedy, że poszczególne hrabstwa ogłosiły lockdown, który będzie obowiązywał od północy. Kolejny news poinformował o wstrzymaniu wszystkich lotów turystycznych pomiędzy Ameryką a Europą. Serce mi zamarło. Mój syn nie mógł przylecieć.

W trakcie kolejnych dni wszystko stanęło na głowie. Ze sklepów zniknęły środki czystości. Na półkach sklepowych, w miejscach przeznaczonych na papier toaletowy i ręczniki papierowe, świeciły pustki. Kiedy ludzie pytali o nową dostawę, odpowiedź była jedna: brakuje w magazynach. Taka sytuacja nie wróżyła nic dobrego i nie zapowiadała, że za kilka dni lub tygodni życie wróci do normy. Nikt nie miał wtedy świadomości, na jaką skalę i jak długo będziemy niewolnikami wirusa. Ludzie wpadli w panikę i dezorientację. Do sklepów z żywnością wpuszczano tylko po kilka osób, co spowodowało gigantyczne kolejki. Kilka razy zamówiłam online artykuły spożywcze. Decydując się na klasyczne zakupy, robiłam je w masce i rękawiczkach, mając przy sobie dużą ilość płynu odkażającego do rąk. Pomimo że wózki w sklepach były pryskane i myte, ludzie używali dodatkowo własnych środków do dezynfekcji. Powrót do domu z zakupami rozpoczynał całą ceremonię przemycia każdego zakupionego produktu. Po wszystkim brałam prysznic i zmieniałam ubranie. Te zabiegi dawały mi nadzieję, że podczas pobytu w sklepie nie złapałam żadnego covida. Strach opętał nasze umysły i zabrakło na chwilę zdrowego rozsądku. Wiadomości karmiły nas strasznymi statystykami. Czułam niepokój o bliskich, siebie i świat. Wszystko stanęło jak zepsuty zegarek i zapanowała cisza. Niezdrowa i niepewna cisza.

Mój ulubiony *shopping center* opustoszał, a rozbrzmiewająca zawsze na jego skwerkach i alejkach muzyczka umilkła. Ogromne parkingi zrobiły się puste. Rządziły na nich teraz mewy, szukające resztek jedzenia. Wszystkie kawiarnie i sklepiki pozamykano. Restauracje pochowały stojące na zewnątrz stoliki i zbite z drzewa duże skrzynie z pięknymi, wylewającymi się z nich kwiatami. Zabrano również fotele służące ludziom do odpoczynku w przerwie robienia zakupów. Lubiłam siąść sobie na takim wygodnym siedzisku w zacisznym miejscu, wystawić twarz do słońca i obserwować ludzi. Siadali najczęściej z laptopem przy słupkach z kontaktami, do których można było podłączyć i ładować komputer. *Shopping center* mieścił się przy samej plaży, w otoczeniu wielu restauracji cieszących się dużą popularnością. Miejsca dla dzieci obandowano żółtą taśmą, a karuzele i huśtawki zostały przykryte czarną folią. Ludzie byli smutni i wystraszeni. Na ulicach pojawiały się kojoty, czując się pewniej niż kiedykolwiek. Natura wzięła duży oddech i cieszyła się nieobecnością człowieka. Może tak miało być? Świat się zatrzymał.

Od każdego klienta dostałam informację, że wstrzymujemy pracę do czasu odwołania lockdownu. Nikt nie wiedział, ile to potrwa. Ludzie pozamykali się we własnych domach z nadzieją, że to przejściowa sytuacja. Większość moich klientów zadbała o mnie. Płacili mi. To pozwoliło przetrwać ten martwy czas i pozostać wciąż w dobrej kondycji finansowej. Był to dobry moment i egzamin dla obu stron. Ja zdałam sobie sprawę, jakimi ludźmi są moi pracodawcy, dla nich natomiast nastąpił moment, w którym doświadczyli konsekwencji braku Edyty. Pisali, że tęsknią, a ich domy są zaniedbane i potrzebują sprzątania. Ubolewali nad tym, bo w lockdownie pracowali zazwyczaj w domach, a zajęcia szkolne dzieci odbywały się online. Wymagało to dużego wysiłku ze strony rodziców i podzielenia obowiązków, a na żadną pomoc z zewnątrz nie mogli liczyć. Jednym słowem zapanowała kompletna Sodoma i Gomora. Jedyny plus tego zamieszania był taki, że wreszcie mogłam w pełni korzystać z wolnego czasu i rozkoszować się nicnierobieniem. Jednak poradzić sobie z nagłym nadmiarem wolnego czasu wcale nie było tak łatwo.

Budziłam się nadal według mojego zegara biologicznego, czyli wcześnie rano. Wciąż wydawało mi się, że muszę wstać i iść do pracy. Mając do dyspozycji całe 24 godziny tylko dla siebie, nie mogłam dobrze się zorganizować i miałam wrażenie notorycznego poruszenia. Musiałam wyjść na spacer każdego dnia, bo inaczej udusiłabym się we własnych myślach. Nie byłam w tym odosobniona. Spotykałam wielu spacerujących ludzi. Odpoczywali na plaży lub biegali brzegiem morza, a kiedy był odpływ, ci bardziej odważni wybierali się daleko, do miejsca gdzie odeszła woda. Siadałam na ciepłym piasku lub leżałam, patrząc w niebo. Obserwowałam stojące we mgle statki dostawcze czekające na swoją kolej wpłynięcia do portu. Każdego dnia widywałam starszego Chińczyka, który profesjonalnie przekopywał mokry piasek, szukając owoców morza.

Stworzyłam swój nowy rytuał dnia, znacznie różniący się od poprzedniego. Nie czułam pośpiechu i nie dbałam o nic. Serwowałam sobie dobre śniadanie, trochę muzyki, ćwiczeń i spacerów. Piekłam często moje ulubione ciasto drożdżowe i wymyślałam różne potrawy, na które wcześniej brakowało mi czasu. Cieszyłam się błogim stanem i chciałam go maksymalnie wykorzystać. Malowałam obrazy, zaczęłam robić na szydełku i zakisiłam kapustę. Posiałam rzeżuchę i kupiłam poidełka dla koliberków. Kładłam się spać, nie myśląc o nastawieniu budzika i nie troszcząc się o jakość snu. Oglądałam filmy do późna w nocy i nie martwiłam się, że będę zmęczona. Pomimo panującego wokoło chaosu i lęku, w moim domu panował urlopowy klimat i zapach drożdżowego placka. Kotka o imieniu Kicia też była zadowolona, że nie zostaje na długo sama i wykorzystywała każdą chwilę, aby móc pospać na moich kolanach. Czułam, jak moje ciało odpoczywa. Czerpałam relaks garściami, bojąc się, że ten błogi stan nie potrwa długo.

Często przyjeżdżał do mnie Lijon. Regularnie chodziliśmy na długie spacery. Przywoził ze sobą córkę, która w okresie lockdownu mieszkała z nim. Lijon bał się zagrożenia z powodu zmieniających się często opiekunów córki. Ona była szczęśliwa, lecz dla niego był to bardzo trudny czas. Odłożył na bok swoje zawodowe sprawy i przerwał prace nad książką. Gotował świeże posiłki, dbał o jej codzienny spacer, rozrywkę i zajęcia edukacyjne. Kiedy przyjeżdżali na Alameda, chodziliśmy na plażę. Lubiła piasek i ptaki. Siadała i patrzyła długo w horyzont. Zawsze zastanawiałam się, co widzi i o czym myśli. Zdarzały się dni, w których była bardzo zmęczona i słaba. Po kilku minutach spaceru chciała wracać.

Jego córka często tęskniła za swoim ośrodkiem. Miała tam ulubioną koleżankę, opiekunkę oraz psa. Ważny był dla niej także codzienny harmonogram dnia, do którego była przyzwyczajona i który lubiła. Mocno przeżywała zmianę, więc staraliśmy się z Lijonem dobrze zorganizować dla niej czas i urozmaicić każdą chwilę. Kiedy ich odwiedzałam, zawsze chciałam sprawić obojgu trochę radości. Najczęściej przygotowywałam coś dobrego do jedzenia lub zwyczajnie wygłupiałam się z nimi. Często kiedy chowałam się w zakamarkach domu, córka Lijona wybuchała śmiechem i sygnalizowała: – *Dad! Dad! She starts with me again!* Lijon uciszał ją wtedy, nie znosząc zbyt wysokich tonów, lecz zazwyczaj nie przynosiło to oczekiwanych rezultatów. Był zmęczony, niewyspany i zdenerwowany. Stan ten utrzymywał się na tyle długo, że zaczęłam się martwić o jego zdrowie. Miał na koncie niezliczoną liczbę nieprzespanych nocy i codzienną porcję nerwów. Był jak chodząca mina z wystawionymi czułkami gotowymi do eksplozji. Nie zawsze miałam ochotę widzieć to lub być odgromnikiem. Rozumiałam jego sytuację i szczerze współczułam, ale wolałam czasami zaszyć się w domu.

Dzwonił do mnie wtedy, pytając, czy jestem na niego zła. Na Lijona nie można było być złym, a jeśli już, to bardzo krótko. Rozbrajał mnie, mówiąc „Edytka" nawet w momentach wściekłości. On także nie lubił napięć między nami. Po takich uniesieniach szybko potrzebowaliśmy ponownego kontaktu.

Po kilku tygodniach zaczęłam dostawać od klientów pierwsze informacje. Pytali grzecznościowo, jak się czuję, jak spędzam wolny czas i czy jestem zdrowa. Próbowali w ten sposób wybadać sytuację w kwestii covid, ale również chcieli nawiązać kontakt w sprawie mojego ewentualnego powrotu do pracy. Byli wśród nich mniej odważni, którzy nie pytali o nic, ale byli tacy, którzy upewniając się, czy nie mam żadnych symptomów, chcieli, abym wróciła. Ucieszyłam się. Wizja powrotu do pracy spowodowała przebudzenie się z letargu. Chociaż cieszyłam się, to czułam też lęk. Śledzenie statystyk nie uspokajało. Chcąc wrócić do pracy, musiałam przygotować dobry plan poruszania się w czasie pandemii. Pierwszymi, którzy chcieli mojego powrotu, były zazwyczaj osoby starsze lub niepełnosprawne. W bloku, w którym mieszkał Neil, pracowałam też dla hinduskiego prawnika na wózku i dla starszej przemiłej Włoszki. Oboje bardzo źle znosili brak moich regularnych wizyt. Czuli się mocno zaniedbani, wystraszeni i to od nich najczęściej dostawałam monity o potrzebie pomocy. Kiedy w pierwszej kolejności właśnie im postanowiłam pomóc, w domach zastałam duży bałagan, pełne kosze bielizny do prania i mocno zaniedbane kuchnie. Łóżka wymagały zmiany pościeli, a szafy poukładania rzeczy. Powoli, z maską na twarzy rozpoczęłam pracę w czasie pandemii.

Po dwóch miesiącach przerwy powróciłam częściowo do pracy. Niektórzy klienci płacili mi, lecz nie byli jeszcze gotowi na mój powrót. Kilkoro jednak zdecydowało się. Do Berkeley jeździłam Uberem, gdyż uważałam, że będzie to najbezpieczniejszy środek transportu. W związku z pandemią w taksówkach zaczęły obowiązywać nowe zasady, których należało mocno przestrzegać. Podczas jazdy okna miały być otwarte, więc najczęściej urywało mi łeb, zwłaszcza kiedy wyjeżdżaliśmy na autostradę. Często można było zauważyć w aucie plastikową, przeźroczystą *plexiglass,* która miała na celu odizolowanie pasażera. Zaraz na początku pandemii wycofano ulubioną przez ludzi opcję *Uber Pool,* która była jedną z najtańszych. W lockdownie mogłam skorzystać jedynie z wariantu *UberX,* czyli zamawiałam auto wyłącznie do mojej dyspozycji i nie dzieliłam podróży z żadną inną osobą. Choć była to najdroższa opcja, nie miałam wyjścia. Nie chciałam się narażać, jeżdżąc publicznymi środkami transportu.

Na ulicach wciąż rządziły pustki. Kiedy wjechałam pierwszy raz od dłuższego czasu do Berkeley, wstrzymałam oddech. Kierowca Ubera także był mocno zdziwiony i rozglądał się z lekkim niedowierzaniem. Miasto, w którym zawsze tętniło życiem, zaskoczyło nas wszechobecną pustką. Na środku ulicy zobaczyliśmy wolno poruszającą się rodzinę kojotów. Jakby badały czy to prawda, co widzą lub raczej czego nie widzą. Nie bały się. Musieliśmy przejechać obok nich. Kiedy zauważyły auto, weszły na wyspę pośrodku ulic i czekały spokojnie, aż przejedziemy. Kampus uniwersytetu wyglądał przygnębiająco. Gdzieniegdzie było widać jedynie bezdomnych. Poza tym wszystkie trawniki, murki i skwery przed pandemią oblężone przez studentów, teraz świeciły pustką. Można było spotkać jedynie wiewiórki, które tęskniły za ludźmi. Zawsze je dokarmiano i nigdy się nie bały, zazwyczaj bardzo blisko podchodząc. Dostawały od ludzi smakołyki, które były dla nich odskocznią od zjadanych różności na drzewach lub wydobytych z ziemi orzeszków.

PEŁNE KOŁO

Któregoś dnia niespodziewanie dostałam wiadomość od Neila. Zapytał, czy nie znalazłabym dla niego czasu, ponieważ wraz z nastaniem lockdownu stracił dwóch opiekunów. Prosił o pomoc, czym mnie bardzo zaskoczył. Pytałam siebie kilka razy: Neil, serio? Napisał do mnie Neil? Po dwóch latach odezwał się do mnie? Co prawda wiedziałam, że będziemy się spotykać, ponieważ miałam w tym samym budynku innych klientów. I tak też było. Nasze drogi często się krzyżowały. Podchodziłam wtedy do niego i witając, jak kiedyś dotykałam jego dłoni. Zamienialiśmy kilka grzecznościowych zdań lub pośmialiśmy się z czegoś i na tym się kończyło. Spotykałam go w windzie lub na dole w świetlicy, ale najczęściej przed wejściem do budynku, gdzie najbardziej lubił przebywać. Zawsze wtedy zastanawiałam się, co myśli i jakie ma refleksje na temat tego, co się wydarzyło. Kiedy spakowana wyszłam z jego mieszkania, nigdy potem nie rozmawialiśmy o tym. Wiedziałam tylko, że w czasie tych dwóch lat bardzo często zmieniał opiekunów.

Szczyt pandemii wciąż trwał, a prognozy na poprawę sytuacji były marne. Część moich klientów wciąż była „zamrożona", a część próbowała zwerbować mnie za wszelką cenę do powrotu. Niektórzy zaproponowali nawet, że będą zwracać mi koszty Ubera, w obawie, abym nie używała innych środków transportu. Chodziło o bezpieczeństwo i jak najmniejsze ryzyko zarażenia. Byli też tacy, którzy nie przejawiali żadnych obaw i po prostu pytali, czy mogłabym już wrócić. Najgorsza była niepewność. Bałam się o pracę. Przecież nie mogą mi płacić w nieskończoność, myślałam. W świetle tych wszystkich obaw szybko odpisałam Neilowi, że bardzo chętnie podejmę się opieki nad nim. Serce biło szybko, wszystko sprzed dwóch lat stanęło mi przed oczami. Miałam wątpliwości, nie wiedziałam, jak się to tym razem potoczy... Mimo to, gdzieś w środku czułam radość i jakąś dziwną ulgę. Cieszyłam się, że wracam do Neila. Dlaczego? Nie wiem. Widać życie lubi zaskakiwać, a kosmos znowu ma dla mnie niespodziankę. Wszystko idzie swoim torem i samo się układa. *Take care, Edyta...*

Pracę z Neilem rozpoczęłam od jednego popołudnia w tygodniu. Idąc pierwszy raz do niego, czułam tremę i dziwny stres. Okazało się, że zupełnie niepotrzebnie. Kiedy wsiadłam do windy, uzmysłowiłam sobie, że dwa lata nie wciskałam przycisku ósmego piętra. Winda wjeżdżała wolno i kiedy otworzyły się przede mną metalowe drzwi, zobaczyłam znany mi długi korytarz, na końcu którego znajdował się mały balkon. Obrazy stawały mi przed oczami jeden po drugim – tu stał Jezus oparty luźno o ścianę i czekał na mnie, aż wymknę się do niego i pojedziemy do lasu. Tu wynosiłam nieudolnie, w nerwach, moją komodę, której zawias mocno wbił mi się w udo. I tu mój pierwszy dzień, kiedy dwa dni po przylocie z Polski zobaczyłam witającego mnie faceta bez majtek. Wspomnienia powracały jak bociany na wiosnę. Chcąc je przerwać, zapukałam do drzwi Neila. Siedział na wózku i patrzył w okno. Tym razem był ładnie ubrany. Na mój widok uśmiechnął się i powiedział: – *Welcome, Edita.* Podeszłam do niego. Przytuliłam go i odwzajemniłam uśmiech. Rozumieliśmy się bez słów. Bardziej niż kiedyś skulony w swym ciele i pogrążony w nieustannie postępującej dystonii przywitał mnie ciepło i serdecznie. Poczułam ulgę, jakbym zrzuciła tonę balastu. Byłam szczęśliwa, że jestem tu i mogę ponownie dla niego pracować. Z bagażem doświadczeń czułam się pewniej i silniej.

Rozejrzałam się, jakbym szukała czegoś, co zostawiłam. Zauważyłam, że mieszkanie zmieniło się. W ciągu ostatnich dwóch lat przeprowadzono tu duży remont, zmodernizowano łazienkę, przystosowując ją do wymagań osoby niepełnosprawnej. Poza tym wyburzono część ściany, co powiększyło wizualnie mieszkanie. Miejsce do spania Neila było teraz w *living room,* a nie, jak dawniej, w sypialni. Miał specjalne łóżko, wyglądem przypominające szpitalne. Nie lubiłam go. W kącie salonu zauważyłam też ogromne narożne biurko z komputerem, które pamiętałam z sypialni. Usiadłam przy tym samym drewnianym stole co dwa lata temu, kiedy żegnałam się z Neilem. Popatrzyłam za okno. Ponownie zobaczyłam widok za milion dolarów i wciąż to samo, mrugające światełkiem więzienie Alcatraz. Doznałam *deja vu.* Drzwi od mojego byłego pokoju, w którym mieszkałam wtedy blisko rok, były zamknięte, a okno zasłonięte czarnym brystolem. Mieszkał w nim teraz Paul. Ten sam, który siedząc kiedyś na toalecie przy otwartych drzwiach i ze spuszczonymi spodniami w dół, witał mnie i pytał, jak minął mój dzień. Kiedy dwa lata temu wyprowadziłam się, Paul wrócił do Neila i zamieszkał w tym pokoju. Właściwie długie lata tu mieszkał i opiekował się Neilem. Ale kiedy pojawiłam się i przyszedł czas planowania naszego ślubu, Neil poprosił Paula o wyprowadzenie się. Postąpił tak samo jak ze mną. Bezwzględnie i bez zastanowienia. Nieważne było dla niego, w jakiej sytuacji jest Paul. Neil działał często pod wpływem impulsu i nie myślał o konsekwencjach swoich czynów. Paul jednak poradził sobie i szybko znalazł pokój u przyjaciela Neila – Mojżesza. Tego samego, który był założycielem kapeli, w której grał na perkusji Jezus. Kiedy jednak sytuacja diametralnie się zmieniła i nadszedł czas, że musiałam wyprowadzić się od Neila, Paul powrócił i znów tu zamieszkał.

Praca z Neilem układała się bardzo dobrze. Staraliśmy się nie wracać do przeszłości, ale przyszedł dzień, w którym to się stało. Nie byłam chętna do rozmowy, lecz on nalegał i ciągnął mnie za język. Był ciekawy, co się stało z Jezusem i dlaczego się rozstaliśmy. Nie miał świadomości, co wydarzyło się w moim życiu i dlaczego przeprowadziłam się na Alameda. Wiedziałam, że unikanie tematu nie pomoże. Wydawało mi się również, że Neil chce coś wyjaśnić i nie myliłam się.

Okazało się, że czuł się winny. Zrobił duże oczy, kiedy usłyszał jezusowo – judaszową historię i zaczął mnie przepraszać. Nie o to chodziło. Nie chciałam wzbudzać w nim poczucia winy ani innych emocji burzących jego spokój. Był zdenerwowany i bliski płaczu. Wytłumaczyłam spokojnie, że wszystko miało swój cel i działo się zapewne po coś. Ze łzami w oczach zapytał: – Ale po co? – To proste – odpowiedziałam.

– Jestem dziś inną osobą. Mam za sobą doświadczenia, a Jezus był tylko kolejnym nauczycielem spotkanym na mojej drodze. Musiałam przez to przejść, by móc tu wrócić i zrozumieć to, czego kiedyś nie rozumiałam lub nie chciałam zrozumieć. Neil uśmiechnął się do mnie i pokiwał znacząco głową. Był już spokojny i odetchnął z ulgą. Potrzebowaliśmy tej rozmowy.

Po dwuletniej przerwie w pracy z Neilem łatwo można było zauważyć rozwój jego dystonii. Był o wiele słabszy niż w dniu, kiedy odeszłam. Pamiętam doskonale, jak sam potrafił wstać z łóżka i całkiem sprawnie przetransportować się na wózek. Tak samo było z toaletą, nie potrzebował wtedy asysty. Dziś zmiany w zakresie ograniczenia ruchu wprawiały mnie w osłupienie. Pomoc dla Neila wymagała tym razem o wiele większej uwagi i poświęcenia. Nie mógł również korzystać już z podłogi w celu gimnastyki czy tańca. A uwielbiał to i zawsze chętnie schodził na wykładzinę dywanową. Jeśli potrzebował rozciągnięć czy zmiany pozycji ciała, zsuwał się wtedy na podłogę i wykonywał kilka dobrze znanych mu ćwiczeń. Teraz nie było o tym mowy. Pogorszył mu się nastrój, mocno opanowała go nostalgia. Początkowo myślałam, że powodem tego jest wszechobecna covidowa atmosfera, która przytłaczała nawet całkiem zdrowych ludzi i przysparzała wiele dolegliwości psychogennych. Depresyjne newsy i słaba poprawa sytuacji nie wzbudzały u nikogo radosnych odruchów. W związku z tym postanowiliśmy z Neilem oglądać filmy. Oddaliśmy się całkowicie temu zadaniu i jak prawdziwi melomani wyszukiwaliśmy najciekawsze pozycje. Początkowo pracowałam dla Neila tylko w poniedziałkowe popołudnia, ale po jakimś czasie poprosił również o popołudnia w środy. Byłam zadowolona, że mogę pracować u niego i czułam, że tym razem wszystko będzie dobrze. Myślę, że każde z nas odczuwało na swój sposób pewną ulgę.

Po dwóch miesiącach sytuacja nieco się zmieniła. Neil i jego siostra zapytali mnie o pracę również w soboty. Czemu nie? Moj grafik wciąż niedomagał, a niektórzy klienci nadal bali się mojego powrotu do pracy, więc opcja zarobku u Neila była optymistyczna. Tak więc oprócz poniedziałków i śród pracowałam także w soboty. Powoli spróbowaliśmy wyruszać na spacery. Neil je uwielbiał. Maskowaliśmy się szczelnie i w prawie każdą sobotę odbywaliśmy długi spacer. Szliśmy zazwyczaj do znajomych Neila, którzy mieli gromadkę kur. Lubiłam tam chodzić. Czułam się prawie jak na wsi, a kury były na tyle oswojone, że wskakiwały Neilowi na kolana. Miał wtedy wielką frajdę, a ja mogłam wreszcie zobaczyć jego prawdziwy uśmiech. Zupełnie jak dawniej, kiedy nasze spacery trwały kilka godzin i zaliczaliśmy po drodze wszystkie kawiarnie, w których spotykaliśmy ciągle jakichś znajomych Neila. Tęskniliśmy za tym czasem. Neil szukał kontaktów. Jednak pandemia skutecznie hamowała jego zapędy. Jedyną deską ratunku była grupa młodych ludzi mieszkających niedaleko. Kiedy wyruszyliśmy do nich pierwszy raz, byłam bardzo zaskoczona tym miejscem. Neil wjeżdżał na posesję ich domu bez żadnych zahamowań i obaw. Czuł się swobodnie i nie zwracał uwagi, czy wypada. Ja ze swoim wrodzonym uprzedzeniem, że nie można wchodzić na prywatny teren, chciałam go za wszelką cenę powstrzymać. Ale nie było to łatwe. Zawsze w takich momentach okazywało się, że moje polskie blokady wynikające z dobrego wychowania brały w łeb. I znów uderzały mnie różnice między Amerykanami a Polakami. Neil wjeżdżał wózkiem do ogrodu, parkował w najbardziej dogodnym dla siebie miejscu i wystawiał twarz do słońca, po czym proponował mi, abym zrobiła to samo. Znajdowałam więc sobie podobne miejsce i siedzieliśmy, korzystając z uroków czyjegoś ogrodu. Zawsze spokojnie powtarzał, żebym się nie martwiła, bo to ogród jego przyjaciół i nic nam tu nie grozi. Na początku reagowałam nerwowo, ale z czasem przyzwyczaiłam się i zaufałam mu. Najczęściej jego młodzi przyjaciele wychodzili do nas i biesiadnie dotrzymywali towarzystwa. Brali w ręce swoje gitary i śpiewali. Neil był wtedy szczęśliwy i chętnie spędzał tam czas. Uwielbiał młodych ludzi, a oni jego.

Obserwowałam ich relacje i podziwiałam za to, że tak pięknie może być. Nikt nie zwracał nigdy głośnych uwag, nie krytykował i nie bulwersował się. Nie tylko dlatego, że Neil był osobą niepełnosprawną – ogólnie przyjętą tutaj zasadą jest nie zwracać nikomu uwagi. Nie ma gapienia się, oceniania, krytykowania. Nikogo nie interesuje czyjś wygląd. Idąc na przykład ulicą w piżamie, można jedynie usłyszeć komplement w stylu „super piżama" lub „dobrze dziś wyglądasz". Domy i ich posesje nie mają ogrodzeń. Brak jest płotów, murów i innych wyznaczonych granic. Drzewa cytrynowe i pomarańczowe spokojnie dojrzewają bez ryzyka kradzieży czy zniszczenia. Często właściciele wystawiają przed dom kosze z owocami, zachęcając przechodzących ludzi do poczęstunku. Życzą sobie przy tym dobrego dnia i obdarowują niezliczoną ilością uśmiechów. Takie zachowania tworzą specyficzną atmosferę, nazywaną często amerykańskim *fake*. Jednak jest to na pewno lepsze od narzekania, malkontenctwa czy innych ponurych zachowań.

Powrót do Neila okazał się dużym strzałem w dziesiątkę. Wszystko przebiegało inaczej niż kiedyś.

Lepiej. Rozumieliśmy się bez słów. Kiedy spotykano nas razem w windzie, niektórzy byli zaskoczeni. Rysowało się na ich twarzach: Ale jak to? Ona znowu pracuje dla Neila?! Najbardziej zdziwiona była moja ukochana starsza Włoszka, która krzyknęła: – *Oh no! Again!* Ale po chwili namysłu sama sobie odpowiedziała: – *Why not?* Natomiast Paul był bardzo zadowolony z mojego powrotu. Lubiliśmy rozmawiać. Kiedyś gdy zostawił otwarte od swojego pokoju drzwi, dobiegł mnie specyficzny zapach, który przypomniał czas, w którym tu mieszkałam. Pamiętałam doskonale ten zapach. Był inny niż w całym apartamencie. Zerknęłam ukradkiem i zobaczyłam tę samą drewnianą komodę, w której trzymałam swoje rzeczy. Małą sofę, na której siedziałam z Jezusem, kiedy jeden jedyny raz przyszedł do mnie. Zapytałam wtedy Neila o pozwolenie, czy Jezus może na chwilę do mnie wejść. Pozwolił, ale dziś myślę, że to był zły pomysł. Szukaliśmy wtedy mieszkania dla nas, a jego wizyta przedłużyła się do kilku godzin. Teraz patrząc na to miejsce przez pryzmat minionego czasu, niczego nie żałuję. Jestem pewna, że wszystko miało swój cel. Abym zrozumiała to, czego może nie rozumiałam i nie wiedziałam wtedy.

Siedząc ponownie, po dwóch długich latach w mieszkaniu Neila, uświadomiłam sobie, że wciąż żyją we mnie wyrzuty sumienia względem niego.

Myślę, że on miał te same odczucia. Może więc nasze drogi musiały się ponownie skrzyżować, aby dokonać wzajemnego rozliczenia, zakończyć rozdział i rozpocząć nowy. Tak czułam. Ale nie wiedziałam, że to jeszcze nie koniec toczącego się koła i powrotów. Życie zatoczyło przede mną krąg, dając tym samym powody do refleksji. O co w tym chodzi? Co spowodowało, że pomimo zmieniającej się rzeczywistości weszłam dokładnie do tej samej rzeki? Nie chciałam rozmyślać. Pozwoliłam się jedynie poprowadzić…

Gdy kończyłam pracę w soboty po południu, zmieniała mnie bardzo fajna dziewczyna. Na imię miała Luna. Neil bardzo ją lubił i był zadowolony z jej pomocy. Zdarzyło się kilka razy, że potrzebowała wolnego weekendu i prosiła mnie o zastępstwo. Zostawałam wtedy z Neilem do niedzieli i nie było to dla mnie problemem. Ale przyszedł czas, w którym Luna musiała zrezygnować z pracy u Neila. Ten rok, oprócz pandemii, był również ciężki z powodu szalejących w Kalifornii pożarów, które pochłonęły hektary lasów, a także ludzkie domy i dobytki. Tragedia ta dotknęła także rodziców Luny. Pamiętam dzień, w którym przyszła bardzo smutna, usiadła pod oknem i zaczęła płakać. Pocieszaliśmy ją, ale trudno dobrać słowa, które przyniosłyby ulgę w takich momentach. Była w rozpaczy, bo jej rodzice stracili wszystko. W związku z zaistniałą sytuacją Luna postanowiła przerwać pracę u Neila i wyjechać do Santa Cruz. Miała możliwość wynajęcia tam domu, w którym chciała zamieszkać wraz z rodzicami. Jej odejście bardzo zmartwiło Neila. Sytuacja wydawała się patowa, gdyż nagle zabrakło osoby, która mogłaby pracować w niedziele. Ponieważ sytuacja z covid nie ulegała znacznej poprawie i wciąż było niebezpiecznie, postanowiłam zastąpić Lunę. Nie zwróciłam nawet uwagi na fakt, że tym sposobem wróciłam do wymiaru czasu, w którym pracowałam tu dwa lata temu. Powróciłam, jakbym wcale nie odchodziła. Zmieniła się jedynie otaczająca mnie rzeczywistość.

Moje życie toczyło nadal swój krąg i nie zwracało kompletnie uwagi na panującą wokół pandemię oraz strach przed malutkim wirusem, który postanowił rządzić światem. Brnęło dalej, jakby chciało pokazać, że potrafi zatoczyć całkiem niezłe koło, dochodząc szybko do celu. Dojazdy do Berkeley robiły się coraz droższe. Uber był bezlitosny, jakby wykorzystując pandemię chciał potroić swoje dochody. Z coraz większym niepokojem śledziłam swoje wydatki. Żal ściskał mi dupę, kiedy widziałam, jak moje ciężko zarobione pieniądze idą na konto firmy przewozowej. Byłam zdesperowana i postanowiłam całkiem serio zająć się poszukiwaniem nowego mieszkania.

Na celowniku było oczywiście ukochane Berkeley. Pomimo trudnej sytuacji na rynku spowodowanej pandemią osobie w mojej sytuacji nie było łatwo znaleźć szybko nowe lokum. Miałam swoje wymagania i wiedziałam, czego chcę, ale jako kobieta w średnim wieku nie zawsze pasowałam do miejsc, gdzie rządzili studenci. Często było tak, że kiedy szłam na umówione spotkanie w sprawie mieszkania i otwierano mi drzwi, zapach marihuany i liczne grono młodych ludzi automatycznie uświadamiało, że to pomyłka i będzie lepiej, jeśli szybko stąd wyjdę. Specyfika tego miasta utrudniała znalezienie intymnego i niezależnego miejsca.

Pewnego dnia, gdy czytałam przy śniadaniu lokalną gazetę, rzuciło mi się w oczy ogłoszenie pokoju do wynajęcia. Właściciel domu zaznaczył, że jest zainteresowany wyłącznie osobą pracującą. Czyli nie był chętny wynajmować pokoju studentom. Dom mieścił się w bardzo dobrej lokalizacji, blisko mojego brata i osób, dla których pracowałam. Umówiłam się szybko na spotkanie. Kiedy przybyłam, na schodach domu siedziała starsza pani. Wchodząc na posesję, uśmiechnęłam się i usłyszałam: – *Are you Edita?* – *Yes! I am Edita. Nice to meet you!* Starsza pani pochodziła z Niemiec, a dokładnie z Düsseldorfu. Tam były jej korzenie, tam się urodziła i wychowywała do piętnastego roku życia. Z twarzy wyglądała na surową, ale kiedy zamieniłam z nią kilka zdań, wydawała się bardzo miła. Oprowadziła mnie po domu i pokazała pokój, w którym miałabym mieszkać. Nie był duży. Znajdował się w nim kominek i stare meble. Łóżko wyglądało na wygodne, a z okna rozciągał się widok na zatokę. W domu panowała cisza. Znak czasu dawał się zauważać na każdym kroku. Usiadłyśmy w kuchni, a starsza pani zaproponowała kawę. Rozmowa była miła. Wypytała delikatnie o kilka szczegółów, ale nie miałam jej tego za złe. W końcu chciała przyjąć pod swój dach obcą osobę. Dom wydawał się tym miejscem, którego szukałam. Pokój był mały, ale przytulny i dobrze umeblowany. Atrakcyjna kwota za wynajem i bardzo dogodna lokalizacja stanowiły niemałą gratkę. Dodatkowo starsza pani nie chciała więcej osób w domu. Był środek pandemii, a to zniechęcało wielu ludzi do wynajmu apartamentów.

Poprosiłam o dwa dni na zastanowienie się. Zgodziła się. Kiedy wróciłam na Alameda, musiałam przemyśleć wszystko, aby podjąć kroki w temacie przeprowadzki do Berkeley. Po wstępnej analizie wszystkich „za" i „przeciw" doszłam do wniosku, że to dobre miejsce dla mnie. Starsza pani ucieszyła się z mojej decyzji i poprosiła o wpłatę małej zaliczki. Byłam bardzo zadowolona. W głowie snułam już plany i chciałam rozpocząć wstępne pakowanie. Miałam dwa tygodnie na przeprowadzkę. Niby nie mało, ale także nie tak dużo czasu, zwłaszcza jeśli każdy dzień był wypełniony po brzegi pracą. W weekend nagle naszły mnie jakieś obawy. Nie wiedziałam do końca, z czego wynikają i dlaczego się pojawiły. Wewnętrznie jednak czułam, że coś jest nie tak. Miła pani, piękny, stary dom, wymarzona lokalizacja, przytulny pokój, a w głowie i duszy niepokój, który nie pozwala ostatecznie podjąć decyzji. Takie małe rozdwojenie jaźni, którego stałam się nagle niewolnikiem. Z jednej strony dobra okazja, z drugiej odczucia sprzeczne z tymi, które miałam po wstępnej rozmowie z właścicielką domu.

W takich momentach jak ten zawsze starałam się słuchać swego głosu wewnętrznego. Naprawdę nie wiem dlaczego. Są rzeczy, które po prostu się czuje, lecz trudno je ubrać w słowa. Moja szeptucha była wprawiona i mocno zaprzyjaźniona ze mną. Często szeptała mi do ucha coś, co było sprzeczne z moją decyzją lub zamiarem. Swoje pięć groszy musiała też wtrącić w sprawie mojego wylotu do USA. Była jak rozchichotana przyjaciółka, która bez względu na nastroje panujące wokół trafnie ocenia sytuację i podpowiada co robić. Ufałam jej. Tym razem także była bezwzględna i wytrąciła mnie skutecznie z euforii znalezienia nowego miejsca. Miałam wrażenie, że krzyczy do mnie w obawie popełnienia przeze mnie błędu. Czemu nie była taka skuteczna i nie szeptała w sprawach pożyczek w Polsce lub mężczyzn? Czułam złość, ale podążałam jej śladem. Szeptucha babucha zadecydowała i tym razem, że nie mogę wyprowadzić się do starszej pani. Zadzwoniłam więc i przeprosiłam, że okoliczności nie pozwalają mi na przeprowadzenie się do Berkeley. Zrozumiała i pożyczyła: *Good luck, Edita!* Dobrze że nie *take care,* bo bym zaczęła gryźć i kopać. Jeszcze przez kilka dni rozmyślałam o domu starszej pani i zastanawiałam się, czy na pewno dobrze zrobiłam. Wciąż sprawdzałam strony internetowe z ogłoszeniami mieszkań w Berkeley, ale nic więcej szczególnego w tym temacie nie robiłam. Płynęłam z nurtem życia, wierząc, że zaskoczy mnie lub przygotuje dobry scenariusz. Odpuściłam. I miałam rację.

Po dwóch miesiącach napisała do mnie pewna znajoma. Shonen była niewidoma i nieco starsza ode mnie. Znałam ją od kilku lat, ale wyłącznie za sprawą moich byłych klientów, u których ponad rok opiekowałam się ich synkiem. Shonen często przychodziła do nich w odwiedziny i wtedy poznałyśmy się. Wiedziałam, że mieszka bardzo blisko mojego brata, w dzielnicy, w której zaczęła się moja Ameryka. Kiedy wcześniej szukałam mieszkania, pytałam ją kilka razy o możliwość wynajęcia pokoju w jej domu.

Zazwyczaj odpowiadała, że na ten moment nie mają nic wolnego. Nie dziwiłam się, ponieważ dom był w doskonałej dzielnicy i nikomu nie spieszyło się z wyprowadzką.

Temat powrócił wraz z emailem od Shonen. Napisała do mnie kilka słów, jakby podświadomie znała mój problem. Doskonale trafiła w czas, pytając, czy nadal poszukuję dla siebie mieszkania. Kiedy czytałam wiadomość od niej, byłam już prawie pewna, że dobrze zrobiłam, odpuszczając temat przeprowadzki. Serce biło mi mocniej i poczułam ogromną radość, wyobrażając sobie, że mogłabym zamieszkać w sąsiedztwie Uniwersytetu Kalifornijskiego w Berkeley i mieć pracodawców pod ręką, bez konieczności używania Ubera. Natychmiast odpisałam, że jestem zainteresowana i umówiłyśmy się na spotkanie. Kiedy przyszłam pod wskazany adres, ujrzałam piękny, stary, popielato – biały dom, przypominający włoską rezydencję. Za stojącą przede mną Shonen zobaczyłam ogromny reprezentacyjny hol, a następnie wielki salon z kominkiem, na końcu którego znajdował się duży drewniany taras z widokiem na całą zatokę. Dom był naprawdę wiekowy – zbudowano go w 1903 roku. Wszystko tu skrzypiało i miało niepowtarzalny klimat. Dębowe podłogi ułożone w specyficzną jodełkę błyszczały w świetle słońca. Pod ogromnym oknem stał stół na dwanaście osób. Z salonu otwierały się drewniane drzwi, ozdobione starymi witrażami. Znajdował się tam pokój medytacji. Maty, poduszki i instrumenty muzyczne były jedyną ozdobą tego miejsca. Na frontowej ścianie, na małym fikuśnym stoliku stał posąg Buddy. W ceramicznych wazonikach paliły się kadzidła, których zapach unosił się we wszystkich pomieszczeniach. Kuchnia ze starym piecem i kredensami tworzyła serce domu. Wyposażona była we wszystkie potrzebne urządzenia. Przechodząc, udało mi się zauważyć młynek do kawy, sokowirówkę, maszynę pod ciśnieniem do parzenia kawy, garnek do gotowania ryżu, pokaźny toster, wiszące żeliwne patelnie we wszystkich możliwych rozmiarach, sitka, siteczka, a drewniane półki zawieszone nad blatami wypełnione były po brzegi szklankami, miseczkami, kubkami, talerzami. Unosiła się przyjazna i pozytywna energia.

Nie wiedziałam jeszcze wtedy, jak wygląda mój pokój, który znajdował się na piętrze. Shonen poprowadziła mnie szerokimi schodami z drewnianą balustradą. Wchodząc na górę, przesuwałam dłonią po gładkiej powierzchni drewna. Piętro zrobiło na mnie ogromne wrażenie. Kwadratowy hol posiadał wbudowane naokoło stare kredensy. Po prawej stronie zauważyłam dwie duże łazienki. Jedna z nich była skromna, z dużym prysznicem. Druga stanowiła miejsce na wzór kąpielowego salonu. Mozaika na podłodze miała swoje lata i wyglądała na oryginalną sprzed kilkudziesięciu lat. Na tle dużych okien stały wysokie, wybujałe pod sufit yuki. Na dywaniku przy wannie widniał napis: *Wash yourself or get dirty* (wymyj się lub bądź brudny). Roześmiałam się. Najbardziej byłam jednak ciekawa swojego pokoju.

Shonen chwyciła za starą gałkę w drzwiach i weszłyśmy do ogromnego pomieszczenia. – *Wow!* – zawołałam. To był ten pokój. Czekałam na niego długie lata i marzyłam o takim miejscu dla siebie. Dom był położony na skarpie, co dodatkowo dodawało wysokości. Podeszłam do okien. Podłoga miło zaskrzypiała. Zobaczyłam identyczny krajobraz, który widzę zawsze u Neila. Miałam na dłoni całą zatokę. Widziałam dwa mosty – Bay Bridge wraz z panoramą San Francisco oraz most Golden Gate i Alcatraz. Pokój posiadał dwa *closets,* czyli specyficzne dla amerykańskiej zabudowy pomieszczenia garderobiane. Byłam pod wrażeniem. Chodziłam w kółko i widziałam już, gdzie postawię swoje klamoty. I koniecznie wygodny duży fotel pod oknem, aby po ciężkim dniu móc podziwiać zachody słońca.

Po chwili dołączył do nas miły chłopak, Nick,

który wraz ze swoją dziewczyną mieszkał w tym pokoju przez ostatnie dziewięć lat. Był uśmiechnięty i serdeczny. Przywitał się i od razu przeszedł do rzeczy. W pokoju stała bardzo ładna wiklinowa szafa. Powiedział, że jeśli chciałabym tę szafę, zostawi mi ją. Dodał, że pokój wychodzi na stronę zachodnią, więc niezbędne są dobre żaluzje. Spojrzałam na okna i zauważyłam zamontowane harmonijkowe białe żaluzje. Popatrzył na mnie i uśmiechnął się, po czym rzucił: – Jeśli chcesz, zostawię ci je także. Wow! Byłam zadowolona.

Oglądanie domu i rozmowa przedłużyły się do godziny i kiedy nadszedł moment końcowy, Shonen zapytała, czy jestem zdecydowana. Dodała również, że obecnie mamy połowę października, a pokój będzie gotowy do zamieszkania dopiero od stycznia. Nie stanowiło to dla mnie problemu, a wydłużony czas oczekiwania pozwoliłby dobrze przygotować się i zorganizować przeprowadzkę, bez zbędnego pośpiechu i stresującego tempa. Wstępnie byliśmy dogadani, ale Shonen poinformowała mnie, że według zasad, które obowiązują w ich domu, będę musiała wziąć udział w spotkaniu ze wszystkimi domownikami i dopiero po krótkiej wspólnej rozmowie podejmą decyzję o przyjęciu mnie do swego grona. Umówiliśmy się, że jeszcze tego wieczora zobaczymy się na Skype.

Wróciłam na Alameda w dobrym humorze. Byłam podekscytowana, bo zakochałam się w tym domu i jego atmosferze. No i wreszcie miałabym pokój z widokiem na zatokę, o którym ciągle marzyłam! Przechadzając się uliczkami Berkeley, tak wiele razy patrzyłam na domy i myślałam sobie, że mogłabym tu mieszkać.

Denerwowałam się wieczornym spotkaniem. Punktualnie o siódmej połączyłam się z Shonen i zobaczyłam przy dużym stole wszystkich domowników. Miałam tremę, zwłaszcza że wciąż nie czułam się komfortowo z językiem angielskim. Przywitano mnie bardzo serdecznie. Każdy z domowników przedstawił się z imienia i opowiedział kilka słów o sobie, czym się zajmuje, jakie ma pasje i skąd pochodzi. Następnie przyszedł moment, w którym to ja musiałam zdać egzamin. Starałam się mówić wolno, aby wszyscy dobrze mnie zrozumieli. Zdawałam sobie sprawę, że mój akcent wciąż pozostawia dużo do życzenia, a gramatyka nie jest perfekcyjna. Ale rozumieli mnie i po chwili konwersacja była już w pełni zaawansowana. Wśród osób mieszkających u Shonen był młody Hiszpan z zabawnym akcentem, który pracował na Uniwersytecie Kalifornijskim oraz równie sympatyczna doktorantka z Korei, z którą polubiłam się od pierwszych minut rozmowy. Mieszkała tu także, i to już dość długo, przemiła amerykańska para sprawująca pieczę nad organizacją wszystkich obowiązków należących do mieszkańców. Potem przyszedł czas na mnie i musiałam odpowiedzieć na kilka pytań. Głównie w sprawie covid i tego, czym się zajmuję na co dzień.

Spotkanie trwało koło godziny. Z uśmiechem na twarzy poinformowali mnie, że potrzebują dwudziestu minut na podjęcie decyzji. Dlaczego tak długo, pomyślałam. Czas się dłużył, poczułam spocone dłonie. Nie wiedziałam, jak wypadłam. Pocieszałam się, że tutaj wszystko odbywa się miło i serdecznie, więc nawet jeśli... Wreszcie zadzwonił telefon. Odebrałam i usłyszałam ciepły głos Shonen. Powiedziała, że jednogłośnie zdecydowali przyjąć mnie pod dach swojego domu i nie mogą się doczekać spotkania. Wydałam okrzyk radości i podziękowałam za dobrą wiadomość. Odłożyłam telefon i rozejrzałam się. Ilość rzeczy do zapakowania wydała się większa niż początkowo. O swojej decyzji poinformowałam bratanicę. Wróciłam myślami na chwilę do starszej pani i wiedziałam, że kolejny raz kosmos i szeptucha działali na moją korzyść, podpowiadając wyłącznie dobre kroki. Czułam szczęście.

Przedświąteczna atmosfera panująca wokół pozwalała zapomnieć, że wciąż żyjemy w pandemii.

Napięcie związane z Covid-19 opadało. Grudzień był zazwyczaj ciężkim miesiącem, jeśli chodzi o pracę. W związku z tym bałam się, że nie zdążę spakować wszystkiego i nie będę gotowa na czas. Zapomniałam nawet, że pierwszego stycznia jest dniem wolnym. Przecież to Nowy Rok, a ja mam w tym dniu wprowadzać się do nowego mieszkania?! Odebrałam to jako symboliczne wydarzenie. Nowe miejsce, nowy rok i nowe życie. Podobało mi się i nie chciałam tego zmieniać za żadne skarby. Zadzwoniłam do znajomych, którzy wyrazili chęć pomocy w przewiezieniu moich wszystkich mebli. Pomimo Nowego Roku. Mieli dwa duże auta, co pozwoliłoby na jeden kurs do Berkeley. Chciałam załatwić to szybko i sprawnie. Byłam im bardzo wdzięczna.

Zaraz po świętach zrobiłam test na obecność Covid-19. Taki był wymóg wejścia do domu Shonen. Byli tacy, którzy powtarzali go nawet co dwa tygodnie. Robili to dla swojego komfortu, ale również dla innych, aby mogli się czuć swobodniej i pewniej. Nie miałam nic przeciwko temu i również zrobiłam test. Po trzech dniach dostałam wynik. Był negatywny. Od razu poinformowałam o tym Shonen, która bardzo niecierpliwie czekała, wiedząc, że zbliża się dzień mojej przeprowadzki. Mój czas na Alameda dobiegał końca. Bratanica posmutniała, a kotka Kicia, wyczuwając atmosferę pakowania i dziwne zamieszanie, coraz częściej zasypiała na moich kolanach. Wieczór sylwestrowy spędziłam z Lijonem. Po całym dniu pracy wskoczyłam tylko pod prysznic i wyciągnęłam z walizki jakąś bardziej atrakcyjną bluzkę. Z rozwianym włosem przybyłam do jego domu i bardzo głodna zaczęłam pogryzać pokrojone kromeczki chrupiącej świeżej bagietki. Kiedy zasiedliśmy do uroczystej kolacji, poczułam, że powoli spada ze mnie napięcie po intensywnym dniu pracy. Kieliszek wina i podwyższony poziom cukru wprawiły mnie w rozluźnienie i dopiero wtedy przyszedł prawdziwy relaks. Spędziliśmy miły wieczór. Kiedy wybiła północ, korek szampana wystrzelił i weszliśmy w Nowy 2021 Rok.

Nazajutrz rano panowała zupełna cisza, a ulice były wyludnione. Nic dziwnego. Co można robić innego po sylwestrowej nocy? Ja natomiast wraz z moim całym dorobkiem amerykańskiego życia byłam zwarta i gotowa do przeprowadzki. Kiedy przyleciałam tu sześć lat temu, miałam ze sobą tylko dwie duże torby. Teraz liczba kartonów i toreb zaniepokoiła mnie i moich pomagierów. Zaczęliśmy wolno wynosić wszystkie pakunki. Sąsiad obok z niedowierzaniem spoglądał zza żaluzji, ale chyba ciekawość rozpierała go na tyle mocno, że postanowił wyjść z pieskiem. Zapytał mnie wtedy, czy się wyprowadzam. Potaknęłam, a jego twarz zmieniła się i do dzisiaj nie wiem, czy ze smutku i tęsknoty za mną, czy ze zdziwienia, że robię to pierwszego stycznia. Mnie też zrobiło się smutno. Mimo że zawsze rozgrzewał mnie do czerwoności trzaskaniem drzwi, to jednak lubiłam go. Byłam bardzo zaskoczona, kiedy po kwadransie wszystkie bagaże znalazły się już w autach. Wyjeżdżając z parkingu, popatrzyłam raz jeszcze w moje okno. Spędziłam tu prawie dwa lata. Znowu się przeprowadzałam.

Pełna nadziei na nowe i lepsze życie wyruszyłam do Berkeley. Powróciłam nie tylko do Neila, ale też do miasta, w którym wszystko się zaczęło. Byłam świadkiem, jak moje życie pięknie zatoczyło krąg. Wróciłam tu po wielu historiach i przejściach. Tych bardziej i mniej miłych. Wraz z pierwszym dniem Nowego Roku znów znalazłam się na „starych śmieciach", ale jako nowa Edyta. W takich momentach łatwo zauważyć wszystkie przemiany, jakie w nas zaszły.

Kiedy podjechaliśmy pod mój nowy dom, zauważyłam na tarasie trzy ganiające się wiewiórki. Zaraz przy schodach rosła duża brzoza, której widok mnie ucieszył. Potraktowałam to jako miły polski akcent. Z bagażami uwinęliśmy się bardzo szybko. Podziękowałam znajomym za trud oraz ich wspaniałą pomoc i życzyłam szczęśliwego nowego roku. Kiedy odjechali, stanęłam oko w oko z moim nowym miejscem. Wszystkie rzeczy umieściłam w jednym kącie i uszykowałam na podłodze materac, bo nie miałam jeszcze łóżka. Usiadłam na walizce pod oknem i zapatrzona w dal przesiedziałam tak godzinę. Było cicho. W związku z okresem świątecznym dom opustoszał i przebywał w nim tylko Hiszpan Jorge i ja. Na dole mieszkała Shonen. Dom był ogromny, miał trzy kondygnacje i mnóstwo zakamarków. Na piętrze zobaczyłam drzwi, które wskazywały, że kiedyś była tu winda. Jeden z dwóch tarasów znajdował się od strony ogrodu. Zatopiony wśród zieleni stanowił piękne miejsce do odpoczynku. Dodatkowym atutem tego miejsca były dwa duże wiszące karmniki. Słowiki świergotały, tworząc niekończącą się sonatę. Czułam, że będę spędzać tu każdą wolną chwilę.

Późnym popołudniem zaczęłam rozpakowywać bagaże. Przygotowałam również materac na podłodze, aby spędzić wygodnie swoją pierwszą noc. Kiedy schodziłam do kuchni, w holu domu zauważyłam dużą choinkę, która migotała światełkami i pachniała intensywniej niż rano. Wprawiła mnie w prawdziwie noworoczny humor i postanowiłam przyrządzić sobie coś dobrego. Lubię te momenty, kiedy będąc w nowym otoczeniu, wyruszam na „zwiedzanie" kątów. Muszę wszystkiego dotknąć, powąchać i poczuć. Zapaliłam sobie świeczkę i zjadłam pierwszą kolację w pierwszym dniu nowego roku. Gorący prysznic rozleniwił mnie i, nie dbając już o nic więcej, położyłam się. Słyszałam jedynie skrzypiące specyficznie stare, drewniane schody. Schodził po nich Jorge, który bardzo lubił gotować wieczorami i zaczynał kolację zazwyczaj koło dziesiątej wieczorem. Leżąc na materacu, patrzyłam w okno. Zatoka nocą wyglądała pięknie, jak milion migocących światełek. Na ciemnym niebie można było zauważyć przelatujące w różnych kierunkach samoloty. Nagle dobiegł mnie z dołu zapach pieczonego ciasta. Rozbudził moje zmysły i poczułam, jak odchodzi senność. Pomyślałam, że z chęcią napiję się gorącej herbaty z miodem i postanowiłam zejść do kuchni. Rozpierała mnie jakaś babska ciekawość i poczułam nawet głód. Nie mając zrobionych zakupów spożywczych, mogłam zadowolić się jedynie orzechami włoskimi i chlebkiem ryżowym.

Z kuchni dobiegały różne dziwne dźwięki. Byłam przekonana, że Jorge przygotowuje swój posiłek, ale zamiast niego zobaczyłam Shonen, która robiła słodkie bułeczki o nazwie *scones.* Wyczuwałam wanilię i masło, a zapach pieczonego ciasta przywołał miłe wspomnienia z dzieciństwa. Krucha szarlotka mojej mamy czy maślane bułeczki gościły na stole nie tylko z powodu szczególnych okazji. Gorąca herbata z miodem smakowała pysznie, a kiedy *scones* były wreszcie gotowe, Shonen poczęstowała mnie, mówiąc przy tym: – *Welcome, Edita!* Były ciepłe i pachnące, nadziane suto rodzynkami. Rozpływały się w ustach. Podziękowałam jej serdecznie, sprawiła mi dużo radości. Po tak wytwornej nocnej przegryzce leżałam bez ruchu i patrzyłam w niebo. Ciepła kołdra otuliła moje ciało i poczułam duszę tego domu. Zasnęłam jak dziecko. Byłam ponownie w Berkeley.

W międzyczasie

W międzyczasie rozpoczęłam nową pracę. Właściwie był to powrót do moich starych klientów, którym tym razem nie zależało na sprzątaniu apartamentu, tylko na opiece nad córeczką Zoey. Znałam ich od dwóch lat i uważałam za wspaniałych ludzi, którzy okazali mi dużo serca. Tato Zoey pochodził z Polski, więc tym bardziej cieszyli się, że mają polską nianię. Zoey była piękną i wyjątkową dziewczynką, bardzo spokojną i grzeczną, nie sprawiała żadnych kłopotów. Szybko się polubiłyśmy, a opieka nad nią sprawiała mi ogromną radość. Kiedy po długiej przerwie jej mama wróciła do pracy, zostawałam z małą kilka razy w tygodniu. To był dobry czas. Niezależnie od panującego rozluźnienia w temacie Covid-19 lockdown wciąż trwał i nie wszyscy klienci byli gotowi na mój powrót. Dlatego propozycja zajęcia się dziewczynką stała się dla mnie strzałem w dziesiątkę. Opiekuję się nią do dnia dzisiejszego i nie wyobrażam sobie, aby zabrakło Zoey w moim tygodniowym grafiku.

Pamiętam nawet pierwszą wstępną rozmowę z jej rodzicami. Mama Zoey była wtedy z nią w ciąży i szukali kogoś do sprzątania. Rekomendacje o mnie znaleźli na lokalnej platformie internetowej tzw. *nextdoor*, gdzie wszyscy mieszkańcy z danej dzielnicy Berkeley polecają sobie fachowców, również w zakresie opieki nad dziećmi i osobami starszymi. Ogłoszenia są przeróżne. Swego czasu przeglądałam je często, szukając dla siebie nowego mieszkania. Lubiłam również czasami wejść na *nextdoor* i poczytać zamieszczone przez ludzi posty. Trzeba było oczywiście zarejestrować się na takiej platformie, a adres zamieszkania musiał się pokrywać z daną dzielnicą, do której przynależał *nextdoor*. Każda dzielnica miała osobną platformę dostępną tylko dla jej mieszkańców. Ludzie bardzo chwalili sobie taki rodzaj informacji i komunikacji. Pisali o wszystkim, takie sąsiedzkie internetowe psiapsiółkowo. Można było tu znaleźć także ciekawe rzeczy, których ktoś chciał się pozbyć. Przeważnie za darmo, a jeżeli za pieniądze, to najczęściej za symboliczną kwotę.

Z nastaniem nowego roku nie mogłam narzekać na brak zajęć. Relacja z Neilem układała się wyjątkowo dobrze. Odezwała się także do mnie rosyjska rodzina, dla której pracowałam od trzech lat. Tęsknili za mną i kiedy wróciliśmy do naszego starego harmonogramu, wszyscy poczuliśmy radość. Na początku byłam dość zmartwiona i wręcz zszokowana stanem ich domu. Szczerze wątpiłam, że kiedykolwiek powróci do swojej doskonałości sprzed pandemii. Ale musiałam zakasać rękawy i robić swoje. Dom wymagał dużej uwagi. Rodzina składała się z czterech osób, psa i lubiła dobrze zjeść. Borys pochodził z Rosji, a jego żona Alice była Francuzką. On był zawsze miły i chętny do pogawędki, małomówna Alice potrafiła być natomiast uszczypliwa. Nie znosiła, kiedy rozmawiałam z jej mężem – od razu robiła się naburmuszona i nie kryła tego. Starałam się ignorować jej zachowania, ale kiedy przyjechali z wizytą jej teściowie, mama Borysa dała mi do zrozumienia, że jego żona jest zazdrosna i zła na mnie z powodu smsów, które z nim wymieniałam. Czasami faktycznie kiedy byłam sama w ich domu, rodziły się różne sytuacje, w których potrzebowałam pomocy. Pisałam zazwyczaj do Borysa, ale tylko dlatego, że bardzo szybko odpowiadał, a Alice pracowała na uniwersytecie i po prostu nie miała czasu na prędką. reakcję. Jej kompletnie nieuzasadniona zazdrość, choćby z powodu różnicy wieku między nami, nie była dla mnie problemem. Postanowiłam, że będziemy komunikować się we trójkę. I tak jest do dzisiaj. Przejrzyście i bez wyimaginowanej dwuznaczności.

Alice i Borys mają dwie urocze córeczki. Przygotowanie posiłków dla dzieci było priorytetem dla moich pracodawców. Kiedy przychodziłam, na białej tablicy widniała lista rzeczy do zrobienia w danym dniu. Czasami nie było łatwo zmieścić się w trzech godzinach pracy. W międzyczasie więc, gdy przyrządzałam im różne potrawy, zajmowałam się także praniem, odkurzaniem i zmianą pościeli. Początkowo ambitnie podeszłam do tematu, ale później zdałam sobie sprawę, że wymagali ode mnie tylko tyle, ile zdążę zrobić w ciągu tych trzech godzin. W związku z tym przestałam biegać po ich domu i smażyć naleśniki, jednocześnie składając pranie lub odkurzając. Nauczyłam się również, by nie przesadzać w swoich zapędach polskiej gospodyni, która zawsze musi mieć wszystko perfekcyjnie i na czas wykonane. Do takiej sytuacji bardzo łatwo przyzwyczaić ludzi i potem jakiekolwiek potknięcie może być dla nich rozczarowaniem i zawodem.

Dobra passa trwała. Z początkiem wiosny napisała do mnie Hillary. Nie widziałyśmy się od momentu, kiedy wyprowadziła się do Sonomy. Wtedy przez chwilę mieszkałam w jej studio, ale kiedy przeniosłam się na Alameda, wszelkie łączące nas wcześniej sprawy ucichły. Owszem, od czasu do czasu pisałyśmy do siebie lub przysyłała mi zdjęcia dzieci oraz swoich ulubionych kur, kaczek czy gęsi. Wymiana emaili zawsze sprawiała mi wiele radości, a trzy lata pracy zbliżyły nas do siebie. Jej przeprowadzka była trudnym czasem dla nas wszystkich. Hillary marzyła o małej farmie i życiu na wsi, Sonoma była idealnym miejscem. Tylko dwie godziny jazdy od Berkeley, a można było poczuć się jak w innym świecie, gdzie cisza koi nerwy, natura rozpieszcza widokami, a odgłosy jakie dobiegają zewsząd to wyłącznie rżenie koni lub ryczenie krów na pastwiskach. Jedynym zauważalnym samolotem na niebie jest tam lecący jastrząb lub sokół. Życie toczy się wolniej i bardziej zdrowo.

Hillary zaproponowała mi bardzo dobrą pracę. Zresztą zawsze miała gest. Pamiętam, że nawet gdy bywałam chora, płaciła mi za dni, w których nie mogłam stawić się w pracy. Wyjeżdżając na wieś, zostawiła tu swoje trzy domy, które wynajmowała na krótkie terminy w systemie *Airbnb.* Teraz zaproponowała mi, abym została jej menagerem. Zmarszczyłam czoło i powtórzyłam na wysokich tonach: Me-na-dże-rem?! WOW! Zgodziłam się. Wydrukowała mi wszystkie zadania, m.in. zorganizowanie i umówienie serwisu do sprzątania domów, które miało odbywać się w momentach tzw. przejść pomiędzy ludźmi którzy opuszczali dom a nowymi, którzy mieli przybyć. Musiałam również umówić serwis wykonujący pranie. Każdorazowo prana była nie tylko pościel czy ręczniki, ale również łazienkowe dywaniki, ochraniacze materacy oraz kołdry i poduszki. Pralnia, z którą Hillary miała umowę, była małym chińskim biznesem. Z uwagi na covid pranie odbywało się na sucho, pod ciśnieniem i wysoką temperaturą. Jednocześnie wszystko było odkażane. Robili to perfekcyjnie.

Lubiłam tę pracę, choć wiązała się z pewną nieprzewidywalnością, bo przerwy pomiędzy wynajmem były różne. Czasami na zorganizowanie wszystkiego miałam cały tydzień, a czasami tylko dwa lub trzy dni, często czułam więc presję czasu. Na koniec pracy należało posprawdzać wszystkie detale. Lubiłam końcowy obchód. Łóżka miały zawsze świeżą i pachnącą pościel wyłącznie ze stuprocentowej bawełny. Hillary była zwariowana na tym punkcie. Zamawiała piękne komplety, które kolorystyką współgrały z wystrojem sypialni. Ściereczki kuchenne, ręczniki czy serwetki także były bawełniane. Podczas kontroli mieszkań musiałam się również upewnić, że żadna lampa nie wymaga wymiany żarówki, a w najskrytszych zakamarkach domu nie czai się nawet najmniejsza pajęczyna. Sprawdzałam czystość lodówki, szafek kuchennych zewnątrz i wewnątrz, uzupełnienie środków czystości, biel łazienek, stopień zadbania roślinności na tarasach i czy dodatkowe klucze do domu są w schowku ze specjalnym kodem. Bardzo ważny był również zapas baterii. W każdym pomieszczeniu musiały znajdować się dwie sprawne duże latarki, niezbędne w Kalifornii z uwagi na trzęsienia ziemi. Nie było mowy o jakimkolwiek zaniedbaniu, skutkującym niezadowoleniem gości. Jak mawiała Hillary: – Edyta, jesteś moimi oczami. Ufała mi i była zadowolona z mojej pracy, dzięki której miała więcej czasu dla siebie, domu i dzieci. Nie musiała przyjeżdżać z Sonomy, bo teraz od zadań specjalnych w Berkeley miała mnie. Wiedziałam, że muszę się starać i wykonywać swoje zadania bardzo dobrze. Robiłam to z wielką przyjemnością. Zawsze na koniec wysyłałam Hillary zdjęcia i pokazywałam, że dom jest dobrze przygotowany. Chciałam, aby czuła się spokojna, widząc pracę, którą wykonałam. Dla mnie była to też przydatna opcja, by móc dokonać ostatnich poprawek. Zadania dla Hillary dały mi duży zastrzyk finansowy i sprawiły, że pierwszy raz w Ameryce poczułam się jak prawdziwy menager.

Ludzie zmieniali się z różną częstotliwością, ale z reguły co dwa, trzy tygodnie. Pewnego razu Hillary zadzwoniła do mnie i powiedziała z podnieceniem w głosie: – Edyta, za trzy dni przyjedzie kobieta z Polski! Ucieszyłam się i zagwarantowałam, że zrobię wszystko, aby była zadowolona. Ale chyba zapomniałam już trochę o roszczeniowych naleciałościach polskich turystów i to był mój błąd. Okazało się, że dziewczyna przyleciała ze

Szczecina. Doktorantka antropologii na dzień dobry zażyczyła sobie, abym wniosła jej walizki na górę. Chrząknęłam delikatnie, że za dodatkową opłatą mogła poprosić o to kierowcę taksówki, który przywiózł ją pod same drzwi domu. Wyjaśniłam, że jestem tylko osobą reprezentującą właściciela obiektu, a ponieważ także jestem Polką, chciałam sprawić jej przyjemność swoją obecnością w momencie powitania. Za wszelką cenę pragnęłam uniknąć dźwigania ogromnych podróżnych waliz. To zabójstwo na mój bark i szyję – jeżeli dźwignę, wymagam potem wizyty u chiropraktyka. Ale dziewczyna z Polski nie zwróciła uwagi na to, co powiedziałam i w ramach pomocy zaoferowała, że wniesie te walizy razem ze mną. Co było robić? Paradoksalnie sytuacja w minucie odwróciła się i to ja podziękowałam jej za oferowane wsparcie. Następnie rozpoczęła się lawina uwag i krytyki pod adresem mieszkania. Szczecinianka preferowała tylko białe ręczniki i nie była zadowolona z niebieskich i beżowych. Dodatkowo zażyczyła sobie bawełniany koc. Ten, który był do jej dyspozycji, posiadał syntetyczne dodatki, co nie odpowiadało pani doktorantce. Potem poprosiła o deskę do prasowania i suszarkę do rozwieszania prania. Dziewczyno, z choinki się urwałaś – pomyślałam. Tu jest Ameryka. Nikt tu nie prasuje i nie wiesza prania na suszarkach. Ale ona upierała się, że ponieważ ma wykłady na Uniwersytecie Kalifornijskim, musi wyprasować sobie rzeczy, a sukienki nie mogą być suszone w maszynie. Nie zauważyła nawet, że specjalnie z okazji jej przybycia kupiłam piękny bukiet kwiatów i zaparzyłam świeżą, pachnącą kawę. Kiedy zebrałam wszystkie skargi i uwagi, wysłałam do Hillary wiadomość o problemach. Zrobiła na cito zamówienie nowych rzeczy i nazajutrz klientka otrzymała je pod drzwi – nowe białe ręczniki i koc, a dodatkowo suszarkę do prania i deskę do prasowania. Nie dostałam już od niej więcej uwag, więc myślę, że wreszcie była szczęśliwa z pobytu. Ale kiedy wyjechała i poszłam przygotować pranie dla serwisu, mieszkanie wyglądało bardzo źle. Zostawiła ogromny bałagan pomimo wymagań jakie obowiązują wynajmujących przy opuszczaniu apartamentu. Poczułam zawstydzenie. Długo kiwałam głową i siarczyście klęłam pod nosem, a gdy przybyli pracownicy serwisu, tylko popatrzyli wokół i bez słowa komentarza przystąpili do czyszczenia. Poprosiłam ich o wyjątkowe potraktowanie sprawy. Wiedzieli, o co chodzi i przytaknęli: – *Sure Edita! Not a problem*! Podziękowałam i wyszłam. Nawet nie mówiłam Hillary o tym, co zastałam po wyjeździe doktorantki.

Któregoś dnia Hillary poprosiła mnie o przyjazd na wieś. Ucieszyłam się bardzo. Miała rocznicę ślubu i planowała z mężem krótki wyjazd do pobliskiego SPA. Ja miałam zostać z dziećmi i zaopiekować się nimi przez trzy dni. Byłoby to możliwe tylko wtedy, gdyby siostra Neila zostałaby z nim w weekend. Zapytałam ją i bez problemu zgodziła się. Musiałam jeszcze tylko przesunąć kilku klientów na inne dni i już mogłam spokojnie pojechać do Sonomy. Byłam ciekawa tego miejsca. Gdzieś w głębi duszy tęskniłam za urokiem wsi i nigdy wcześniej nie miałam okazji być na amerykańskiej farmie. Kiedy wjechałam do miasta, moją uwagę zwróciły małe sklepiki, takie na wzór butików. Miasteczko znajdowało się z dala od autostrady i było zatopione w zieleni lasów. Po drodze mijałam wiele sadów jabłkowych i plantacje winogron, z których słynie hrabstwo. Położone w znacznej odległości od siebie domostwa tworzyły specyficzny wiejski krajobraz. Kiedy wysiadałam z auta, poczułam piękny, inny niż w Berkeley zapach. Wszechobecna cisza wprawiła mnie w osłupienie, słyszałam jedynie odgłosy muczących krów, rżących koni i gdaczących kur. Hillary oprowadziła mnie po gospodarstwie. Czerwone truskawki wyglądające spośród zielonych listków witały mnie radośnie. Krzaki pomidorków koktajlowych pochylały się do słońca i zachęcały do zerwania chociaż jednego. Kilka gatunków jarmużu tworzyło zielony szpaler pomiędzy pomarańczowymi nagietkami, a linia purpurowych bakłażanów urozmaicała kolorystycznie dokładnie wyplewione grządki. Cebule i czosnek przypominały mi ogródek z dzieciństwa, kiedy babcia wysyłała mnie po warzywa na zupę. Zacieniona, drewniana ławka kusiła błogim lenistwem. Wszystko pachniało! Usiadłam na huśtawce i patrzyłam w górę. Zauważyłam sokoła krążącego nad szczytami drzew. Jego skrzydła były w bezruchu, a on szybował jak papierowy samolocik, z gracją i lekkością.

Kiedy weszłam do domu, ujrzałam prawdziwe wiejskie ranczo, z przewagą cedrowego drzewa, które tworzyło ciepły klimat tego miejsca. Swoisty bałagan i porozrzucane rzeczy przypominały, że mieszkańcy tego domu są bardzo zajętymi osobami. Moją uwagę przykuło ogromne drewniane sito, na którym znajdowały się wymyte owoce i warzywa. Po chwili z okrzykiem na ustach spostrzegłam spacerujące po kuchni dwie kaczki. Wydając specyficzne dźwięki, prosiły o trochę jarmużu, który był ich przysmakiem. Ale kiedy zobaczyłam, jak kura pokonuje specjalnie zamontowaną w drzwiach kuchennych ochronną siatkę, wybuchłam śmiechem. Wokoło panowała prawdziwa symbioza. Kury czuły się w kuchni bardzo swobodnie i oczekiwały na borówki. Były ciekawskie i chętnie wskakiwały na kolana, mając nadzieję, że jakiś owoc wciąż pozostał na stole. Lubiły również, kiedy się je głaskało. Kucały wtedy dość nisko i celebrowały chwilę, aż ich czerwone grzebyki podskakiwały fikuśnie w prawo i lewo. Nie bały się i chętnie szukały towarzystwa człowieka. Kiedy dostały to, po co przyszły, opuszczały kuchnię i wędrowały długie godziny po trawiastym terenie posesji w poszukiwaniu robaczka. Hillary zrobiła kawę, pokroiła ciasto i usiadłyśmy na tarasie. Żadnych odgłosów miasta, ulic i cywilizacji. Poczułam głęboki spokój.

W godzinach popołudniowych Hillary i Ben wyjechali, aby celebrować swoją rocznicę ślubu. Zostałam sama z dziećmi. Dziesięcioletnia Elizabeth wiedziała wszystko o prowadzeniu domu i gospodarstwa. Podziwiałam ją. Kiedy szukałam jakiegoś naczynia lub potrzebowałam pomocy w kuchni, chętnie udzielała mi wskazówek. Była bardzo zdyscyplinowana i pilnowała godziny, w której należało zamknąć w kurniku kury, kaczki i gęsi. Rano wstawała wcześniej, aby je nakarmić, wymienić wodę i wypuścić na zewnątrz. Zakładała gumowce i zabierała się do tego z wielką odpowiedzialnością. Pilnowała również swojego młodszego brata, przypominając o umyciu zębów, przebraniu się w piżamę czy zjedzeniu całego obiadu. Kiedy zrobiłam ich ulubione naleśniki, nadzorowała, aby pierwszego naleśnika Harry zjadł ze szpinakiem. Kiedy chłopiec spytał ją dlaczego, odpowiedziała, że nie może zjeść wyłącznie na słodko, z dżemem, bo musi mieć również porcję warzyw. Patrzyłam na nią z prawdziwą dumą.

Przekazałam Hillary wszystkie swoje obserwacje. Musiała być szczęśliwa jako matka tak mądrych, odpowiedzialnych i empatycznych dzieci. Elizabeth kilka razy w ciągu dnia biegła do kurnika i przynosiła świeże jaja. Doglądała ze specjalną troską jednej z kaczek, która miała urojoną ciążę, przez co wymagała większej uwagi. Siedziała całe dnie w swoim miejscu i głośno kwakała, robiąc wokół siebie specyficzny szum. Dziewczynka wiedziała o jej problemie i chętnie mi opowiadała. Podawała kaczce lekarstwo i siedziała często w ciągu dnia, głaszcząc ją i uspokajając. Patrzyłam na to z wielkim podziwem. Ale kulminacja mojego zdziwienia przyszła w momencie, kiedy późnym popołudniem podlewając w ogrodzie kwiaty, zauważyłam, że Elizabeth przygląda się z bliska kwiatkom lawendy. Podeszłam bliżej, aby lepiej zrozumieć, co robi. Siedziała w kucki i rozmawiała z pszczołami. Mówiła do nich, że je kocha, żeby czuły się swobodnie w jej ogrodzie, zapewniając, że nikt nie zrobi im tu krzywdy. Zaniemówiłam. Wymawiałam tylko szeptem pod nosem: *OMG, OMG!* Ale prawdziwy szok przyszedł w momencie, kiedy dziewczynka zaczęła głaskać pszczoły. Wyciągała swój dziecięcy, chudy paluszek i gładziła ich małe, włochate odwłoczki. Ten obraz najbardziej utkwił mi w pamięci. Zazwyczaj dzieci boją się pszczół i wymachują nerwowo rękami, krzycząc w obawie przed ukąszeniem. Przez moment lękałam się o nią, że może się to skończyć bąblami i płaczem. Ale nie przerywałam jej rozmowy z pszczołami. Po kilku minutach sama odeszła i poszła pojeździć na rowerze z bratem.

Popołudnie przyniosło nam ukojenie od upału, a kiedy przygotowałam dzieciom basen z wodą, szybko wskoczyły do niego i pluskaniu nie było końca. Harry to bardzo delikatny chłopczyk. Pierwszy raz opiekowałam się nim w Berkeley, kiedy miał zaledwie półtora roku. Był wtedy mocno przywiązany do Hillary i miewał trudne chwile tęsknoty za mamą. Ale teraz, jako sześciolatek, stał się bardziej samodzielny. Przepadał za swoją starszą siostrą i słuchał jej. Nie miałam żadnych problemów z dziećmi. Spędzając razem ostatni wieczór, zaplanowaliśmy oglądanie kreskówek w telewizji, którą dzieci traktowały jako atrakcję, dozwoloną jedynie w piątkowe wieczory. Hillary przyrządzała wtedy ulubioną przez wszystkich pizzę i całą rodziną zasiadali wygodnie na kanapach. Rodzeństwo czekało na ten wieczór cierpliwie. Również przyrządziłam pizzę, ale, ku mojemu zaskoczeniu, dzieci zażyczyły sobie film o Elvisie Presleyu. Harry był mocno podekscytowany i cały czas trzymał w rękach gitarę. Elizabeth natomiast, mocno skupiona, z kotami na kolanach wypytywała mnie co kilka chwil o szczegóły filmu. Kładąc się spać, żałowałam, że mój pobyt w Sonomie dobiega powoli końca.

W dniu powrotu Hillary i Bena dzieci obudziły się wyjątkowo wcześnie. Zaczęły sprzątać swój pokój i chciały przygotować powitalne *tea party*. Obserwowałam je z wielkim zainteresowaniem. Same przyrządziły w dzbanku gorącą herbatę. Pokroiły ciasto i zastawiły stół. Nie chciały mojej pomocy. Zrobiłam więc poranną kawę i przyglądałam się ich działaniom. Zadbały o wszystkie detale, podgrzewając nawet mleko do herbaty. Tu, w Ameryce bardzo popularna jest herbata z mlekiem, która nazywa się *Chai Latte Tea*. Kiedy do domu weszli rodzice, radość była ogromna. Hillary i Ben byli mi bardzo wdzięczni, zwłaszcza za posprzątanie domu i zorganizowanie sterty prania. Ben największą uwagę zwrócił na ułożone w szafie jego rzeczy i posegregowane koszule, które wcześniej były wymieszane razem z tymi do pracy. W domu panował porządek. Łazienka lśniła, a kuchnia wreszcie dostała nowe życie. Zależało mi, aby im pomóc i zrobić dobre wrażenie. Chciałam tu wrócić.

Kiedy Hillary odwoziła mnie do Berkeley,

dużo rozmawiałyśmy o tym i szukałyśmy najlepszej opcji na moje regularne wizyty w Sonomie. Trochę kolidowało to z moim harmonogramem, ale obiecałam, że przemyślę jej propozycję i wrócimy do tematu. Za mój trzydniowy pobyt z dziećmi sowicie mnie wynagrodziła. Wróciłam do domu zadowolona i szczęśliwa z pobytu na wsi. Wspominałam miły czas, w otoczeniu pięknej wiejskiej przyrody i w towarzystwie kur, kaczek, psa i kotów. Żałowałam jedynie, że w tych dniach nie było akurat koni. Hillary ma dwa konie – *Ginger i Carrot* (Imbir i Marchew), które raz w miesiącu idą w gościnę do koni sąsiadów. Kiedy opowiadała mi o tym, brzmiało to bardzo zabawnie. Śmiałyśmy się z tego pomysłu, bardzo popularnego w okolicy. Konie szły z wizytą do swoich końskich sąsiadów, a następnym razem sąsiedzi przyprowadzali swoje konie do Hillary i znów zwierzęta miały wspólny weekend. Czyż to nie wspaniałe?

TRUDNA CORLIS

Do Chinki Corlis trafiłam przypadkiem. Pewnego dnia, kiedy przyszłam do Neila, zobaczyłam na stole zaadresowaną do mnie kartkę. Była od Luny, która pracowała dla Chinki, lecz musiała wkrótce wyprowadzić się do Santa Cruz. Napisała do mnie kilka słów w sprawie pracy u Corlis. Była po operacji kolana i przebywała w szpitalu. Po powrocie miała potrzebować mojej pomocy. Ucieszyłam się, zawsze to dodatkowe pieniądze i nowy klient. W ostatnim zdaniu Luna zaznaczyła, że Corlis lubi dużo mówić, ale jest miłą seniorką i na pewno będę zadowolona z tej pracy. Na kartce była informacja i dane kontaktowe do Chinki. Postanowiłam do niej zadzwonić. Rozmowa trwała kilka minut i wstępnie ustaliłyśmy termin naszego pierwszego spotkania. Kiedy odłożyłam telefon, głośno klasnęłam w dłonie, a Neil pogratulował mi nowej pracy.

Przez te dwa tygodnie, zanim Corlis wróciła ze szpitala, dzwoniła do mnie kilka razy dziennie i zostawiała nagraną wiadomość, w której regularnie przypominała mi o naszym spotkaniu. Za każdym razem powtarzała dwa razy swój numer telefonu oraz literowała imię i nazwisko. Tłumaczyła też, którędy powinnam iść i jak dotrzeć do jej drzwi. Początkowo nie zwracałam na to większej uwagi, ale po tygodniu znałam na pamięć wszystkie wskazówki Corlis i z obłędem w oczach patrzyłam w przyszłość, wyobrażając sobie nasze spotkanie. Potem uspokajałam się, tłumacząc, że jest to starsza osoba, która zapewne nie może się doczekać powrotu do domu. Z wcześniejszej rozmowy wynikało, że potrzebuje regularnego sprzątania, a z powodu ograniczenia zakresu ruchu również pomocy w organizacji zwykłych, codziennych spraw. Nie wiedziałam do końca, na czym będzie to wszystko polegać, ale nie martwiłam się na zapas. Czas pokaże. Zawsze pokazuje.

Kiedy nadeszła godzina „W", zamówiłam Ubera i po kilkunastu minutach dojechałam do celu. Wyczulona i przygotowana na utrudnienia dłuższą chwilę stałam i próbowałam odnaleźć się w terenie. Należało jedynie odrobinę zejść w dół, aby na końcu zauważyć numer domu, który przez ostatnie dwa tygodnie był najczęściej przypominaną cyfrą w moim życiu. Następnie kamienne schodki w dół poprowadziły mnie na ładny, otulony w zieleni taras. Tam zobaczyłam drzwi do domu Corlis. Idąc w ich kierunku, mijałam ogrom licznych chińskich ozdób. Setki światełek, czerwone lampiony dyndające na wietrze, ogrodowe kanapy, fotele, metalowe chińskie posążki, wiszące pajacyki tworzyły pod niskim zadaszeniem z przeźroczystej plexi swoisty klimat. Pomiędzy tym wszystkim zauważyłam rower treningowy, steper i odkurzacz elektryczny do liści. Wreszcie drzwi i rozgłos dzwonka, który na pewno obudziłby niedźwiedzia z głębokiego zimowego snu. Podskoczyłam i usłyszałam: – *Come in!* Weszłam do środka. Moje powitalne *Hi!* nie zabrzmiało chyba wiarygodnie, ponieważ Corlis powtórzyła jeszcze dwa razy: – *Come in! Come in!* Wreszcie ryknęłam: – *HI CORLIS! I AM EDITA! NICE TO SEE YOU!* Wtedy dopiero ujrzałam siedzącą na skórzanej sofie filigranową kobietę o długich, czarnych włosach. Pomimo maseczki jej oczy wydawały się roześmiane. Przywitałyśmy się. Zaczęła do mnie dużo mówić. Mało rozumiałam z powodu jej specyficznego chińskiego akcentu. Poprosiła, abym usiadła i wyszła do kuchni po ciasteczka. Potrzebowała balkoniku do podpierania się. Zaoferowałam jej wsparcie, ale odparła, że nie potrzebuje pomocy fizycznej. Była świeżo po rehabilitacji.

Kiedy wyszła, dyskretnie rozejrzałam się wokół. To co zobaczyłam, przyprawiło mnie o ból głowy. Jej salon wyglądał jak sklep z chińskimi pamiątkami. Marmurowy kominek o ciekawej fasadzie był kompletnie niewidoczny, ponieważ wisiał na nim ogrom czerwonych łańcuszków z dyndającymi pajacykami i gwiazdkami. Na gzymsach poukładane były liczne malutkie dzwonki i lampki. Na podłodze przed paleniskiem stały rzędem lampy na baterie, które wykorzystywane są w momencie trzęsień ziemi lub pożarów. Po bokach, przykryte grubą warstwą kurzu, ułożone w słupki książki. Nie obowiązywał tu żaden porządek. Przy kominku znajdowała się ogromna sztuczna choinka z kompletem światełek, którą przystrajały różnej wielkości bombki i ozdoby. Był wrzesień. Zapytałam Corlis o choinkę. Jej odpowiedź była prosta i krótka: – *I just really like the Christmas tree.* Wzruszyła nawet delikatnie ramionami, jakby dziwiła się, że w ogóle o to pytam.

Popijając kawę i jedząc chińskie ciasteczka, ustaliłyśmy szereg spraw i wiedziałam już, jaki zakres obowiązków mnie czeka. Głównie chciała mojej pomocy w pracach domowych, ale również w ogrodzie i przy porządkowaniu tarasów. Ze specjalnym naciskiem zaznaczyła, że powinnam co tydzień znaleźć czas na usunięcie wszystkich pajęczyn, zarówno tych w domu, jak i na zewnątrz. W pierwszym momencie byłam zdziwiona usuwaniem pajęczyn na zewnątrz, ale kiedy dokładnie przyjrzałam się tarasowi przed głównymi drzwiami, wiedziałam już, o co jej chodzi. Następnie oprowadziła mnie po domu. Kuchnia przypominała magazyn spożywczy. Na parapetach stały pełne butelki różnych alkoholi, a blaty kuchenne zastawione były doniczkami z roślinami, wśród których królowało duże i bujne awokado. Wszystkie kuchenne półki i każdy zakamarek były wypełnione zapasem żywności – licznymi słoikami masła orzechowego, majonezu, dżemów, cukierków i przypraw. Pod ścianami do wysokości lamperii ustawione kartony wody, puszek z piwem i pepsi. Pod oknem zauważyłam stertę papierowych toreb złożonych w misterną kostkę, a na nich następny stos plastikowych woreczków. Obok stały dwie kolumny plastikowych czerwonych kubków, wypełnionych plastikowymi sztućcami również w kolorze czerwonym. Corlis nie używała szklanej lub porcelanowej zastawy. Do codziennego użytku korzystała z papierowych talerzy i plastikowych sztućców. Zaraz za kuchnią znajdowało się małe pomieszczenie. Kiedy tam weszłam, zobaczyłam metalowe segmenty tworzące liczne półki. Zastawione były oczywiście żywnością. Kartony chipsów, sosu pomidorowego, herbat, puszek z fasolą i etc. Jedna boczna ściana stanowiła miejsce na ogromne rezerwy papieru toaletowego, ręczników papierowych oraz wszelkich środków czyszczących, chusteczek higienicznych i jednorazowych naczyń. Poczułam się dziwnie. Podążałam za Corlis wyodrębnionymi ścieżkami wśród ogromu stojących i leżących wokół rzeczy. Musiałam uważnie patrzeć pod nogi i kontrolować poruszanie się. Cały dom przypominał ogromny magazyn.

Nie zauważyłam w kuchni nawet małego kawałka miejsca, które miałoby służyć do przygotowania posiłków. Wszędzie było wszystkiego pełno i nie wiedziałam, co właściwie mam tu czyścić?! Żadnej powierzchni gładkiej w zasięgu oka. Może jedynie odkurzaczem udałoby się pojeździć pomiędzy szafkami, książkami, pudełkami, kartonami czy lampkami... Na środku salonu przed kominkiem stała mała sofa, na której Corlis spędzała swoje dni. Zazwyczaj patrzyła w ogromny, wielkości dwudrzwiowej szafy, telewizor. Wokół niej leżało mnóstwo rzeczy. Gazety, skarpetki, nożyczki, talerze papierowe i resztki smażonego boczku oraz ładowarka do odkurzacza. Oglądając telewizję, w dłoni trzymała ogromny tablet. Musiała mieć dobrze podzielną uwagę – patrząc w telewizor, jednocześnie spoglądała w tablet i rozmawiała przez telefon.

Siedziałam obok i czekałam na zakończenie tej wizyty. Potrzebowałam wyjść na powietrze i wziąć głęboki oddech. Byłam zmęczona widokiem tego domu i potokiem słów, jaki płynął z ust Corlis od początku mojej wizyty.

Następnym razem, kiedy przyszłam już pracować, powitała mnie miło i wręczyła mi wydrukowaną listę obowiązków. Wtedy jeszcze nie wiedziałam, że taką listę będę dostawać każdego tygodnia, a w przeddzień mojego przyjścia będę ją dostawać również na email i telefon. W pierwszym dniu jednym z zadań było usmażenie boczku. Corlis wyciągnęła z lodówki trzy opakowania wędzonego boczku w plasterkach. Całą procedurę, jak mam postępować przy smażeniu, opisała szczegółowo w liście. Wspomniała nawet, jak ułożyć sobie opakowania z boczkiem i talerze, żeby uniknąć chaosu podczas smażenia. Byłam zdumiona. Ale kiedy stanęła nade mną i śledziła wzrokiem każdy mój ruch, uśmiechnęłam się i powiedziałam, że naprawdę wiem, jak się smaży bekon. Chciałam poznać tylko jej preferencje co do stopnia wysmażenia boczku. Corlis jednak nie odpuściła, towarzysząc mi do końca. Uzbrojona w cierpliwość starałam się być miła, choć co jakiś czas miałam ochotę wyszeptać: co ty... wiesz o smażeniu boczku?! Po uporządkowaniu kuchni przystąpiłam do ścierania blatów i parapetów. Rozpędziłam się również do usunięcia wszystkich naczyń z suszarki stojącej obok zlewu. Ale usłyszałam wtedy donośne: – *No! No!* Spojrzałam za siebie i zobaczyłam Corlis. Była oburzona, że chciałam pochować suche naczynia do szafek. Zwróciła mi uwagę, że te naczynia zawsze tu są i nigdy mam ich nie ruszać. – *Ok!* – odpowiedziałam i zaczęłam wycierać zakurzone półki, mikrofalę i kuchenkę, całą w tłustych plamach po smażeniu boczku. Lecz wtedy ponownie usłyszałam: – *No! No!* Odwróciłam głowę i zapytałam grzecznie: – Corlis, dlaczego mam tego nie robić? Popatrzyła na mnie spod okularów i z wyższością rzekła: – Ponieważ nie ma tego dziś na liście!

Zrozumiałam wtedy, jak bardzo ważną dla niej rzeczą jest wykonywanie przeze mnie wyłącznie tego, co umieściła w dziennym harmonogramie. Nic więcej, nic mniej. Nigdy dotąd nie wtrącano się w moje poczynania i opracowaną kolejność zadań. Im było więcej, tym lepiej, bo miało być jak najczyściej. A nie – brudno, ale z czystą podłogą. Dziwnie. Nie mogłam tego pojąć. Ale ok! Klient nasz pan. Na liście znajdowało się wyłącznie odkurzenie kuchni, wyniesienie śmieci i zmycie podłogi mopem. Zrobiłam to. Na koniec stanęłam w progu, by ocenić pracę. Ale nie zauważałam szczególnych zmian przed i po. Efekt czystej podłogi ginął na tle brudnych blatów i stołu. Nawet pożółkły zlew, który aż prosił się o szorowanie, musiał być pominięty. Wariactwo – wyszeptałam i przeszłam do czyszczenia łazienki.

Łazienka Corlis była naprawdę bardzo ładna. Jedyne pomieszczenie, w którym nie wylewały się z każdego kąta tysiące pierdół i ozdób. Wanna miała duże oszklone drzwi, wewnątrz stało specjalne krzesełko do siadania. Nad zlewem znajdowały się trzy szklane półki, na których ustawione były mosiężne węże ze świecącymi czerwonymi oczami. Każdego musiałam wziąć w dłoń i przetrzeć jego zakurzone ślepia. Również każdą muszelkę oraz szklane kobaltowe gwiazdki. Na spłuczce stało dwadzieścia pięć świec. Te same świece i w tej samej liczbie stały także na podłodze koło sedesu. Na parapecie okna łazienkowego znajdowało się piętnaście różnych szklanych kul. Lubiłam je przecierać. Poruszałam wtedy każdą i patrzyłam na padający wewnątrz śnieg. Każda z kul posiadała inny czas jego opadania. Najdłuższy miała kula z wieżowcem *Empire State* w Nowym Jorku. Moim zadaniem było też odwrócenie patyczków o zapachu pomarańczy w każdym z pięciu flakoników porozstawianych w rogach łazienki. Jeden stał centralnie na najwyższej półce. Co tydzień musiałam zadbać o uzupełnienie olejku. Pomarańczowy zapach rozchodził się wtedy delikatnie, niwelując wszelkie drastyczne wonie czyszczących płynów. Z całego domu najbardziej lubiłam łazienkę. Magia szklanych kul i zapach pomarańczowych skórek nadawały specyficzny klimat temu miejscu.

Najmniej pracy miałam z *living room,* chociaż pokój ten nie przypominał salonu. Nie było tu ani jednej wolnej powierzchni, którą mogłam swobodnie przetrzeć z kurzu. Jedyną rzeczą, jaką miałam tu wykonać, było odkurzenie kawałka podłogi i malutkiego dywanika koło sofy. Pierwszy raz w swoim życiu zobaczyłam tak ogromną ilość pluszowych misiów. Ta tysięczna kolekcja składała się wyłącznie z malutkich pluszaków, wielkości dłoni, zajmujących znaczną część pokoju i mebli. Zawsze przechodząc obok, zastanawiałam się, ile kurzu muszą mieć na sobie i jak długo się tu znajdują. Kiedyś Corlis zaczęła opowiadać mi ich historię. Kiedy doszła do piętnastego misia, poczułam mdłości. Szukałam szybko pomysłu, jak przerwać tę farsę. W końcu popatrzyłam na zegarek i powiedziałam, że przepraszam, ale naprawdę muszę wrócić do pracy, ponieważ czas goni. Urwała monolog i podgłośniła telewizor. Wtedy zrozumiałam, że zakończyłyśmy tylko częściową prezentację maskotek. Ale trzeba pochwalić Corlis za doskonałą pamięć. Każdy miś oprócz imienia miał swoją historię pochodzenia.

Najbardziej lubiłam moment, kiedy wychodziłam pracować na zewnątrz. Po pierwsze traciłam z oczu siedzącą na sofie Chinkę i mogłam uniknąć niekończących się rozmów, a w zamian być w kontakcie z naturą w jej magicznym ogrodzie. Był zaniedbany i wymagał pracy. Do moich zadań należało usunięcie wszelkich pajęczyn, odkurzenie liści i podlewanie konkretnie wskazanych przez Corlis roślin. Jeśli szlauch z wodą skierowałam minimalnie w innym kierunku, od razu krzyczała: – *No! No!* Często kiedy nie widziała mnie, folgowałam sobie i podlewałam wszystko, jak leci. Kalifornia zazwyczaj cierpi z powodu suszy, a ja lubiłam podlewać, więc miałam momenty, kiedy mówiłam: pieprzę to, podlewam! Albo udawało się, albo wieczorem dostawałam wiadomość od Corlis, w której pisała drukowanymi wielkimi literami: „Następnym razem podlewaj tylko wskazane rośliny".

Innym poleceniem Corlis było zabicie mrówek, które wędrowały po podjeździe koło garażu. Kiedy powiedziała mi o tym pierwszy raz, musiałam naprawdę dokładnie się przyjrzeć, by je zauważyć. Była opętana na punkcie mrówek i pajęczyn. Pajęczyny w słońcu wyglądały tak spektakularnie, że zaraz wyciągałam telefon i robiłam im zdjęcia. Wziąć miotłę i jednym ruchem zlikwidować tak misterną robotę nie było łatwo. Ale musiałam, to należało do moich obowiązków. Do zlikwidowania mrówek służył specjalnie zakupiony płyn. Pytałam, dlaczego chce to zrobić. Mrówki są pożyteczne, mądre i nie robią jej żadnych szkód na drodze przed garażem – tłumaczyłam. Kwitowała: – *No! They are stupid! I don't like them!* To były jej jedyne argumenty. I złościła ją moja niechęć do wykonania polecenia. Zazwyczaj polewałam mrówki wodą, mówiąc pod nosem: Idźcie stąd! Tu mieszka zła kobieta! Czasami słuchały, ale wracały.

Kiedy zobaczyłam na liście kolejny punkt, mój oddech przyspieszył. Poczułam nadchodzącą specyficzną falę gorąca, ale nie była to menopauza, lecz zalewający mnie chiński szok oraz polskie wkurwienie. A może coś źle zrozumiałam? Przeczytałam jeszcze raz: „Wyczyść wszystkie napotkane kupy na posesji i podjeździe". *What the fuck!* Nie wierzyłam. Zapytałam Corlis, a ona potwierdziła, że mam iść w teren i czyścić odchody wiewiórek, ptaków, skunksów, sów i etc. Przygotowała do tego zadania specjalną butelkę, na której widniał finezyjnie brzmiący napis „POOP" (kupa). No cóż, skoro są butelki z napisem WÓDKA czy PEPSI dlaczego nie może być KUPA?! Przystąpiłam do zadania. Wykonałam tysiące psików, ale odchody wciąż tam były. Wreszcie wpadłam na genialny pomysł i użyłam ogrodowego węża. Nastawiając maksymalnie mocny strumień, wyczyściłam w kilka minut wszelkie podejrzane ślady. Ale kiedy Corlis przysłała mi listę zadań na następny tydzień, tłustym drukiem zaznaczyła, abym do zmywania kup używała wyłącznie butelek ze specjalnym płynem. I była w tym poleceniu nieugięta. Za każdym razem sprawdzała, czy używam butelki, podczas gdy nadal korzystałam z pomocy szlaucha. Dla niepoznaki robiłam mniejsze ślady po wodzie, aby nie mogła się zorientować. Jedynie w miejscach gdzie istniała możliwość, że widzi mnie z pokoju, demonstracyjnie używałam butelki. Udawało się, ale od tamtej pory za każdym razem pisała na liście obowiązków: „Do czyszczenia kup używaj butelki".

Z czasem zdążyłam przyzwyczaić się do jej kaprysów i dziwnych żądań. Najtrudniej jednak było mi pokonać frustrację, gdy otrzymywałam od niej zdjęcia pokazujące moje wszelkie niedociągnięcia. Zazwyczaj wysyłała co wieczór po dwie sztuki. Na jednej widać było, jak zostawiłam ustawioną jakąś rzecz, a na drugiej jak powinno być. Bardzo często wyszukiwanie różnic graniczyło z zabawą pt. znajdź kilka rzeczy, którymi różnią się obrazki. Na pierwszej fotce dywanik łazienkowy przewieszony przez brzeg wanny, a na drugiej ten sam dywanik przesunięty o centymetr w bok. Albo zdjęcie kubka ze szczoteczkami do zębów, którego ucho skierowane było w lewo, a drugie zdjęcie wskazywało, że ucho kubka powinno być skierowane w prawo. Lub stół kuchenny, na którym znajdowało się zazwyczaj awokado, słoik z masłem orzechowym i woreczki śniadaniowe. Gdy przecierałam go zdarzało się, że poprzesuwałam kolejność tych rzeczy. Nie daj Boże, aby owoc zmienił swoje położenie lub woreczki wyprzedziły masło orzechowe.

Kiedyś poprosiła mnie, abym rozpakowała trzy zgrzewki smakowej wody mineralnej w puszkach. W jednej paczce znajdowało się dwanaście sztuk. Corlis poleciła, abym umieściła je w kuchni za lodówką, gdzie znajdowały się również zapasy coli, piwa i innych trunków. Postawiłam więc opakowanie na opakowaniu i odeszłam do swoich zajęć. Ale po kwadransie zawołała mnie. Prosiła, żebym zmieniła kolejność opakowań z wodą i ustawiła wszystkie frontem do kuchni. Początkowo nie rozumiałam, o co jej chodzi. Zadawałam różne pomocnicze pytania, ale ona wciąż odpowiadała: – *No!* W końcu okazało się, że na jednej stronie opakowania widniał wielobarwny rysunek z logo producenta, który sobie upodobała i chciała, aby kartony były obrócone kolorowym logo w stronę kuchni. Po prostu tak chciała.

Jej największą obsesją był dywanik położony wokół toalety. Musiał dokładnie, co do milimetra, przylegać do podstawy sedesu. Nie było mowy o najmniejszym odchyleniu. Tu miałam najwięcej problemów, ponieważ przed wyjściem szłam skorzystać z toalety i minimalne dotknięcie nogą dywanika powodowało jego przesunięcie. Na tyle minimalne, że niezauważalne przeze mnie. Ale nie dla Corlis. Nie walczyłam, choć wielokrotnie myślałam o filmie „Starsza pani musi zniknąć", w którym Drew Barrymore i Ben Stiller, siedząc na ławce w nowojorskim parku, obmyślali plan zgładzenia swojej leciwej współlokatorki. Z czasem zrozumiałam, że dla Corlis te wszystkie drobiazgi są bardzo ważne, a ich pilnowanie nadaje sens jej życiu. Była samotna i odosobniona w swojej twierdzy, choć miała dobre relacje ze swoim byłym mężem, z którym potrafiła toczyć długie rozmowy telefoniczne.

W kuchni na lodówce wisiało dużo magnesów. Jeden z nich przytrzymywał identyfikator Corlis, na którym widniało jej imię i nazwisko oraz stanowisko. Wiele lat przepracowała w legendarnej amerykańskiej sieci domów towarowych, gdzie zarządzała pracą ludzi. Być może stąd pochodziło jej obsesyjne podejście do wielu spraw. Często rozmawiałyśmy, a Corlis miło wspominała swoją pracę. Mogła długo mówić o latach, w których była czynna zawodowo. Była też piękną kobietą. Dziś, pomimo wieku, jej uroda również zasługuje na uwagę. Smażony boczek nie idzie jej w boczki, ma wciąż świetną figurę i cieszy się dobrym zdrowiem. Po skomplikowanej operacji kolana nie odzyskała jednak pełnej formy i potrzebuje mojej pomocy. Nadal chce, abym zabijała mrówki, a ja pryskam je wodą. Wciąż zmywam kupy przy użyciu silnego strumienia wody, a nie butelki z napisem „POOP". Czasem mile mnie zaskakuje, obdarowując przednimi czekoladkami lub dobrym winem z Napa. Nauczyła mnie cierpliwości i wskazała drogę do zrozumienia jej samej. Apodyktyczna i bezwzględnie obsesyjna potrafiła wzbudzić sympatię i wywołać uśmiech na twarzy. Nikt przecież nie rodzi się despotą. Jej potrzeba kontrolowania innych, narzucanie swojej woli i przekonanie o własnej nieomylności mogły być wzorcem przenoszonym przez kulturę. Często opowiadała o wysokim rygorze i dyscyplinie, jakie panowały w jej rodzinnym domu. Corlis umie zdenerwować i wyprowadzić z równowagi każdego. Zamienić dobry poranek w piekło i lawinę złości. Jeśli w torbach dostarczonych zakupów znalazła choćby jedną zgniecioną truskawkę, zaraz dzwoniła do serwisu obsługi i wnosiła skargę. Często przysłuchiwałam się tym rozmowom. Była opanowana i trzymała do końca fason. Drążyła temat tak długo, póki nie osiągnęła satysfakcji i zwrotu pieniędzy za opakowanie truskawek. Uśmiechałam się wtedy i pracowałam dalej. Była samotna, ale siedząc na czarnej skórzanej sofie, wśród tysiąca chińskich pierdół, czuła się wciąż ważna i potrzebna. Zawsze w towarzystwie zapalonej choinki, ogromnego telewizora i smażonego bekonu na jednorazowym talerzyku. No, jak jej nie kochać?

POWRÓT JUDASZA

Kiedy blisko trzy lata temu straciłam z oczu Judasza, byłam pewna, że nigdy więcej go nie zobaczę. Myliłam się. To jeszcze jeden dowód na to, że nie wolno być pewnym niczego. Życie potrafi wykreować najzabawniejsze sytuacje, o jakich nam się nie śniło. Pamiętam, że kiedy odjechał jego samochód, miałam uczucie, że jeszcze się kiedyś spotkamy. Byłam nawet trochę zła na siebie, że po tym wszystkim, co zrobił i jak się zachował, mogę mieć takie właśnie wrażenie. Ale machnęłam ręką i powróciłam do życia, wymazując Judasza z pamięci. Kilka razy zdarzyło się, że wysyłał mi swoje zdjęcia. Było to dziwne, ponieważ w momencie naszego rozstania pousuwał mnie zewsząd i poblokował na wszystkich możliwych komunikatorach. Swoją drogą, co facet musi mieć w głowie, wysyłając swoje zdjęcie kobiecie? Znienawidzonej kobiecie i w dodatku po tym wszystkim, co zrobił? Patrzyłam na fotkę i długo zastanawiałam się, co myśli i na jaki komentarz czeka. Jak wysoce rozwinięta musi być jego ignorancja, pogarda lub samouwielbienie, że posuwa się do takich kroków. Budził we mnie skrajne emocje – śmiech, smutek i gniew. Znając go dobrze, byłam pewna, że szukał zaczepki, oczekując przy tym komplementów i pochlebstw. Milczałam i nie odpisywałam. Sytuacja powtarzała się kilkakrotnie. Zdjęcia, które przysyłał, wskazywały na to, że wciąż dobrze wygląda. Najczęściej pstrykał je w plenerze, na łonie natury z zachodzącym słońcem w tle. Nic dodać, nic ująć. Wiedział doskonale, co robi, a jeszcze bardziej, po co. Nie dałam się jednak skusić, chociaż palec często zawisł nad klawiaturą iPhona. W końcu postanowiłam zablokować Judasza, mając nadzieję, że zakończę tym samym jego mało zabawne zachowania.

Mieszkając ponownie w Berkeley, w czasie pandemii, lubiłam robić piesze wędrówki. Zwłaszcza w soboty, kiedy rozpoczynałam pracę u Neila dopiero w południe i nie musiałam się spieszyć. Szłam wtedy na *Farmers Market,* gdzie kupowałam świeże owoce i warzywa, a potem wolnym krokiem przechadzałam się pięknym kampusem. Jednej soboty, zbliżając się do budynku Neila, ujrzałam znajomą sylwetkę mężczyzny. Zamarłam.

Specyficzne włosy i postawa nie budziły żadnych wątpliwości. Pod głównym wejściem do budynku stał Judasz. Krew odpłynęła mi z twarzy i myślałam, że zemdleję. Nie mogłam się wycofać, ponieważ już mnie zauważył. Serce biło mi mocno, a znajoma fala gorąca uderzyła z impetem. Czułam, że moje nogi robią się miękkie jak z waty. Dłonie były spocone i drżały. Zdałam sobie sprawę, że za chwilę ponownie stanę twarzą w twarz z Judaszem.

Podchodząc blisko, widziałam jego uśmiech. Był tak samo czarujący jak pięć lat temu w kościele, kiedy zobaczyłam go pierwszy raz. Uśmiechnęłam się także i, podchodząc, powiedziałam: – *I can't believe it! Is it really you?*

Długo patrzył na mnie. Poczułam znajomy zapach patchouli. Automatycznie wszystkie obrazy, jeden po drugim, stawały w mojej głowie jak specjalny pokaz slajdów. Ale kiedy zaczęliśmy rozmawiać, zauważyłam, że zmienił się – schudł, był lekko przygarbiony i brzmiał inaczej. Barwa głosu i jakaś niewidoczna judaszowa aura różniły się znacznie od tych, które znałam. Pomyślałam, że zapewne znowu jest na swoim ulubionym detoksie i pije wyłącznie świeże soki, ale słuchając go, czułam, że coś jest nie tak. Przymrużyłam lekko oczy, chcąc lepiej go widzieć. Więcej siwych włosów dodawało mu charakteru i seksapilu, a głębsze zmarszczki wokół oczu szlachetności. Zdjęłam okulary. Był jeszcze bardziej przystojny niż kiedykolwiek. Kiedy zerknęłam ukradkiem w dół, zobaczyłam, że ma buty, które wręczyłam mu kiedyś z okazji urodzin. Były przywiezione z Polski specjalnie dla niego. Zorientował się, na co patrzę i ponownie oczarował śnieżnobiałym uśmiechem. Zapytał: – *Do you remember these shoes?* Popatrzyłam w błękitne niebo i odparłam: – *Sure!* Wziął mnie wtedy za rękę i powiedział, patrząc mi w oczy: – *Edita! I wanted to meet you because I want to pay you back your money* (Edyta, chciałem się z tobą spotkać, ponieważ chcę ci zwrócić pieniądze).

Czułam jego ciepłe dłonie i nie byłam pewna, czy dobrze rozumiałam, co mówił. Słońce zbyt mocno świeciło i rozpraszało moją uwagę. Czułam się zdezorientowana. Chwilą która trwała, zapachem patchouli i Judaszem trzymającym mnie za rękę. Zupełnie zapomniałam o pracy z Neilem. Ale byłam już spóźniona i musiałam przerwać to spotkanie. Widział moje zakłopotanie i powtórzył kilka razy, że naprawdę chce mi oddać pieniądze i czy mógłby spotkać się ze mną w tej sprawie. Zgodziłam się. Umówiliśmy się na następny dzień pod moim domem. Kiedy weszłam do Neila, od razu zapytał, czy dobrze się czuję. Opowiedziałam mu wtedy całą historię z Judaszem. Pomyślał chwilę i powiedział, że to dobrze dla mnie, jeśli odzyskam pieniądze, ale zaznaczył, że powinnam być ostrożna. Pokiwałam znacząco głową i wiedziałam, że wszystko okaże się następnego dnia.

Nazajutrz po pracy postanowiłam pójść do domu przez kampus i mieć czas na zastanowienie. Idąc, myślałam o tym, czy Judasz dotrzyma słowa i zjawi się o umówionej godzinie. Jak bardzo musiał skopać moje zaufanie, skoro pomimo jego zapewnień wciąż nie wierzyłam, czy przyjdzie... Może to jego kolejna gra? Kolejne kłamstwo? A może zwyczajnie chce się odegrać i dobić mnie jak półmartwą mrówkę? Zbliżając się do domu, oprócz zmęczenia po kiepskiej nocy u Neila, czułam zdenerwowanie i specyficzny ścisk w żołądku. W głowie roiło się od pytań: skąd ma pieniądze? Dlaczego postanowił mi je oddać? To nie było do niego podobne. Wiedziałam, że coś musiało się wydarzyć i nie ma to nic wspólnego z jego dobrocią czy wyrzutami sumienia. Znałam go jak własną kieszeń. Pozostało czekać.

Prysznic i dobre śniadanie zniwelowały stres i odzyskałam na chwilę spokój ducha. Usiadłam na tarasie i wystawiłam twarz do słońca. Spojrzałam setny raz na zegarek. Pozostała godzina. Dłużyła się. Kiedy wreszcie nadszedł czas, wyszłam przed dom na ogromny taras, z którego dobrze widziałam ulicę i chodnik. Judasz przyszedł punktualnie. Ponownie stanęliśmy naprzeciw siebie. Rozejrzał się wokoło i popatrzył na dom. Znał tę dzielnicę bardzo dobrze. Kilka kroków dalej znajdował się kościół, w którym poznaliśmy się, a dwie ulice stąd był dom Mojżesza, w którym mieszkał. Zauważyłam na jego twarzy zmieszanie i jakby wzruszenie. Zapytał, czy pamiętam, jak wchodziłam do niego oknem. Uśmiechnęłam się, po czym zaproponowałam, żebyśmy poszli na taras. Zgodził się z ochotą i nawet poprosił o szklankę zimnej wody. Kiedy otworzyłam drzwi, zerknął do środka i wydał okrzyk zachwytu. Tak, ten dom był w jego stylu.

Potem dużo rozmawialiśmy. Wypytywał, jak trafiłam z powrotem do Neila i jak znalazłam się tutaj. Ale kiedy zapytałam, co u niego słychać, popatrzył na mnie i spokojnym głosem powiedział, że obecnie przebywa w buddyjskim klasztorze. Przeprosiłam go na chwilę i pod pretekstem uzupełnienia dzbanka wodą wyszłam. W łazience, patrząc w lustro, nie mogłam uwierzyć w to, co przed chwilą usłyszałam. Judasz w buddyjskim klasztorze?! Nie byłam w stanie zapanować nad emocjami i totalną głupawką, jaka mnie dopadła. Na samą myśl, że zajada w klasztorze swój *Blue Moon Powder* na poprawę libido, dostawałam ataku śmiechu. Wróciłam na taras i dolałam mu zimnej wody. Zachowując zimną krew, z kamienną twarzą kontynuowałam rozmowę. Opowiadał, jak stanął nad przepaścią życia i poczuł się zmęczony oraz bezradny. Słuchałam go i obserwowałam, jak szybko posmutniał i spoważniał. Najwidoczniej przeżywał jakiś kryzys.

Jego historia nie dawała mi jednak spokoju i szybko postanowiłam zapytać, co sprawiło, że znalazł się w buddyjskim klasztorze. Poprawił się w wiklinowym fotelu i specyficznie odgarnął ręką włosy. Uśmiechnęłam się. Pamiętałam doskonale ten ruch dłoni. Zrewanżował się również uśmiechem, jakby wiedział, co myślałam i zaczął mówić. Opowiadał spokojnie, mało gestykulując. Powiedział, że za szybko żył i zbyt intensywnie pracował (ciekawe?), w związku z czym chciał się wyłączyć z codziennego maratonu z telefonem przy uchu i laptopem pod pachą. No, no! Byłam szczerze zdumiona jego decyzją, ale wciąż nie mogłam zrozumieć, w którym miejscu był tak zapracowany i zaganiany. Nie należał do osób preferujących pracę. Raczej był zwolennikiem leżenia, czytania czy umawiania się z kobietami, a laptopa używał sporadycznie. Słuchałam go z dużym skupieniem. Mówił o pobudkach, które w klasztorze przypadały na czwartą rano. Zaczęliśmy się śmiać, wiedząc, jak wielkim był zwolennikiem spania i długiego pozostawania w łóżku. To było dla niego najtrudniejsze zadanie w klasztorze. Po takiej pobudce miał dwie godziny medytacji, potem lekkie śniadanie. Po kolejnej sesji medytacyjnej, o godzinie jedenastej był ostatni posiłek tego dnia. To akurat podobało się Judaszowi. Nigdy nie jadł dużo, ale często i oczywiście zielono oraz świeżo, jak przystało na obsesyjnego raw vegana. Po ostatnim posiłku zazwyczaj już tylko medytowali, zmieniając jedynie pozycję z siedzącej na stojącą lub odwrotnie. Słuchałam z podziwem. To nie był ten sam Judasz. W krótkich przerwach mieli spotkania z buddyjskim przeorem, który próbował tłumaczyć, jak świadomie oddawać się medytacyjnemu skupieniu. Wtedy też można było zwierzyć się przeorowi ze swoich słabości i obaw, czy uda się wytrzymać do końca 26-dniowego pobytu. Judasz dodatkowo przeszedł musztrę i naukę samodyscypliny oraz pracy nad sobą. Wytrzymał do końca cały program mnichowej odnowy wewnętrznej. Zaproponowano mu nawet dłuższy pobyt w celu wejścia na wyższy poziom. Ale podziękował, bo jak powiedział, tęsknił za swoimi książkami. W to akurat mogłam uwierzyć, ponieważ wiem, jak kocha czytać. Potrafił kłaść się wśród stosów książek i zasypiać, kładąc sobie jedną z nich pod głowę.

Byłam ciekawa jego osobistych odczuć i doświadczeń, jakie zebrał w trakcie pobytu w zamknięciu. Kiedy zapytałam o to, popatrzył w niebo, przełknął ślinę i wyszeptał, że był świadkiem mistycznych doznań, które pozwoliły mu zrozumieć, jak mocno zranił i skrzywdził wiele osób. Dlatego postanowił odnaleźć mnie i oddać mi pieniądze. Spytałam, skąd wiedział, że wróciłam do Neila i gdzie mieszkam. Okazało się, że od Paula.

Siedząc i słuchając go, straciłam poczucie czasu. Judasz czarował tak samo jak kiedyś i można było się zatracić w jego opowieściach. Kiedy zapytał, czy może skorzystać z toalety, ruchem ręki pokazałam mu kierunek, w którym powinien się udać. Zostałam na chwilę sama i automatycznie pomyślałam, czy wciąż siusia do zlewu. Wrócił i wręczył mi pieniądze. Wyglądał na skruszonego i wiele razy powtarzał, że mnie przeprasza. Nie wiedziałam, jak się zachować. Wciąż miałam w pamięci, jaki potrafił być bezwzględny i zimny jak skała. Ale tego dnia, w samo południe otrzymałam od niego pieniądze, o których dawno zapomniałam bez cienia nadziei, że kiedykolwiek je odzyskam. Tak samo sądziłam, że już nie zobaczę Judasza. Patrząc przed siebie, szybko zrozumiałam swój powrót do Berkeley. Do tych wszystkich miejsc, które kilka lat temu opuściłam w gniewie i rozgoryczeniu, wyprowadzając się na Alameda.

Przyjęłam kopertę i z lekkim uśmiechem podziękowałam Judaszowi. Zapytał, czy nadal jestem na niego zła. Zaprzeczyłam, choć dodałam, że były to niemiłe dla mnie wspomnienia. Zrozumiał i pokiwał głową, po czym poderwał się do wyjścia. Wyciągnęłam do niego rękę, ale on przyciągnął mnie do siebie i przytulił ze słowami: – *Thank you, Edita!* Nie zdążyłam nic odpowiedzieć, bo natychmiast zbiegł po schodach i zginął w zaroślach dróżki prowadzącej do kościoła, w którym poznaliśmy się cztery lata temu.

Długo rozmyślałam. Cieszyłam się z oddanych pieniędzy, tym bardziej, że kwota była dość pokaźna. I wciąż byłam pod wrażeniem spotkania z nim. Swoje uczucia do niego już dawno nazwałam i wykrzyczałam. Najgorszą reakcją byłoby bezustanne powracanie myślami i pielęgnowanie do niego nienawiści. Natomiast największym darem jest przebaczenie, które wcale nie umniejsza mi, ani nie bagatelizuje tego, co zrobił. Nie oznacza również, że mam o wszystkim zapomnieć, że jestem słaba, naiwna bądź głupia. Negatywne doświadczenia z Judaszem doprowadziły mnie do miejsca w życiu, w którym znajduję się obecnie. Pokazały też, co w życiu jest najważniejsze.

W międzyczasie

W międzyczasie poznałam piękną Hinduskę o imieniu Shila. Znalazła mnie oczywiście na *nextdoor* i zaproponowała dobrze płatną pracę. Po pierwszej wizycie wydała mi się lekko apodyktyczna, ale odsunęłam od siebie wszelkie uprzedzenia, wierząc, że to tylko moje błędne obserwacje. Mieszkała w ogromnym, trzypiętrowym domu, z którego rozciągał się widok na zatokę zapierający dech w piersiach. Praca zapowiadała się dobrze, miałam przychodzić dwa razy w tygodniu na dwugodzinną pomoc – lekkie sprzątanie kuchni, składanie prania, sporadycznie prasowanie. Dom był zbyt duży, aby ogarnąć go w pojedynkę w krótkim czasie. Kiedy pojawiłam się u niej pierwszy raz, automatycznie zwróciła uwagę, abym zdjęła buty. Potem oprowadziła mnie po wszystkich pomieszczeniach, pokazała, w jaki sposób składać ubrania i które z nich od razu wieszać w szafach, a które prasować. Przysłuchiwałam się z uwagą, bo nie lubiłam wracać do tematu i ponownie pytać.

Kiedy zakończyłyśmy przechadzkę, zabrałam się do pracy. Wchodząc do kuchni, zauważyłam w zlewie stertę naczyń i garnków. Był to olbrzymi stos. Zwątpiłam, czy naprawdę dam radę zrobić to w dwie godziny. Najpierw opróżniłam zmywarkę z czystych naczyń, a następnie załadowałam brudnymi. Ponieważ nie wszystkie naczynia zmieściły się do zmywarki, resztę garnków musiałam wymyć ręcznie. Wtedy na zegarku pozostała już tylko godzina. Pobiegłam więc szybko na górę i zobaczyłam przyszykowane dwa duże kosze wypranych rzeczy. Musiałam je złożyć w specjalny, ulubiony przez Shilę sposób. Wymagało to czasu. Rzeczy do prasowania również było sporo i wtedy zorientowałam się, że najprawdopodobniej nie zdążę, tym bardziej, że wśród prania znajdowały się lniane koszule i sukienki wymagające prasowania. Skoro jednak zaznaczyła, że chce, abym pracowała dwie godziny, mogłam zrobić tylko tyle, na ile pozwalał mi określony przez nią czas.

Pierwszy dzień okazał się lekko stresujący, ale wyrobiłam się ze wszystkimi obowiązkami. Kiedy byłam gotowa do wyjścia, Shila podziękowała mi i życzyła dobrego dnia. Odpowiedziałam jej tym samym, ale dodałam nieśmiało, czy ma dla mnie czek? Popatrzyła na mnie zza biurka, przy którym pracowała i szybko skwitowała, że da mi go następnym razem.

Przyjęłam to do wiadomości i wyszłam. Jednak idąc do domu, miałam do siebie pretensje, że nie potrafiłam wyegzekwować od niej zapłaty. Oczywiście zdarzały się sytuacje, w których klienci zapominali zapłacić, lecz było to wyjątkowo rzadko. Starałam się ją zrozumieć. Tłumaczyłam sobie, że na pewno jest zapracowana lub zwyczajnie nieprzygotowana, ale gdzieś w głębi czułam niezadowolenie. Byłam przewrażliwiona na tym punkcie, zwłaszcza jeśli chodziło o Hindusów.

Moje wspomnienia oraz doświadczenia w tym temacie nie miały dobrych notowań. Wcześniej czy później nasza współpraca kończyła się i to głównie z powodu ich opieszałości z zapłatą. Nie lubili płacić. Sama nigdy nie chciałam rezygnować z pracy i odchodzić od klientów. Trudno było sobie na to pozwolić, wiedząc, że traci się tygodniowe dochody, które w skali miesiąca dawały pokaźne sumy. W takich momentach główną rolę odgrywała zawsze matematyka – weryfikowała i hamowała wszelkie rozczarowania. Ale były pewne granice. W ekstremalnych momentach, które poruszały moją godność, należało reagować. Nigdy jednak tak krytycznych chwil nie doświadczałam ze strony Amerykanów. Pilnowali płatności i zawsze byli na czas. Z pracą u Hindusów bywało natomiast różnie. Płacenie na czas wymagało od nich wielkiej determinacji. Zdarzało się więc, że po kilku miesiącach rezygnowałam z pracy u nich.

Bywali również bardzo „oszczędni". Pamiętam jednego klienta z Indii – Amshu. Był starszym, miłym panem. Jednego razu poprosiłam go o miotłę i specjalne druciane zmywaki służące do szorowania kuchenek gazowych. Wrzasnął do mnie, że ciągle czegoś potrzebuję. Wytłumaczyłam mu cierpliwie, że jeśli mam dobrze posprzątać, to niestety muszę mieć podstawowe środki czyszczące. Kiedy przyszłam następnym razem, w kuchni czekała na mnie miotełka wykonana z gałązek. Zrobiłam duże oczy i pomyślałam, że taką samą miał mój dziadek do zamiatania podwórka. Trudno było nią dokładnie sprzątać, więc poprosiłam o odkurzacz, ale Amshu go nie miał. W zastępstwie drucianych czyścików przygotował mi zwiniętą w kulki aluminiową folię i zachwalał ją pod niebiosa. Byłoby to wszystko do wytrzymania, gdyby nie fakt, że za pierwsze sześć tygodni Amshu mi nie zapłacił. Kiedy poprosiłam o czek, dostałam go, ale tylko za jeden tydzień. Następnym razem przed przystąpieniem do pracy zapytałam, czy otrzymam dziś zaległe pieniądze. Odpowiedział, że zapłaci znowu tylko za jeden tydzień. Zrozumiałam wtedy, że problem z Amshu jest bardziej złożony i prawdopodobnie nie odzyskam od niego zapłaty. Podziękowałam i wyszłam.

Moje obawy co do Shili również się sprawdziły. Problem z płatnością pojawił się kolejny raz. Byłam zdziwiona i naprawdę zdruzgotana, ponieważ wydawała się bardzo miłą, wzbudzającą zaufanie osobą. Ale jak widać na wrażeniu się skończyło. Po kilku miesiącach pracy zapłacone miałam jedynie trzy razy i za każdym razem musiałam bardzo długo czekać. Kiedy znów poinformowała mnie, że zapłaci kiedy indziej, zareagowałam inaczej niż dotąd. Nie usłyszała jak zwykle: – *Ok, Shila! No problem!* Tego dnia powiedziałam jej, że jednak chciałabym dostać pieniądze, ponieważ mam swoje wydatki. Spojrzała na mnie ze zdziwieniem. Następnie szybkim krokiem poszła do biura, skąd wróciła z czekiem w ręce. Czyli można! Byłam z siebie dumna. Nie wiedziałam, że upominanie się o swoje pieniądze może być aż tak trudne. Wypisała mi czek za ostatnie sześć tygodni. Kwota była duża i dziwiłam się, co im daje opieszałość, skoro potem muszą wypłacić naraz o wiele więcej.

Od tamtego wydarzenia nasze stosunki już nigdy nie były takie same, jak kiedyś. W powietrzu unosiła się ciężka atmosfera. Starałam się tego nie zauważać i robiłam swoje. Shila natomiast wciąż zapominała o czeku. Któregoś dnia kiedy ponownie upomniałam się o zapłatę, zaproponowałam jej inną opcję, jaką był PayPal. Uzasadniałam, że może będzie to łatwiejsze i lepsze rozwiązanie. Dodałam, że tak płaciła mi większość moich klientów. Zlekceważyła to, co powiedziałam i wróciła do swoich zajęć. Byłam zażenowana sytuacją i poszłam prasować ubrania.

W którymś momencie Shila przyszła na górę z wiaderkiem w dłoni. W drugiej ręce trzymała siatkę wypełnioną butami. Zapytała mnie, czy mogłabym je wyczyścić. Nie patrząc mi w oczy, dodała, że wrócili z wycieczki. Wstawiła wiaderko do umywalki i dodała jakiś mocno pieniący się płyn. Następnie włożyła do wody wszystkie buty, które znajdowały się w siatce. Były bardzo brudne i zabłocone. Z szuflady wyciągnęła szczoteczkę i, pokazując ruchem ręki, zasugerowała mi, że powinnam je wyszorować, a potem wystawić na któryś z balkonów. Byłam oburzona tą prośbą i odebrałam ją bardzo personalnie. Spojrzałam na zegarek. Wskazywał, że do końca pracy zostało jedynie dziesięć minut. Wiedziałam, że nie zdążę z butami. Dokończyłam prasować lnianą sukienkę i wyczyściłam jedną parę butów. Kończąc punktualnie pracę i wiedząc, że i tak nie dostanę w tym dniu zapłaty, wyszłam z domu.

Wieczorem, kiedy szykowałam sobie jedzenie, zauważyłam wiadomość od Shili. Napisała do mnie: *„Edita! Come on! This is not done!”*. (Edyta! Daj spokój! To nie jest zrobione!). Przez chwilę stałam w osłupieniu i nie mogłam uwierzyć w to, co widziałam. Odpisałam szybko: „*Excuse me?!*". Nie odpowiedziała. Zastanawiałam się, czy warto kontynuować tę pracę. Nie byłam przecież w żaden sposób przyparta do muru ani zobligowana jakąkolwiek umową. Nie czułam się komfortowo w tym domu, a czyszczenie butów upodliło mnie do cna. Postanowiłam poczekać na swoje zaległe pieniądze i zakończyć współpracę. Idąc następny raz do Shili, byłam pewna, że będzie to mój ostatni raz. Kiedy przyszłam, nie wracała do tematu wysłanej wiadomości. Ja jednak wciąż pamiętałam ten incydent i nie mogłam tak po prostu przejść nad tym do porządku dziennego.

Kończąc pracę w tym dniu, byłam zdecydowana zakończyć sprawę płatności i poprosiłam o czek. Shila miała przygotowane kolejne wymówki, ale tym razem z naciskiem zażądałam zaległej kwoty. Podniosła się z krzesła i udała na dół, do męża. Usiadłam na drewnianej ławie. Zegar na ścianie głośno wyznaczał kolejne sekundy, a z dołu domu dobiegały dźwięki hinduskiej muzyki. Po kilku minutach przyszedł jej mąż i wypisał czek. Poprosił o przeliterowanie mojego nazwiska. Był milczący, jakby lekko obrażony. Podziękowałam mu i wyszłam. Popatrzyłam za siebie. Zobaczyłam ogromny, pięknie oświetlony dom. Byłam pewna, że nie wrócę tu. Pozwolę im samym czyścić własne buty, prasować i upłynniać sterty brudnych naczyń.

Po tej historii miałam sporo refleksji. Nie chciałam generalizować Hindusów ani ich oceniać na podstawie swoich doświadczeń. Nie byłam również zwolennikiem wysłuchiwania niepochlebnych opinii o naciągających na pieniądze rikszarzach w Indii, czy wyższych cenach dla turystów lub o sprzedażowym wyrafinowaniu najwyższych lotów. Nie chciałam kreować negatywnych sądów, wiedząc jakie są opinie w świecie o Polakach. Indie to kraj uśmiechniętych ludzi i kultura zbiorowości. To jedna wielka społeczność, w której nikt nie czuje się sam. Przybyli tu jako dobrze wykwalifikowani i wykształceni specjaliści. Najwięcej Hindusów jest właśnie w Kalifornii, gdzie radzą sobie na ogół lepiej niż wielu innych imigrantów. Są wśród nich lekarze, informatycy i prawnicy. Cechuje ich przedsiębiorczość i znają dobrze język angielski. A ja chciałam jedynie dobrze wykonywać swoją pracę i oczekiwałam regularnej zapłaty. No, może bez czyszczenia zabłoconych butów...

Shila nie pogodziła się z moją rezygnacją. Z uporem maniaka przysyła mi co jakiś czas wiadomość z zapytaniem, czy mogłabym jednak przyjść i jej pomóc. Zazwyczaj przepraszam, że z uwagi na mój harmonogram pracy nie jestem dyspozycyjna. Ostatnio dostałam od niej kolejnego maila, w którym zaproponowała mi sprzątanie jej domu. Okazało się, że serwis czyszczący zrezygnował z pracy dla Shili. Ciekawe dlaczego...?

ZAKOŃCZENIE

Życie goniło dalej, a pracy przybywało z każdym kolejnym dniem. Nie zauważyłam nawet, że zachowuję się jak maszyna lub zaprogramowany robot, który ma za zadanie wstać, iść do pracy, wrócić, zjeść i usiąść w fotelu bez siły na ponowne wstanie. Mój nowy dom, w którym mieszkałam już prawie rok, okazał się strzałem w dziesiątkę. Zawsze lubiłam do niego wracać i czuć na wejściu zapach lawendy. Zachody słońca i widok z moich okien dawały wieczorne ukojenie i zmuszały do coraz to nowszych refleksji. Przylatująca prawie każdego wieczoru sowa próbowała swoim pohukiwaniem wywołać u mnie dreszcz przerażenia, ale przy tej okazji dowiedziałam się, że miała również inny repertuar, jak skrzeczenie i kwilenie, choć każdy z tych dźwięków przechodził do standardowego „hu hu". Dla pełni szczęścia zakupiłam poidełka dla kolibrów, aby móc obserwować je, kiedy zmęczone i spragnione piły przygotowany przeze mnie nektar. Miejsce i atmosfera domu były tym, czego potrzebowałam i chciałam. Znajdowałam tu odpoczynek i ukojenie.

Na horyzoncie pojawił się również profesor psychologii, który wynajął pokój w moim domu i lubił pić ze mną poranną kawę. Kiedy tylko schodziłam na dół do kuchni, zaraz za mną tuptał, chcąc nawiązać rozmowę. Miał swoiste poczucie humoru i zazwyczaj pachniał *Hugo Boss.* Specyficznie wypowiadał moje imię i zawsze był zainteresowany tym, co gotuję. Czarował urodą, blue źrenicami i ciemną oprawą oczu. Był dżentelmenem i wiedział, co to są dobre maniery. Patrzyłam z podziwem, mając wrażenie, że kolejny raz oglądam kogucie zaloty. Nie ruszały mnie tym razem ani trochę. Ale profesor był uparty w swych działaniach i przyszedł czas, kiedy nieźle namieszał w moim życiu. Urodził się w Izraelu, a jego dziadek pochodził z Łodzi, gdzie był dobrze prosperującym jubilerem.

Dzięki tej znajomości miałam okazję zobaczyć scenę zazdrości u Lijona, który w oparach swej męskiej odwagi wypowiedział pierwszy raz „kocham cię". Wyznanie przyjęłam spokojnie, widząc, ile go to kosztowało. Dwa lata temu skakałabym pewnie z radości, ale teraz nie zrobiło to na mnie większego wrażenia. Jałowość naszej znajomości doprowadziła do punktu, kiedy wzrusza się tylko ramionami i przechodzi do porządku dziennego. Swoim brakiem zaangażowania ujarzmił wszystkie piękne, górnolotne emocje i uczucie, jakim go darzyłam. Przestałam wreszcie biec i chcieć. Bardzo ubolewam nad tym i jest mi smutno. Tęsknię za Lijonem i naszym wspólnie spędzanym czasem.

Schyłek roku okazał się jednak bardziej smutny niż sceny zazdrości Lijona. Przyszedł dzień, w którym straciłam na zawsze Neila. Było to tak duże zaskoczenie i tak potwornie bolesne, że wciąż nie umiem o tym spokojnie mówić ani myśleć. W środę 17 listopada szykując się do wyjścia z domu, dostałam wiadomość od Paula, abym nie przychodziła tego dnia do Neila, ponieważ postanowił umrzeć. – Ale jak to umrzeć?! – krzyknęłam. Paul próbował mnie uspokoić, lecz nie było szans na powstrzymanie moich emocji. Usiadłam w fotelu i siarczyście zaklęłam, że jednak to zrobił – stary uparty osioł!! Nie przebierałam w słowach. Chodząc po pokoju płakałam w głos, wołając jego imię, jakbym wierzyła, że powstrzymam go tym od podjętej decyzji. Nie wierzyłam, że to naprawdę się dzieje. Biłam się z myślami, że tak nie można, że jest egoistą, nie myśli o nas. Czułam wściekłość na przemian z bólem i bezradnością. Chciałam pobiec do jego mieszkania i zabronić mu umierać, ale następna wiadomość od Paula odjęła mi mowę. Poinformował, że właśnie w obecności siostry Neila i pielęgniarki z hospicjum podano mu pierwszą z trzech tabletek, po której poczuł się zrelaksowany i senny. Wiedziałam, że miał za sobą ogromnie ciężką noc. Dystonia zaatakowała najmocniej jak potrafiła, kończąc długoletnią walkę. Byłam z Paulem na telefonie. Poprosiłam o przekazanie słów pożegnania: „Kocham cię, Neil, i nigdy nie zapomnę. Dziękuję za wszystko!". Po długiej ciszy usłyszałam w słuchawce: *„Love you, Edita. Thank you. Goodbye!"*. Przed podaniem następnych dwóch tabletek, po zażyciu których nie było już odwrotu, zapytano Neila, czy jest pewny, że chce to zrobić. Każdy z nas liczył na zwrot sytuacji i jakiś cud, ale on był pewny swojej decyzji jak nigdy dotąd i nie zawahał się. Odszedł, postępując jak zawsze według swoich zasad. Był niestrudzony i uparty, ale kochany i nietuzinkowy.

Tego dnia mój amerykański świat się zatrzymał. Poczułam ogromną stratę i pustkę. Mój największy przyjaciel, mentor i nauczyciel odszedł na zawsze, pozostawiając mnie samą. Czułam żal, złość i niesprawiedliwość, powtarzając co kilka minut, że tak się nie robi. Straciłam prawdziwego, kochającego przyjaciela, który zapoczątkował moją Amerykę. Cały czas prowadził mnie i wskazywał dobre kierunki. Nauczył i pokazał, jak cieszyć się motylkiem w tym złym, goniącym gdzieś świecie.

Jeszcze dziś, w pierwszym dniu nowego 2022 roku, nie mogę otrząsnąć się po śmierci Neila. Wciąż walczę, perswadując sobie, że była to jego decyzja i należy ją uszanować. Tak tłumaczą to Kalifornijczycy, kiedy opowiadam im o jego odejściu. Nikt nie jest zbulwersowany podjętą przez niego decyzją, nikt nie ocenia i nie krytykuje. Jedynie smutnieją im twarze i z żalem w oczach powtarzają mi jak mantrę: „Edita! To była jego decyzja. Był zmęczony chorobą i miał prawo tak postąpić". Coraz bardziej w to wierzę, ale tęsknię i tak bardzo potrzebuję Neila, który w trudnych chwilach lub zwątpieniach potrafił mi pomóc, wytłumaczyć, pocieszyć i przytulić do swojego ogromnego pięknego serca. *Take care, Neil – love you!*

Eutanazja w Kalifornii jest legalna i Neil przygotowywał się do tego procesu od kilku miesięcy. Miał spotkania z lekarzami i pielęgniarkami pracującymi w hospicjum, a nawet odwiedzał go kilka razy kapelan. Nigdy nie dopytywałam, o czym rozmawiali, ale pełna podziwu z racji, że Neil był ateistą, patrzyłam na jego wyciszenie i zamyślenie po tych spotkaniach. Nie podejrzewałam jednak, że nastąpi to tak szybko. Nawet w dniu kiedy ekipa medyczna dostarczyła mu tabletki *„EOL – End of Life"*, byłam przekonana, że to zwyczajna ciekawość i chęć wzbudzenia zainteresowania. Widzieliśmy się dwa dni wcześniej i nic nie zapowiadało najgorszego. Miał atak dystonii, ale doszedł po nim do siebie, tak jak robił to tysiące razy przez prawie całe swoje życie. Tym razem jednak patrząc na Neila, widziałam, że gaśnie. Dziwnie opuchnięta twarz i kompletny brak możliwości poruszania się obezwładniały go. Ratował się i zażywał tabletki jedną po drugiej, ale nie przynosiło to takich samych rezultatów jak kiedyś. W ostatni poniedziałek, kiedy żegnaliśmy się, nie byłam świadoma, że widzę go ostatni raz. Nigdy dotąd nie miałam do czynienia z osobą wybierającą świadomie śmierć. Miesiąc po jego odejściu „*The New York Times*" opublikował piękny artykuł o Neilu. Byłby szczęśliwy i dumny. Zasługiwał na tak wzniosły akcent i publiczny przekaz.

Ostatnie dwa tygodnie roku spędziłam w domu klientów, którzy, wyjeżdżając do Nowego Jorku, poprosili mnie o zaopiekowanie się ich psem, kurczakami oraz domem. Lubię, kiedy klienci proponują mi *house sitting*, ponieważ spędzam wtedy czas w ich ogromnych luksusowych domach, a przy tym mogę zarobić dodatkową ekstra kasę. Tak było i tym razem. Po świętach spędzonych z rodziną zaplanowałam wspólnie z Lijonem sylwestra. Cieszyłam się i czekałam na ten wieczór, mając nadzieję, że jak zawsze będzie miło. Jednak Lijon tym razem zbyt mocno zakombinował i przekroczył pewne granice, co poważnie zaważyło na naszych stosunkach. Niepotrzebnie kluczył i jednym nieprzemyślanym ruchem przekreślił wszystko, co było dla mnie ważne. Męskie kłamstewka wyczuwam na odległość, jak zapach markowych *Coco Chanel*, a otwarte trzecie oko pokazuje mi zawsze to, co najmniej chcę widzieć. Tym razem przyjęłam to ze spokojem, a smutek utopiłam w szampanie. Nie wiem, co będzie z nami. Chyba skończyły mi się pomysły i zdarłam buty. Jest nadal ważną osobą w moim życiu i nadaje znaczenie mojej amerykańskiej egzystencji. Wciąż dzwonimy do siebie i spędzamy razem dużo czasu. Życie pokaże co będzie dalej.

Natomiast profesor psychologii mieszkający w moim domu w dzień noworoczny wyłożył karty na stół i, doprawiając poranną kawę kardamonem, życzył mi: – *Happy New Year, Edita! Be happy!*

Ciąg dalszy nastąpi...

CPSIA information can be obtained
at www.ICGtesting.com
Printed in the USA
LVHW030204050423
743537LV00013B/828

9 781587 906282